A POLITICAL EDUCATION

Coming of Age in Paris and New York

André Schiffrin

アンドレ・シフリン

高村幸治＝訳

出版と政治の戦後史

アンドレ・シフリン自伝

トランスビュー
Transview

まえがき

この本を書こうと思いたったのは、最終章で述べているように、二〇〇三年にパリで暮らし始めてからのことだ。すでに二〇〇〇年に、私は、出版人としての自分の役割について、また出版界全体が変化する中で自分の役割がどう変わってきたかについては、仕事にかかわる自伝的な著作、『理想なき出版』〔柏書房、二〇〇二〕を著していた。しかしパリで一年暮らしてみて、もっと言っておくべきことがあるように感じた。最初の本では、ためらいがあって、いくつかのことに触れないでいたことに気づいたのだ。自分自身の個人的な生活にあまりにも深くかかわることはいっさい書きたくないという思いがあったし、波乱に富む個人史の多くの側面には触れないようにしたからである。それに、人生を振り返り、なんと多くのことが曖昧なままになっているかに気づかされる年齢に、自分も到達していた。と同時に、両親のことをあまりにも知らなさすぎるし、また若いころ、きわめて大事なことを両親に聞きそびれてしまい、そうしようと思っても手遅れだという思いを深くしていた。

徐々に、もっと語っておくべきだと考えるようになったのだが、それはある意味で間接的なきっかけによるものだった。気づいた最初は、父ジャック・シフリンと偉大な友人アンドレ・ジッドの間で交わされた、三十年近くにわたる往復書簡のフランス語版を出そうとしたときのことだった。父とジッドは一九二〇年代、父が出版人として仕事を始めたごく早い段階にフランスで出会い、一九五〇年に父が亡くなるまで共同作業を続けた関係だった。いまや多くの人が、ジッドは第二次世界大戦以前のフランスにおける最も重要な作家であり、あらゆる年齢層にわたって知的・精神的影響を与えた存在だと認めている。

私は、父にとってジッドとの友情がいかに大きな意味を持つものであったかを知ってはいたが、その大量のやり取りされた手紙を見たことはなかった。父が注意深く保存していたジッドからの相当数の手紙は目にしていたものの、父が出した返信は一度も見たことがなかったのだ。実際、私は、父も働いていたフランスの大出版社ガリマール書店の文書管理の責任者アルバン・セリシエから、父とジッドの全往復書簡集を出さないかと言われるまで、パリの資料庫にそれが保管されていようなどとは思ってもいなかった。

父が書いた膨大な手紙は、私にとってまさに衝撃だった。私は父が、一九四一年にフランスを離れなければならなかったことを非常に悲しんでいたのは知っていた。だが父は、ニューヨーク暮らしをいかに惨めに思っているかを、私に知られないよう隠し通したのだ。私にとって父は愛すべき存在であり、いつも私を励ましてくれる人だった。病が重いにもかかわらず（肺気腫を患い、アメリカに来て以後、しだいに息が切れるようになり、そのせいで疲れやすかった）、いつも仕事に没頭していた。フランスにもう戻れないのではないかという心配や、深まりゆく悲しみを、私が知ることは最後までなかった。しかし、私に隠し通したその思いを、父はジッド宛の手紙に注ぎ込んでいたのだ。父の絶望の深さのみならず、私にすればまったく思ってもみない事実に、驚愕するばかりだった。私の子どもの頃の無邪気さは、考えられないほど能天気なものであった。

そこであれこれ思いめぐらし始めた。小さい頃こうした大事なことを知らなかったのだとすれば、他にも見逃しているものがあるのではないか、と。自分自身について言うならば、フランスに戻りたいと思うどころか、あっという間にまるっきりアメリカ人になってしまったことを覚えている。私の暮らし方は、典型的な若いニューヨーク子的なものだったと思う。たしかに私の考え方や嗜好は、多くの友人たちのそれとは違っていたが、そのこと自体、私からするとごくあたりまえのように思えた。フランス生まれというのは関係ないことだった。政治的姿勢や知的な姿勢の取り方をはじめとして、私の姿勢は、一九四〇年代、五〇年代のアメリカに、たとえその周縁にではあっても、うまく収まるものであった。思うに私の生き方は、齢を重ねても変わることなく、自分たちが置かれている社会の政治的指針に対して敏感に反応する、明確な政治意識を持つ市民としてのものだった。まちがいなく誰であれ、もしも私が影響を受けた議論に接する機会があったなら、きっと同じように行動しただろうと思う。

また、五十年近い出版生活において私は、ひたむきな編集者は皆そうだが、自分もまた一途な生き方をしてきたように思う。私の闘いや選び取った選択は、われわれの職業に押し付けられてきた変化に対する、典型的な反応だったし、私と同じ立場にあった人ならば、誰でも私と同じように行動したことであろう。そうしたことは何一つ、私がフランス生まれだということとは関係のないものだと思う。

そうした思い込みの多くに対して、はたしてそうなのかという疑問を抱くことになったのは、一年間パリで暮らしたからだった。パリに在っても私は、依然、自分は大いにアメリカ人なのだという意識をもっていたのだが、フランスにいると、とくに社会生活や知的生活において、いかに居心地がいいかを実感した。フランス人たちは、私の二重性を受け止めて、私の意見を積極的に聞く姿勢を示してくれた。アウトサイダーとしての私は、フランスについて、出版やメディアについて、あるいはまたアメリカについて、フランス人たちが、感じてはいてもときとして公の場では意見を述べるのをためらうようなことを、どんどん発言した。転換期にあるフランス・メディアの本質、あるいはフランスにおける知や政治のありようをめぐって議論をすると、私は自分が予期せぬ、自分にとって歓迎すべき役割を演じていることに気づかされた。

しかし、私はたしかにアウトサイダーではあったものの、それにもかかわらず、基底にある多くのフランス的前提を、自分が共有していることもまた実感していた。たとえば、国家の役割とは何かをめぐって、さらには、フランスの日常生活を多くの面でしだいに変質させている外国の影響に対して、どこまで抵抗し、時には拒むべきであるか、といったことについて、同じ意見を持っていた。

海の向こう側にいて、私はまた、アメリカが外国からの影響をなんと受け入れなくなっているか、その認識を深くした。パリ政治学院で新聞論のコースを教えるなかで、日々アメリカの新聞を読んでいてよく分かったのは、アメリカの新聞が、いかにヨーロッパのオピニオンを認めようとしないかだけでなく、ヨーロッパに対して説教を垂れ、ひどい論評を加えたがるかということだった。それも、その理由たるや、価値観が反資本主義的であるとか、アメリカの影響から自由であろうとし、福祉国家であることにこだわっているのがけしからん、といったものだった。また、生活の重要な要素として、余暇や仕事をしないでいる時間を大事にすることまでもが、その理由となっていた。

そういうわけで、理性的な人なら誰であれ、私と同じ感覚を共有するであろうと思うその一方で、私は自分がなんとフランス的なのかと、驚きをもって見はじめていた。フランス的な価値観を、いかにたくさん自分の中に取り込んでしまったことか、私の生活のなんと多くが、アメリカ的な前提に異を唱えるアウトサイダー的なものになってしまったことか、と。そして自分の子ども時代あるいは思春期に立ち戻ってみるとき、自分がそれまで一度も仔細に検討することのなかった経験や考え方が、ひとつながりのものとして見えるようになった。私のそれまでの生活に対して、これまでとは異なった見方を提示する枠組みが、形を取り始めたのだった。

以前の私の生活は、政治や思想を中心とするものだった。それは、選挙がらみで政治に関わっていたという意味ではない。選挙に立候補したこともなければ、私の子どもたちがしたように、誰かの選挙運動に参加しようとしたことさえもないのだから。しかし、にもかかわらず私の生活は、アメリカ内外の政治の世界で起こっていることを中心にしたものであった。そういうわけで、今度のこの本は、私自身の生き方を、非常に重要な一九四八年から六八年にかけての戦後期、私の人格が形成されていった時代を中心に、再検証しようと試みるものである。奇《く》しくもその時代は、いろんな意味で、現代政治理論が形成された時期でもあった。その後の時代、すなわちベトナム戦争以後に関しては多くの記述が残されているが、それ以前に関してはかなり限られている。

とはいうものの、二十世紀後半の政治史を書きたいと思ったわけではない。それならば、多くの歴史家たちが素晴らしい仕事を残しているし、私も彼らの著作を数多く出版してきてもいる。それに私は、歴史家になろうと何年も勉強を続けたけれども、分析的な歴史研究という意味では、自分がそこに何か新しいものを付け加えることはないと感じていた（私も編集者である以上、たとえ自分のものであっても、断るべき原稿は断らなければいけないことは分かっている）。私の気持ちとしては、純粋に、自分なりの個人的な体験を書き記すことで、われわれが共通に経験した事柄に光を当ててみたいと思ったのだ。その意味で本書は、何よりも、ひとつの政治的回想というべきものである。

本書では、私の個人生活の中のいくつかの重要な要素、素晴らしい妻との五十年近い結婚生活、誇りにしている二人の娘たちの生活などについては、意識的に触れていない。それらについてはまた別の機会に譲ることにしたい。

出版と政治の戦後史―アンドレ・シフリン自伝―＊目次

第2章　ふたたびフランスへ

第3章　戦後アメリカの激動の中で

第4章　大学での政治活動　―SDSとCIA―

第5章　遥かなるケンブリッジの日々

第6章　出版の新しい可能性を求めて

第7章　変質する出版界 ―七〇年代以後―

出版と政治の戦後史

アンドレ・シフリン自伝

注記

・原注は＊を付して、または本文中に（　）で記した。
・訳注は本文中に〔　〕で示した。
・各章のタイトルは原書を尊重しつつ変更を加えた。また本文中の見出しは読者の読みやすさを考慮し新たに付した。

第1章　楽園を追われて

焦げた家族アルバム

家族アルバムには思いもかけないことが潜んでいるものだ。アルバムは、何年ものあいだ静かに放っておかれ、ある日、退屈した孫や親類の者たちの目の前で開かれることになる。しかし、ポーの秘密の手紙と同じく、そこには、罪のない持ち主のあずかり知らぬ予期せぬ真実、聡明な探偵が見分けることのできる真実が含まれている。

私はかつて、マイケル・レシーという若いアメリカ人の写真家と何年も一緒に仕事をしたが、一九七〇年代の初めに彼の博士論文を『ウィスコンシン　死の旅』という本にして出版すると、彼の名は一躍世間に知られることとなった。レシーは、十九世紀末頃に小さな町の写真家が撮った、埋もれていたガラス板を発見し、その忘れられていた宝ものから、当時の輝かしい精神史を描き出したのだった。その本はベストセラーになり、レシーは有名になったが、同じことを続けるのは困難だった。彼が、家族アルバムにも同じように忘却された素材があるかもしれないと思い至ったとき、私も一つ持っているよ、と教えてやった。興味をそそられたようだった。

彼は、居間のソファーに私と並んですわると、何カ所もたばこの焼け焦げのある、薄汚れた赤い表紙のアルバムを手にとって、しげしげと見入っていた。焼け焦げの上には、母の手で、（映画『独裁者』の）ヒトラーに扮したチャップリンの写真が貼りつけられたりもしていた。

私が何気なく幾度も目にしてきたこのアルバムは、二つのセクションに分かれていた。前半は私の六歳まで、いずれも皆、フランスにいるときに貼られたもので、信じられないほど牧歌的な時代だったことを示しているようだった。住んでいたパリの陽当たりのいいアパルトマンの私の部屋には、おもちゃがあふれかえっていた。休日にベルギーで、オルダス・ハクスリーの家族と一緒に撮った写真もあった。ロワイヤンの海辺で、母シモーヌが友人たちと赤ん坊の私と一緒に過ごした日の写真もあった（二一頁）。このときの写真は魅力的に映っていて母のお気に入りで、ファッション雑誌の写真家が撮影したものだと聞かされたことを覚えている。まさにそういう写真だった。*

*しかし私はその写真シリーズについてそれ以上のことは知らなかったのだが、二〇〇五年になって、アルフレッド・オットー・ヴォルフガング・シュルツェという人物の作品展を準備していた、ハンブルグのキュレーターから話を聞いて事情がわかった。シュルツェは、一九三〇年代にフランスに亡命し、ヴォルスという名で通っていたドイツ人の写真家で画家だった。大事にしていた母と私の写真を撮ってくれたのがヴォルスだということがこうして判明し、またフランスの雑誌に発表されたこともわかった。当時、母は並外れて魅力的な人だった。マルローは、パリ随一の美人と称した（三歳のと

母と私（1936）．雑誌 *Regards* に掲載されたヴォルス撮影の 1 枚．

き、私にはオーロラという名の非常にきれいな若い子守り役の女性がついていたのだが、わが家の親しい友人たちは、私をからかって言った、オーロラとシモーヌのどっちがきれいだと思うかと。早くからうまい受け答えをしたもので、私はシモーヌのほうが美人だけど、オーロラの方がみずみずしいと答えていた)。ヴォルスの作品を収めたカタログには、一九三六年から三七年にかけて撮影された、フランス人女性のたいへん魅惑的なポートレート写真が何枚も並んでいた。母の写真の隣には、ソーニア・モッセという名のフランス女優が映っていた。そこに書かれていた経歴によれば、この人はルブリン＝マイダネクの絶滅収容所（ポーランド）に強制移送され、一九四三年三月三十日に殺されたという。

実際、アルバムの最初のセクションは、今もうっすらと覚えているが、当時の楽しい生活——幸せで心地よい裕福な子ども時代、典型的なパリの少年時代——を映し出すものとなっている。よく行っていたノルマンディー海岸、チュイルリー公園のメリーゴーランド、リュクサンブール庭園の小さな帆掛け舟の浮かぶ池、等々。

あの頃は、振り返ってみれば、両親にとってまちがいなく平和で楽しい時期だったにちがいない。父は、出版社を経営する資金繰りの心配から解放され、フランスでもっとも大きな出版社であるガリマール社で働き始めて間もない頃だった。そこで、自分が企画して始めたプレイアッドという貴重な古典叢書を、残りの人生をかけてでも、やりとげようとしていたのだった。母は一人息子と家族のことで頭がいっぱいだった。私は、戦前のあの頃のことで、両親が不幸な出来事について語るのを聞いた記憶がない。アルバムは、私たち家族みんなの生活を、正確に映し出しているように思

母と私（1937）．ヴォルス撮影の別の 1 枚．ロワイヤン海岸にて．

軍服を着ておもちゃの兵隊と遊んでいる私.

える。

アルバムの次のセクションは、一九四一年の秋にニューヨークで撮影された写真である。最初の二、三枚には、到着してすぐに住んだリバーサイド・ドライブの小さなアパートが写っている。その他は、その後両親がパークアベニューと七十五番通りの角に見つけた、驚くほど安い、政府の家賃統制を受けていたフラットで撮られたものである。それは、アベニューでいくつか見られた低層の共同住宅の一つであったが、今も建物は昔のまま建っている。その前を通るたびに、非常口を見ると、今も自分がそこに住んでいるのではないかと錯覚するほど、昔のことが蘇ってくる。

マイケル・レシーといっしょに写真を見ながら振り返ってみると、どちらの場所も、母が夜昼なく働いていた大きなアクセサリーの作業台を別にすれば、いかに物がなにもないかがわかる。軍服を着ておもちゃの兵隊と遊んでいる私の、アメリカ最初の写真はここで撮られたものだ。明らかに、そのときすでに、敵は銃を構えて向き合うものだということが分かっていた。しかし、それらは私にとってあまりにもあたりまえの写真であったために、アパートがいかに貧相でわびしいものだったかとか、いかに記憶のなかの戦争前のパリの生活からかけ離れたものであったか、などといったことを意識することはなかった。

レシーはすべての写真に魅入られたようだった。もっとも、うれしいことに、彼はどの一枚の写真も、彼の本の中に収めるようなことはしなかった（私は、私たちの貧困が世間に知れ渡ることなく、彼の最初の本をひどく評判の悪いものにした、死亡した赤ちゃんの写真の二の舞にならずにホッとした）。

父の賭け

振り返って強く感じるのは、私がどれほどアルバムの発するメッセージに気づかないままできたか、暮らしのなかの陰影を見過ごしてきたか、ニューヨークでの暮らしのつましい状況を忘れてしまっていたかということである。アルバムのページを何百回と見てきたにもかかわらず、私も両親も子どもたちも、その他の家族や友人たちも、誰一人そうしたことを話題にすることはなかった。

今ではあたりまえに思えることだが、アルバムについて、ほかにも印象的なことがあった。それは、両親が結婚する前の写真は、ほとんどアルバムに貼られていなかったことだ。二人とも、一緒になる前の生活は明らかに後に残してきたのだった。

父のジャックは一八九二年に、ロシアはカスピ海沿いの、石油で裕福なアゼルバイジャンの首都バクーで生まれている。ジャックの父親はバクーまで出かけて行って、沖仲仕として働いていた。そのうちに祖父は、町の周りのカスピ海がいつも燃えていることに大きな衝撃を受ける。海に毎日流されている廃油をなんとかできないものか。祖父は、一仕事しようと石油ラッシュでバクーに来ていた、若いスウェーデン人の化学者アルフレッド・ノーベルと出会い、化学の基礎の手ほどきを受ける。そして廃油が利用可能な石油化学製品に変えられることを知って、祖父は、石油の生産者たちのところに行って、廃油を買おうと申し出たのだった。彼らはこの馬鹿げた申し出にびっくりするが、一も二もなく了解した。

安い原材料の安定的な供給が保証され、シフリン石油化学工場は、タールその他の製品をロシアの各地に供給することで、ほどなく大儲けをする。叔父のシモン・シフリンによれば、一九五〇年代にソ連に戻ったとき、レニングラード港で依然としてシフリンと書かれた石油樽が使われているのを見たという。

要するに、父は非常に快適な環境で育ったのだ。私たちが持っている、ごく限られた当時の家族写真には、大金持ちの生活を送っていた富裕層の姿が映し出されている。彼らは夏になると毎年、汽車に乗ってスイスへ行き、そこで休暇を過ごした。召使いたちが汽車のコンパートメントに、三日間の旅に必要な枕やリネンを積み込んでいた。休暇が短いときには、彼らはソビエト領フィンランドにある、一家のダーチャ（別荘）によく出かけている。

二〇〇三年、自分の出自に興味をそそられた上の娘のアーニャから、一度行ってみようとしきりにせがまれて、バクーに行ってみることになった。ノーベルやロックフェラーの旧邸を見つけたが、いずれも十九世紀末の石油ラッシュのときに建てられたものだった。また町の真ん中には、シフリン家の古い居宅がそのまま残っていた。それは広い中庭を取り囲んで建っていて、かつて舞踏室や大きな集会室として使われた日当たりのいい大きな部屋が、いくつも並んでいた。アーニャと私が調べようとしたその美しい建物は、今や、誰でも歓迎の大繁昌の堕胎クリニックと化していた。

一家はのちにサンクトペテルブルクに移ったのだが、第一次世界大戦が近づいていたので、父は法律を勉強するために、また恐らくロシア帝政下での徴兵を逃れるべく、ジュネーブに行く決心をする。このスイス滞在の数年間は、非常に幸せな時期だったようだ。お金にはまったく困ることがなく、ただ裕福などというものでない贅沢な生活を送り、多くの友人と交わっている。スイス人の心理学者ジャン・ピアジェもその一人だが、父には女性の友だちも非常にたくさんいたようだ。颯爽とした風貌で、スケートがうまく、気ままとも思える生活を送っている。

しかしこの時期のことは、それ以上たいして分かっているわけではない。実際、残された遺品のなかには、これはどうしたのだろうと思わせるものが含まれている。たとえば、インド人の哲学者ラビンドラ・タゴールから贈られた聖書がそうだ。そこには一九一八年の日付で、タゴール自身による長文の高邁な献辞が記されている。彼らは親しくつきあっていたに違いないが、その間のいきさつは私にはわからない。

戦争が終結したとき、父の状況は一変する。ロシアの革命政府が一家の財産を国有化してしまったために、彼はヨーロッパにいて一文無しになってしまったのだ。皮肉にも、家族が得られる唯一の金は、ノーベルのダイナマイト工場の株によるものだった。株は、今や国有化されてしまったシフリン石油会社の株と引き換えに、以前に手に入れていたものだった（ノーベル側は気の毒にも、取引をしたことでより大きな痛手を被ったのだが、にもかかわらずなんとかそれを乗り切ったのであろう）。

父はジュネーブからモンテカルロに行き、思い切って運をカジノに委ねた。（後に翻訳することになる）ドストエフスキーの登場人物のように振る舞いながら、父は手許に残っている乏しい元手の大半を、ルーレット盤上の一つの数字に賭けたところ、驚くことに勝ってしまったのだ。ところが父は、それで気を良くして家に戻るのではなく、もう一度同じ数字に賭けることにしたのだ。私にはとてもできそうにない向こう見ずな行為だ。ところがなんと、またもやその数字が当たって、父は、二、三年は十分持ちそうな大金を手にしたのだった。

父は、ジュネーブからフィレンツェに移ることにし、そこで、なんとかバーナード・ベレンソンの秘書としての仕事にありついている。父はベレンソンと一緒に数年間仕事をすることになるが、この共同作業の成果として、後にベレンソンの『ルネッサンス期イタリアの画家』を出版することになる。フィレンツェに滞在中、父はまたペギー・グッゲンハイムに雇われてロシア語を教えている。しかし、父がそれ以上の期待にはこたえようとしないことがはっきりすると、グッゲンハイムは父を首にしている（彼女の回想録には、その間の事情が何の恨みがましさもなく記されている。もっとも、後になると、ヒトラーの支配するヨーロッパから必死に逃れたいと思っているユダヤ人の画家たちから、数多くの絵画を戦争中に安く入手できて大喜びするところが描かれたりしていて、回想録には、彼女の性格のあまり魅力的ではない側面も表われている）。

グッゲンハイムの誘惑に乗らなかった父は、その後、室内楽の仲間といっしょにチェロを弾いているときに出会ったロシア人のピアニスト、ユーラ・ギュラーと恋に落ち、結婚する。ギュラーは一九〇九年にパリ・コンセルバトワールで一等賞を獲得し、将来を嘱望されていた。いっしょになって間もなく、彼女は父の友人のアンドレ・ジッドを、そのショパン弾きの腕前で虜にし、ショパンの曲はどう弾いたらよいのか、どう理解すべきかを教えている。ジッドの伝記を書いた作家たちによれば、ジッドは後々このことを感謝していたという。

父もプロのチェリストになろうかと考えるほどの腕前だったが、ギュラーは無理もないことだが、自分の将来の可能性のことで頭がいっぱいだった。プロとして活躍することへの思いは、結婚生活の中ではとても叶えられないほど大きくなっていった。ふたりは二、三年経って、別れることに同意する。ずっと後に、まったく奇妙な偶然で、私はいちど彼女に会うことがあった。家族連れで、妻が育った南イングランドのダーティントンで夏を過ごしていた時のことだ。ダーティントンは夏期音楽学校で有名だが、そこの客員演奏家のプログラムに、ギュラーの名前が載っていたのだ。演奏の後、私は彼女に会いに行き、自己紹介をした。会って喜んでくれるかと思ったが、まったく心を動かされるふうではなかった。私たちの関係は、遠く隔たった希薄なものでしかなかった。いま私にとってギュラーは、彼女が演奏したショパンのＣＤと、そのカバー写真に写っている印象的な黒髪の女性でしかない。

ジャック・シフリン、プレイアッド社を興す

父は二十代のはじめにイタリアからパリに移り、そこで出版の仕事を始めることを思い立った。そして美術出版のアンリ・ピアッツァ社で、見習い的な仕事をすることから始めている。しかしすぐに、父は独り立ちしようと考え、一九二二年に新しい出版社を興した。プレイアッド社と命名した。この名前は、ときにそう思われているように、神話やフランス文学史からとったものではなく、ロシアの古典詩人たちの文芸サークルに由来するものである。思うように依頼できる著者など誰ひとりいなかったので、父は一連のロシアの作品を自分でフランス語に訳したり、知り合いに訳してもらうところから始めたのだった。

プレイアッド社を興したばかりの時期に、父はアンドレ・ジッドに連絡をとり、父にとって最初の本となるであろうプーシキンの『スペードの女王』を翻訳するうえで、力になってくれるよう依頼している。刊行するいずれの本も、パリ在住のロシア人画家の作品を使ったりして、ふんだんに挿絵が入り、父自身が考案した見事な組み版であった（一九五〇年代にたまたま訪れたヴェネチア・ビエンナーレ展のソビエト館では、プレイアッドから刊行された本がそこに並べられていて、なんと戦後のロシア美術の例として展示されていた）。*

＊父は、本業以外の活動としてプレイアッド・ギャラリーという小さな画廊も開き、そこでこうしたロシア人画家たちの作品の特別展を催している。その後、ギャラリーの仕事の範囲を広げてそれ以外の

人たちの作品も展示するようになり、画家のヴォルス〔一八頁註参照〕に最初の個展を開く機会を提供している。ギャラリーはたちまちのうちに、シュールレアリスムが絶頂期にあった頃の、パリにおける芸術活動、特に写真芸術の中心的な舞台のひとつとなった。

最初の豪華本シリーズが成功を収め、父は次に、主にフランス文学の古典的作品を、バイブル・ペーパー〔聖書や辞書印刷用の薄い上質紙。インディア紙〕を使った革装のシリーズとして出版することを思いつく。このシリーズはプレイアッド叢書として知られることとなり、今日に至るまで、フランス出版界の要の一つをなしているものである。父が考えたのは、各巻にひとりの大作家の必読作品を、慎重な校訂を経てテキストを確定させたうえで、それに注釈を付けるかたちで収めるというものだった。しかも本自体は比較的安い値段――たとえばプレイアッド版のプルーストは、通常の版で出ているすべての本を合わせたものよりも安かった――で、しかもより携行に適していた。ジッドはよく、プレイアッド版をポケットに携えて、あちこち行ったものだと言っていた。

ボードレールから始めて、父はしだいに、フランス文学のすべての主要作品を出版するまでになっていった。次に父は、シリーズを拡大し、その中に翻訳物も入れていった。今日、プレイアッドには、世界の古典的作品のほとんどすべてが収められている（もっとも、新しいプレイアッド版は、父が最初に意図したものよりもはるかに学問的で、値段もずっと高価なものになっているが）。

プレイアッドはあっという間に、めざましい成功を収めた。出資者（主に家族や友人たち）から集めた少額の資本はたちまちのうちに使い切ってしまい、すぐに十分な量の増刷をするには、前払い金が足りなくなってしまうほどだった。父は、ペギー・グッゲンハイムと依然関係がよかったので、彼女にも出資してもらった。返済の一部として、父は彼女に『スペードの女王』を六百冊渡したが、パリの小売書店に彼女がそれを売りさばこうとしても、話はうまくいかなかった。幸い、『スペードの女王』は後に大成功を収め、父はその売れ残りを買い戻して販売した。

しかし、こうした策を弄したところで、とどのつまり、父にはもっと多額の資金が必要だった。それでパリの、より大きな、経営の安定した出版社に何社かアプローチしている。一九三三年に父は、ジッドの仲介で、パリでもっとも権威あるガリマール書店に入った。ガリマールはその創業以来、ジッドが密接に関わってきた出版社だった。

父はガリマール社に、ドイツがフランスを占領した一九四〇年、ドイツ大使オットー・アベッツが、ガリマールを含むフランスの基幹組織を管理下に収めるよう命じたときまで在職した。会社は「アーリヤ化」されねばならなかった。ドイツのパリ占領が始まって、まだ二カ月経つか経たないかの一九四〇年八月二十日に、父は、社主のガストン・ガリマールからのそっけない手紙で解雇されてしまう。ジャックは社内に二人いるユダヤ人の一人だった。彼らが首になって以来、ガリマールの経営においては、フランス人ファシストたちの役割が大きくなっていった。こうして、わが家の家族アルバムにも刻まれているような大きな変化が生じたのだった。

ナチに追われて

母の生活は、これほど波乱に富んだものではない。母の父であるオスカー・ヘイマンは、父親から姉の結婚持参金がたりないためになんとかそれを稼ぎ出すよう命じられて、行商をしようと文無しのまま、アルザス・ロレーヌ地方のストラスブールからパリに出て来ている。彼はレースや装飾品の商いで少しずつ成功を収め、一九〇六年に生まれた私の母と、母のふたりの姉、弟の四人を儲け、快適なヌイイ郊外で、市民としての成功の証である、ビリヤード室を備えた広大で豪華なアパルトマンで暮らした。

第一次世界大戦後の大半のフランス人女性がそうだったように、母も大学に進学することはなかった。とはいえ母は、同時代の知的なものへの熱い思いを分かち持っていた。母のエピソードとして好きな話だが、母はプルーストの『失われた時を求めて』の新しい巻が出るたびに、地元の小売書店で本を買い求める列に並んだという。

しかし母方の祖父は、古風な考えの非常に厳格な父親だった。母がほんのちょっと化粧をして外出するところを捕まえようものならば、手拭いを濡らして、不愉快な化粧を全部拭き取ってしまったという。そこで母は意を決して父親の許を離れ、友人から新しい出版社に秘書の口があることを聞くと、階段を六階まであがって行き、その巣立ち始めたばかりのプレイアッド社が入るワンルームのオフィスを訪ねて、応募したのだ。後になって振り返って言うには、階段を上がっていくと踊り場ごとに、オフィスは上階と記されていたという。父はたちまち母の美しさの虜になり、最初の妻ユーラと離婚したばかりだったので、母が、自分には仕事の経験は一切なくタイプライターの打ち方すら知らないと認めたにもかかわらず、即座に仕事を与えたのだった。父と母はその後すぐ、一九二九年に結婚し、誰に聞いても愉しい結婚生活を始めたのだった。

他の何百万人もの人と同様、戦争は徹底的に二人の生活状況を変えてしまった。世界が完全にひっくり返ってしまった。一九三九年に父が、すでに五十歳近くになり肺気腫を患っていたにもかかわらず、フランス軍に徴兵されたのだ。父の脆い健康は、パリ市外の質素な兵舎で寝起きしなければならないために、良くなることがなかった。しかしこうしたことのいずれも、私の生活に影響を及ぼすことはなかったように思われる。両親は現実に進行しつつあることの多くを私に見せないようにしたし、隠し通せない場合には、その多くを子どものゲームに仕立ててしまった。父は、召集による出立と別離から気をそらすために、私に、父の軍服の子ども版を用意してくれたのだった。それも父の軍服にはない勲章をたくさん付けて。（すでに父の親友の一人となっていた）ジッド宛の手紙で、私はそれを自慢している。

その後、ドイツによる第一次空襲の間にパリに戻ったときに、父は私を「空襲監視助手」に任じた。だから、私が現実の爆撃をめぐって覚えていることといえば、実際に危険を感じてというよりは、スリリングな冒険でもするかのように、地下室に大急ぎで退避したことだった。両親は、私の五回目の誕生日を一日早めて、一九四〇年六月十三日――ドイツ軍のパリ入城の前日――に開いてくれた。

両親が彼らの不安や心配を、私にいっさい悟られないようにどうやって隠しおおせたのかは、いまだに謎のままである。自分が体験したことを、私が否定しているわけではないと思う。というのは、父の手紙は必ず私のことに言及して、この困難な時代なのにいつも目立たないところで楽しそうに遊んでいる、と書いているからだ。それは両親にとって、ナチからどうやって逃れるかという、最も苦難の時期でもあった。

父は、私たちがフランスにそのまま居続けたらどうなるかについて、何の疑いももっていなかった。強制収容所のことは知っていたし、東ヨーロッパですでに行なわれつつあった計画的殺戮についても、耳にしていたはずだ。絶滅収容所が作られる以前に、すでにドイツ軍によって、およそ百五十万人のユダヤ人がその場で殺されていた。父はまた、フランス国内での反ユダヤ主義や外国人排斥が、最初は右翼の新聞に、後にはヴィシー政権自体に煽動されながら高まっていくのを、敏感に察知していた。私の家族は、典型的な世俗化したユダヤ人で、あらゆる宗教に反対し、ユダヤ教の儀礼や慣習にはいっさい従っていなかった。ロシアでは、多くのユダヤ人知識人が、ラビを迷信や非合理性の伝達者であると考えていた。両親は、もちろん自分たちの出自を認識してはいたが、彼らは、ヨーロッパに住む大勢の人と同じで、ヒトラーによってはじめてユダヤ人とされたのだった。

私の誕生日にドイツ軍がパリに進軍してまもなく、住んでいたアパルトマンがドイツ軍によって接収され、私たちはパリを離れなければならなくなった。最初に避難したノルマンディーにおいても、私にとって大勢のドイツ兵との出会いは、十分に楽しいものだった。人なつこい若い兵隊たちのことを覚えているが、彼らはこの占領初期の数カ月間、地元住民と親しくするよう厳命されていた。私の母に礼儀正しくし、おべっかを言ったりするのはなんでもないことだった。彼らは初めのうち、微笑んで調子のいいことさえ言っておけばよかったのだ。

実際、北部のドイツ占領地域から、名目上はヴィシー政権支配下の、フリーゾーン〔自由区域〕

という誤った呼称で呼ばれる地域へ越境しようとする時までは、不安を感じた覚えはない。そのときは偽の書類を用意し、新しい名前を覚えなければならなかった。境界の軍駐屯所トイレの暗い仕切りのなかで腰をおろして、自分の新しい名前をずっと繰り返し暗記しようとしていたことを思い出す。しかし結局、一度も名前を聞かれることはなかった。

南フランスでは、サントロペにある、両親が冬休み用に借りていた、シャトー・シュフレン内のタワー部分のアパルトマンに滞在した。母も父も、私の気を紛らわそうとし続けた。このことが、あるとき、いまなおはっきり思い出すのだが、一度だけ大きな不安を私に抱かせることとなった。新しいディズニーの映画『ダンボ』を見に連れて行ってくれた時のことだ。ヴィシー政権下のフランスでも、明らかにその時はアメリカ映画をまだ見ることができたのだ。しかし多くのディズニー映画と同様に、『ダンボ』でも、子どもが両親から引き離されるところが強調されていて、その後何日も、私は恐怖にさいなまれ続けた。母と父にすれば、アメリカの大衆文化に接することができて、それまでよりもラッキーだった。小説『風と共に去りぬ』のフランス語訳がちょうど出たばかりで、それは、逃避行中の逃避の読書という意味で、可能な最高の読書であった。父は一頁読み終わるたびに、破いては母に渡していた。

私たちはビザが届くのを待ちながら、サントロペに滞在した。小さな村は美しく、そのころはまだ、ブリジッド・バルドーで有名になった後の派手な飾り付けなどいっさいなく、いいところが損なわれずにそのまま残っていた。今ではサントロペのハーバーは、寄港を求めるすべてのヨットを受け入れることができないほどの混み具合いだ。

両親にとっては、緊張と抑圧が果てしなくつづく時期であったが、私には楽しい思い出しかない。城内の厩舎に飼われている、フランス騎兵隊の多くの馬を見たときの興奮を、今でも覚えている。お城は今でも、そこにそのまま残っている。私はもう何十年もの間、幾度となくそこを訪れている。一度、かつて住んでいた古いアパルトマンに戻ってみると、果てしなく続く地中海の景色が、昔と変わらず、今またきれいに窓外に開けていた。

一九四〇年の冬、私たちはお腹をすかしていたが、ミモザの並ぶ田舎道をぶらぶらと下って行き、そこで地元の若者に手伝ってもらって、松の木になんとかよじ登って、貴重な松の実が入っている松笠を手に入れたことを覚えている。あの何とも言えずいいにおいのする林の記憶もまた、今なお私の中に残っている。ミモザの心地よい香りが、松の葉が散り敷く地面の匂い立つ豊かな芳香と、ないまぜになった記憶だ。

当然、両親にとってはたいへん辛い時期だった。父は、なんとかアメリカ行きの船の予約をとれないかと、サントロペとマルセイユの間を何度も往復していた。しかし何カ月もままならないまま、私たちはただ不安のなかで待つのみであった。出国ビザとチケットの入手は、出だしから思うように行かず、なんとも重苦しい気分であった。出国ビザとチケットは、一方が失効する前にもう一方を入手しなければならなかった。

一九四一年五月十一日に父がジッドに宛てた手紙（文中、父は私のことを、ニックネームでミヌーシュ〔子猫〕と呼んでいる）によれば、五日前にサントロペで、マルセイユからアメリカ行きの船に乗れるとの電報を受け取りました。それですぐにマルセイユに向けて出発しなければなりませんでした。夜中に荷づくりをして……朝の五時に立ちました。マルセイユに到着して以来ずっと、新しい苦しみの連続です。準備を整えても、その同じ日にやり直しになってしまうのです。必要な書類やビザ、チケット、パスポートなどを全部用意しても、次のステップが一つうまく行かないと、すべてが台無しになってしまうのです。永遠に取り返しがつかなくなったように思えるものを取り返すために、手づるを頼れそうな誰かに会えないものかと期待して、疲れた足をひきずりながら通りを歩きまわるのです。一、二度、幸運にも、二十年ぶりに出会った友人が、ある委員会や領事館の誰それを知っていることが分かりました。行ってみると、朝の九時にすべてが水泡に帰したように見えたことが、十一時に電話がかかってきて、翌日には何とかなるかもしれないというのです。こんなふうですので、最後の最後まで、出国に必要なものがすべて整っているかどうかは分からないのです。とても大変です。その間もずっと、ミヌーシュは遊びたい遊びたいの一点張りです。

アンドレ・ジッドとのやりとり

ペギー・グッゲンハイムの回想録には、この頃、たぶんマルセイユで父に会ったことが書かれている。アメリカのパスポートをもっていたために、彼女自身は安全だったのだが（このときはまだアメリカは参戦していなかった）、あんなに打ちひしがれ不安げな人を、それまで見たことがなかったと記している。

実際、父の親しい友人たちははじめから可能な限り協力してくれたのだが、フランスに居残るのがどんなに危険なことなのかを、必ずしも十分に理解していなかった。ジッドは友人たちに、フランスを離れたことをジャックが後悔しないといいが、と語っていたし、ロジェ・マルタン・デュガールは、心配しないようにという親切な励ましの手紙を何通もよこして、フランスに残ることは、他の選択よりも悪くないのではないかと言って来た（もっとも後になって、一九四一年の十一月にマルタン・デュガールは、フランスに暮らす困難について書き記して、「餓えるだけではなく凍えそうだ」と述べている）。しかし二人とも、ユダヤ人、特に外国生まれのユダヤ人がフランスにとどまることで直面する危険については、理解が及ばなかった。千二百人の小学生を含む七万五千人の、絶滅収容所への大量移送（そのうち帰還できた者はほんの少数にすぎない）が始まるのは、一九四二年の七月のことだ。

父がジッド宛に出した手紙の全ファイルを読むと、これも驚きだが、あの恐ろしい緊張のときにも、父はずっとジッドに出版のこまごましたことを書き続けていた。ジッドの日記が、プレイアッド叢書で出始めたばかりのころだった。それまで現役の作家の日記が出版されるなどというのは例のないことで、しかもそれが大成功をおさめたのだ。ジッドは、次の増刷の際に訂正しておきたい誤植や記述を、毎回発見しては記している。手紙は、最初は父のいる兵舎との間で、その後パリを発った後は、私たちが移動した先の多くの町との間で交わされた。ジッドは、私たち一家の人生にもたらされた断絶に、気がついていないようにみえる。父が兵舎暮らしになった後も、ジッドは、世界中の友人知人に自分の本を発送してほしいと、何度も手紙を寄こしている。まるで父が、以前と変わらず、スタッフに恵まれた居心地のよいオフィスにいるとでも思っているかのようだった。

しかも父が手紙を出し続けたのは、親しい友人のジッドとマルタン・デュガールだけではなかった。最近、奇縁で、私は伝記作家のルイーズ・ボーデンから声をかけられ、話をする機会があった。彼女は、子どもに大人気の絵本「おさるのジョージ」シリーズの著者、ハンス・レイとマーガレット・レイ夫妻について、本を書いているところであった。彼女はなんとサザン・ミシシッピ大学の図書館で、私の父がレイ夫妻に宛てた書簡を発見したのだ（父が二人の本の編集者だった。父はプレイアッド版の仕事のほかに、一九三三年にガリマールで子ども向けの本を始めていた。二〇年代に始めた仕事に続いて、父はロシア古典文学の子ども向けの版を手がけ、チェーホフやトルストイの作品を出版した。しかしすぐにフランス人作家にまで手を広げ、アンリ・ボスコやマルセル・エーメの大人気シリーズを始めていた。さらに、子ども向けの『たのしい知識の絵本』という年鑑も出していた）。

レイ夫妻の本は、ほどなく最も人気ある作品の仲間入りをするが、父がその最初の作品を出版していたのだ。まちがいなく私こそが、その本の最初の読者であったし、父につづきを出してほしいとせがんだのだった。シリーズはその後、アメリカで三千万部売れている。というわけで、私がかかわった最初の出版の企画は、大人になってから努力してつくったどの本よりも、よく売れたことになる。

レイ夫妻もまた、フランスから脱出しようとしていた。しかしその時にも父とレイ夫妻は、手紙をいつも違った所番地から交わし続けている。英国がダンケルクから撤退しようとしていた、まさにその時にも、英国の出版社チャット&ウィンダスとの間で手紙のやり取りが行なわれていた。思うに、父はガリマールから解雇されたずっと後も、こうした日常の出版活動を続けることで、なんらかの精神的安定を保っていられたのだろう。それにしても、この限りなく細々したことを書き綴る時間を、父が確保しつづけたことは、今なお驚きである。

アメリカへの航海

私たちにとって幸運だったのは、おそらくジッドのおかげだが、英雄的なアメリカ人ヴァリアン・フライと連絡が取れたことである。ジャーナリストのフライは、ラインハルト・ニーバーやトーマス・マンの娘エリカ・マンたちがニューヨークで組織した緊急救出委員会の代表として、一九四〇年八月にマルセイユに派遣されてきた。ニューヨークの委員会は、できるだけ大勢の人を救出すべく、フライが使う資金を募っていた（興味深いことだが、募金のなかには、ブック・オブ・ザ・マンス・クラブ〔保守的体質の会員制書籍販売組織〕からの巨額の献金も含まれていた）。フランスが休戦協定で、破廉恥にもドイツの「請求に応じて」誰かれかまわずドイツ側に引き渡すことに同意したために、危なくなったドイツの社会民主主義者や組合指導者をはじめ、ユダヤ人、芸術家、作家たちを救出しなければならなかった。リスボンやカサブランカまでたどり着きさえすれば、アメリカ行きの切符を手に入れることができるので、そこまで船で、ナチの手から逃れさせる必要があったのだ。

フライのスポンサーたちは、できるだけ多くの有名人を連れ帰るように求めた。彼が最初に接触したなかで、ピカソとマチスは離れることに一切興味を示さなかった（実際、占領中も安全に暮らし続けたことが分かっている）。マルク・シャガールでさえも、外国生まれのユダヤ人だから明らかに危険な立場にあったにもかかわらず、同意するまでにかなりの時間を要している（同意したのは、フランス警察に逮捕されゲシュタポに引き渡される直前に、フライの介入で釈放されてからのことであった）。

しかしフライは、ここが彼の偉いところだが、よく知られている著名人だけに限らず、できるだけ多くの人を救出したいと思ったのだった。思うに父は、ジッドとジッドの友人で共産党を脱党した元党員のボリス・スヴァーリンの計らいで、フライの救出リストに入れてもらうことができたのだろう。フライは共産党員は助けない方針だったから、政治的に特別の判断をするかどうかは、スヴァーリンに任されていた（フライは、共産党員はロシアに逃れることができると想定したのだ——後に、ロシアでも同じように危険にさらされたことがわかるのだが。それに、まずもって難民を受け入れることに難色を示していた国務省が、共産党員についてはまちがいなく申請を却下しただろう）。

ともかく、私たちは一度もフライと会う機会はなかったのだが、フライが救出しえた二千人以上にのぼるリストの中に、なんとか入ることができた。その中には、スヴァーリン自身のほか、シャガールやハンナ・アーレント、マックス・エルンスト、マルセル・デュシャン、アンドレ・ブルトン、ワンダ・ランドフスカ、トーマス・マン一家をはじめ、多くの著名人が含まれていた。フライの助力があったからこそ、どんどん困難になっていたビザの申請とチケットの購入という最難関を突破し、数カ月待った後に、アメリカ行きの船でマルセイユを後にすることができたのだ。

フランスからの出国は、誰しもこれでやっと逃れられるという思いで、限りなくほっとするものだったが、それ以上ないほど屈辱的なものでもあった。ずっと後になるまで、母はそのことを口にすることはなかったが、船がマルセイユの港を離れようとするときに、沖仲仕たちが私たちに投げつけた「きったねえユダ公どもめ」という叫び声に、ひどくショックを受けたという。同じ国の人間に裏切られるなど思ってもみないことで、深く傷ついたのだった。そうした叫びは、同行乗船者の多数をしめるドイツ人避難民にも、同じように苦痛であったにちがいない。私は、鉤十字のスタンプを押されたパスポートが、点検を受けるべくいくつも重ねて置かれているのを見たことを覚えている。

しかし、私たちをマルセイユから合衆国に運ぶことになっていた船は、カサブランカに停泊すると、予定されていた大西洋横断がストップされてしまった。またしてもの座礁で、（映画『カサブランカ』を見た人ならばわかるだろうが）ヴィシー政権が依然としてカサブランカを支配していたから、今回は逃げようがまったくないように思われた。市内のホテルの部屋が不足していることを理由に、ヴィシー政権は出国する移住者全員をモロッコに移し、砂漠のなかの収容所に留め置く措置を講じた。再び父は、資金を使い果たしてしまうことになろうとも、別の船の切符を手に入れるために必死に動き回らなければならなかった。またしても使えるあらゆるコネを頼らざるをえなかった。

このときもまた、期待に応えてくれたのはジッドだった。お金の工面をしてくれたばかりでなく、街なかの友人のアパルトマンを使えるようにしてくれたのだった。留め置かれた期間は何カ月にも及んだが、おかげで私たちは比較的楽に、とはいえ不安と恐怖におののきながらではあったが、過ごすことができた。なんとか父は、まずはリスボンまでの船のチケットを手に入れることがかない、その後、最終的にアメリカにたどり着くことができたのだった。

私に関していえば、アメリカへのいつ終わるとも知れぬ横断航海中の唯一のヘマは、ドナルド・ダックのぬいぐるみを反吐《へど》の中に落っことしてしまったことだ。どうしようもなく不快な臭いがしみついて、船の外に捨てる以外になかった。しかしその間、父やほかの男たちが押し込められたむちゃくちゃな状態のことを、私は知らないままだった。船のオーナーたちは、チケット一枚にとてつもない額を課したうえに、息の詰まるような淀んだ空気の船倉に、押し込められるだけ多くの人数を押し込み、そこで人々は、おぞましくも、その後公開された強制収容所の写真に写っている寝棚を思い起こさせるような、狭い蚕棚で寝起きさせられたのだった。このみじめな状況のなかで、その日を生きぬくための息ができるスペースを誰もが求めるために、しょっちゅう喧嘩が起こった。

ヴィクター・ブロンバートの回想記『思い出列車』（*Trains of Thought: Memories of a Stateless Youth*）を読むと、こうしたことがあたりまえの経験だったことがわかる。ブロンバートの大西洋横断の記述は、私の航海にも同じことが起こっておかしくないものだった（もっともその中の記述によれば、最も攻撃的で扱いにくい乗客というのは、ドイツの強制収容所に抑留されていた人々で、同乗の客に対してだろうとなんだろうと、断固わが身を守ろうとする人たちだった）。実際、どの横断にも同じようなことが起こっていた。難民たちの受難は、けっしてその人たちが初めてというものではなかった。誰もが同じ目に会った。その結果、いったんアメリカに着くと、誰もそのことを口にしようとはしなかった。そういう経験をしながら辛うじて、私たちはなんとか難を逃れることができたのだった。

ハンナ・アーレントはごく少数の例外のひとりで、なぜかなかなか手に入らない『パーリアとしてのユダヤ人』〔未来社〕のなかの、難民の怒りに関する驚嘆すべき考察で、この現象について論じている。戦争前にダッハウから解放された最初の収容者たちが、自分たちに何が起こったかを説明しようとしなかったのと同じように、難民たちが沈黙を守り続けたことのアイロニーについて言及したのは、おそらく彼女が最初であろう。もっとも、解放された囚人たちは、当然のことながら、厳しい収容所生活を明らかにしようものならば再逮捕するという脅しを受けて、沈黙を強いられていたのではあるが（難民たちが、ほとんどの場合、ひどい外国なまりでアメリカ人の流儀を何も知らないおかしな存在であったことは、当時のハリウッド映画——結局、主にユダヤ人によって制作されたのだが——を見れば明らかである。アメリカ映画のなかでもっとも共感的な立場の『カサブランカ』においても、ウォルター・スレザックの温かいまなざしのもとで、ドイツ人の老夫婦が絶望的にでたらめな英語を一生懸命に練習しているところが描かれている）。

難民として

一九四一年八月にニューヨークにようやくたどり着いたときのことだ。誰も難民に対してなど関心を寄せせなかったのだが、母の美しさだけは際立っていた。ニューヨークの夕刊紙のカメラマンが私たちにスポットライトを当て、翌日、私たちの写真が「ワールド・テレグラム」の紙面を飾った。その頃私はおあつらえ向きに痩せていて、私のひょろひょろの脚は、母のパリジェンヌ的なシックな雰囲気と哀しいコントラストをなしていた。「難民たちは語る」というのが、新聞の見出しで記憶しているすべてだが、それはその手の見出しが紙面に躍った最後であったにちがいない。私たちが到着した後、三月も経たないうちに真珠湾攻撃が起こり、アメリカに入国を許されるわずかな亡命者の流入にも、終止符が打たれることとなった。

しかし私たちについて言えば、船がニューヨークの埠頭に到着すると、着いたその時からずっと安心していられた。船を下りる時に、驚くほど濃厚な牛乳の瓶を手渡されたのだが、あれは物の豊かな国の最初の味であった。すでに父の弟のシモンと妹のリヨレーンが、二人とも私たちよりも前にニューヨークに来ていた。最初のうち泊まったのは、東八十六丁目のアダムズ・ホテルで、かつてファッション・デザイナーとして名をはせたリヨレーンが住まいにしているところだった（リヨレーンは、パリのヴァンドーム広場に面するところに評判のいい会社を起こしたが、戦争が始まる前からアメリカに魅せられて、あるアメリカ人デザイナーのもとで働いていた）。

恐らくほっとしたからだろうが、両親は、妹に会いに下の階に下りていっている間、私を部屋にひとり残しても大丈夫だと思ったのだった。しかし、私のことをいつも自信家だといってからかっていたとはいえ、それはとんでもない判断だった。私は、必要が生じたときには、どうしたらいいのと聞いた。エレベーター係の人に、「三階をお願いします」（Three, please）と言いさえすればいいということだった。簡単そうだったが、英語をどうしゃべればいいのか何の知識もなかった。私は、思いつく言葉のなかでそれらしいどんな言葉があるかを考えてみた。サクランボとプラグにあたるフランス語のスリーズ（cerise）とプリーズ（prise）を、それも早口で言えばうまくいくだろうと、自分なりに思った。言わずもがなのことだが、両親がいなくなると二、三分もしないうちに私は寂しさにとらわれ、当惑するエレベーター係に対して、私の最初の英語を試みていた。係の男がそれを理解したのか、両親が降りた階を覚えていたのか。今思うに、おそらく覚えていたのだろう。新しい母国での最初の夜は成功裏に終わったが、思わぬ幸運がなければ、そうはならなかっただろう。

到着すると両親は、カトリックの哲学者ジャック・マリタン（父は後にパンセオン・ブックスで彼の本を出版することになる）をはじめとするフランス人の文筆家たちから、暖かく迎えられた。彼らは、自分たちの新しいコミュニティで、母国からやってきた著名な出版人と会えるのを楽しみにしていた。しかしすぐには自分の事業を始める資金がないために、父はまずブレンターノ社のような、ニューヨークでフランス語の書籍出版をしている会社で仕事をはじめたが、ほどなく自分の名前で、フランス語で書かれた本の出版を少しずつ手がけるようになる。いずれも異郷の社会で暮らす大勢の人に大きな慰めとなるものだった。演奏家で作曲家のナディア・ブーランジェたちが、父のつくった本を読むことは楽しみだと書き送ってきた。

しかし、そうしたことをいくらやったところで、稼ぎはほんのわずかでしかなく、母も働かざるをえなくなった。母は父の秘書をしていたごくわずかの期間を別にすれば、パリで本格的に働いたことなどなかったのだが、思わぬ能力が具わっていた。母は以前から並はずれてファッション・センスがよく、ほかの人よりも大胆ながら、なおかつパリジェンヌのシックさを具えていた。それで、ニューヨークに落ち着くとまもなく、母は友だちのつてで見つけた顧客のために、お洒落なドレスを縫う仕事を始めた。

そうするうちに母は、新しい戦時経済下にあっては、思わぬところに物不足が生じることに気づかされる。ファッション界の友人から、ボタンに使う金属材料がもはや手に入らないことを教わると、母シモーヌは、焼き石膏からでもじゅうぶん、美しいブローチやボタンを作れることに思い至る。そして古いフランスの宝石を真似て、自分で彩色を施し、新しいデザインを作り出したのだった。これはきわめてうまく行き、大勢の友人知人が手伝ってくれて、家のリビング・ルームはあわただしい作業場となった。母は、注文がどんどん増えるにつれて、使える時間をすべて当てなければならなくなった。私たちの住まいは、夜も昼も働く人々で混み合い、てんやわんやだった。

両親は、子どもにとっていい場所ではないと判断し、ニュージャージー州のモントクレアにフランス人難民子弟のための小さな寄宿舎があることを知ると、私をそこに送ることを決めた。両親と別れなければならないと考えるだけでぞっとして、私は鍵っ子でも満足だし、そうせざるをえないなら玄関口で待っていることだってできるからと言って、強く反対した。また移動するのは絶対いやだった。足場がなくなる恐怖というのは、はっきり私のトラウマになっていた（両親の友人たちが自転車がほしくないかと聞いてきた時、私は、次にまた移動しなければならないときに持っていけるよう、折りたたみ式のものでなければだめと返事したほどだった）。しかし両親は、信じられないほどの鈍感さでもって、ニューヨークには希望がない、同じ年のフランス人の子どもたちと一緒にいる方がはるかにいいのだと言い張った。仕事の忙しさと状況の不確かさゆえに、私をもっと静かな雰囲気のところに避難させたいと願ったのだろうが、私にすれば、それはありうる選択のなかで最悪だった。

当時のモントクレアは、アメリカの典型的な白人の住む郊外住宅地だった。同じ寄宿舎に住む他の子どもたちと一緒に毎朝、公立学校に通って、そこで二、三カ月間、英語漬けの集中教育を受けて、英語を習得していった。それだけに集中するのは、私にとっては簡単なことだった。フランスの幼稚園に二、三カ月通っていたので、算数や読むことではクラスメートよりも先に行っていたからだ。おそらく両親から引き離されたことへの怒りもあって、私はアメリカに同化しようという気にはさらさらなれなかった。「アメリカへの忠誠の誓い」を復唱させられるときは、私は、嘘をついても許してもらえるようにと、指で十字架をつくって祈った。防空訓練の間、みんなが机の下にもぐり込むよう教えられたときには、「ざまをみろ」というような気分だった。ついにアメリカ人も戦争がどんなものかを学ぼうとしているのだと感じた。過去に防空警備員助手だったという自分の誇り高い過去について、人に教えてやるつもりはなかった。

戦争の現実を、より身近に感じさせるものがなかったわけではない。いっしょに過ごすたまの週末に、両親がロングアイランドの海岸探査に連れて行ってくれたことがあった。両親は、ファイア・アイランド〔ロングアイランド沖合の細長い島〕の広大な自然のままの海岸が、観光客にはあまり知られておらず、オフシーズンになると完全に誰もいなくなることを知って、喜んでいた。ファイア・アイランドの海辺は、ノルマンディーで見たのと同じように美しかったし、家からも近かった。両親は、友人たちとも行ける安い民宿を見つけてきた。

ある日の午後遅く、私たちが海岸を楽しく散策していると、非常に緊張した様子の若い歩哨に突然呼び止められた。挨拶するふりをしながら彼は、「撃たれずにすんで運がよかったと思えよ」と言った。話によれば、ドイツの潜航艇が最近近くに現われて、スパイと工作員を載せた積み荷を陸揚げした（その後、全員が捕まり処刑された）、そのため海岸は夕方以降、立入禁止になっているというのだった。フランス語もドイツ語も歩哨にとっては同じことで、外国語をしゃべる集団と出くわして、とりわけピリピリした様子だった。もっとも歩哨にしてみれば、工作員が子ども、それもまったくのチビを連れているというのは考えられない話で、私がそこにいること自体が場違いに思えたはずだが。いずれにしろ、厳重警告を与えたうえで解放してくれたのだが、私たちにしてみれば、武装したアメリカ人との遭遇は驚きだった。

また別の海岸だが、砂浜が切れるところに鉄条網が張られ、それ以上行けなくなっており、これも両親にとっては解せないことだった。だがこれは、軍の障害物ではなかった。オーシャン・ビーチ〔ファイア・アイランドの中心地域〕の境界の先は、誰もが立ち入りを許されるわけではない「人種限定コミュニティ」になっているというのだ。その警告の意味が理解できなかった両親が地元の人に聞いてみると、隣の集落ではユダヤ人の立ち入りが禁じられているということだった。ニューヨーク市の開放性を経験しているだけに、土地の人のこうした反ユダヤ的姿勢はショッキングなことだった。もっとも両親は、そうしたことをいっさい私に話すことはなかった。アメリカにたどり着く際に、あれだけたいへんな困難を経験したにもかかわらず、なおも自分たちには許されない制限がいくつも残っているという皮肉な事態に、両親はどんな思いがしただろう。

フランスへの忠誠心

アメリカに来てから最初の二、三年間、最初はモントクレアで、その後はマンハッタンの家で過ごしたが、私はその間ずっと、フランスに対して強い忠誠心を抱いていた。叔父のシモン・シフリンは、一九三〇年代のフランスの古典的映画『霧の波止場』でもっともよく知られる有名映画監督だったが、すでに戦略事務局（OSS）の映画部隊で仕事をはじめ、ついでロンドンにある「自由フランス」で宣伝工作活動を行なっていた。その時叔父が、私のためにシャルル・ド・ゴールのサイン入り写真を入手してくれたので、私は自分の部屋のいちばんいい場所に飾っていた。自分の簞笥にはロレーヌ十字架〔愛国心の象徴とされる、腕木が二本の十字架〕を彫りこみ、部屋にはフランス国旗を飾った。自分にできるやり方で戦争協力をしたいと思い、セント・パトリック・カテドラルの裏手のヴィラード邸にある「フランス救援基金」に、小銭をためては持っていった。

当時、カトリック教会は邸内の建物をまだ専有しておらず、後に枢機卿の十字架がかけられることになる正面玄関の上には、ロレーヌ十字架が掲げられていた（ずっと後のことだが、ベネット・サーフがそこでランダムハウス社をおこしている）。「永遠のフランス」をはじめとする親ド・ゴール組織が、後に私も働くことになるその建物の中で活動していた。アメリカがヴィシー政権を承認していた間――それは一九四二年の、アメリカによるフランス領北アフリカ侵攻によって終わるのだが――フランスの児童たちへのビタミン剤の補給が認められていた。それで私は、その活動に協力すべく、友人たちからできるだけたくさんのお金を集める必要を強く感じていた。

ずっと後になって、私が出版した本の著者エレナ・クラークから教わったことだが、慈善活動をする裏側でヴィラード邸は、フランス国内の敵側支配地で、スパイ活動や破壊工作を行なうのをOSS――CIAの輝かしい前身――が指揮する、その最前線の役割を果たしていた。エレナはロバート・ペン・ウォーレン〔作家・批評家、『すべて王の民』でピュリッツァー賞受賞〕の妻で、メキシコ・シティでトロツキーの秘書をしばらく務めるなど、それまで波乱に富む生き方をしてきた人だ。あの目くるめく時代に、そのことは彼女にとって不都合に働いたわけではなく、むしろ実際にはプラスであったろう。彼女は自分の秘密任務に忠実で、あの贅沢なオフィスで自分たちが何をしようとしているのかを、一度として語ることはなかった。しかし、振り返ってみて、フランスのために、ビタミン剤の輸送以上のことが計画されていたと思うだけでもうれしい話だ。

「自由フランス」の本部を訪れる以外、八歳の子どもができる戦争協力には限界があった。毎週、ほかの何百万もの子どもと同様に、私もまた台紙に貯蓄スタンプをせっせと貼り付けたものだ。二十五ドルの貯蓄債権をもらえるならば、それはおとなからもらえる何よりのプレゼントだった。自動車の古タイヤを供出するよう呼びかけがなされたときには、私は自分の義務のように、おもちゃの自動車から小さなゴムタイヤをはずした（今でも私は、輪ゴム一本捨てるのにも抵抗がある）。

何年も経ってから私は、英国でも同じように、屑鉄などの供出を求める動きが、ビーヴァーブルック卿〔保守政治家、新聞経営者。チャーチル内閣閣僚〕の発案で起こったが、それが単に世論を結集するための手段、一人ひとりに自分も戦争協力の一翼を担っていると感じさせる手段にすぎなかったということを読んで、自分が裏切られたような気がした。私は、アメリカでも、私が父のタバコの箱から慎重にはぎとって雪玉状に丸めた金属フォイルのコレクションが、実際に利用されたかどうか疑わしいと思っている。

言うまでもないが、戦争がどうなるかが気になっていたのは、家族の中で私だけではなかった。父は「ニューヨーク・タイムズ」の見開き頁から取った、ドイツ軍の展開を示す大きな地図を、寝室の壁に貼っていた。それは、他には何もないガランとした部屋の唯一の飾りだった。不気味な黒い矢が、ロシアの国土の奥深くまで切り込んでいるのを見たのを記憶している。私はそこが、父が子どものときに知っていた土地、今も友人や家族が残っているかもしれない土地だということを、十分理解してはいなかった。

父は、出版人としてできる限りの戦争協力をした。自分の小さな会社を始めていたので、フランスにおけるレジスタンス運動の本が出始めるとすぐに、そうした中から選んで、フランス語のまま出版した。ルイ・アラゴンの詩や、古くからの友人アントワーヌ・ド・サン゠テグジュペリが戦争中に書いた作品などだ。サン＝テグジュペリは「自由フランス」のための飛行機乗りになり、けっきょく任務中の墜落事故で亡くなるのだが、それ以前、いっときニューヨークに住んでいた。

抵抗運動を描いた創作作品が徐々に生まれていた。父がそのなかの第一作『海の沈黙』をニューヨークで出版し、その本の小さなマイクロフィルム版を英国空軍がフランスに投下した。その本は、ヴェルコールというペンネームの人物によって書かれたものだったが、父は作者が誰なのか知らなかった。父とジッドはやり取りを交わすなかで、これはいったい誰なのだろうか、サルトルあたりかもしれないなどと、あてずっぽうに推測している（後にその実作者は、ずっと知名度の低いジャン・ブリュだったことが判明する）。ドイツ人将校を家に泊めざるをえなくなったフランス人家族が、将校とことばを交わそうともしないところを描いたその静かな語りが、たいへん思いきった叙述のように見えたと思うと驚きだ。後になると、抵抗運動には、記述するのにはるかに具合の悪いことがいろいろと起こっている。

次に出版されたのは、ジョゼフ・ケッセルの『影の軍隊』をはじめとする作品だった。これらは同じ境遇の亡命者のあいだでは読まれたが、アメリカに対する影響力は限られていた。ジッドは、自分の書いたものが占領下のフランスで出版されるのを望まず、北アフリカから原稿を送ってきた。父はジッドの、『テーゼ』、『ハムレット』の新訳、『架空対話』と称する一冊に加えて、『日記』の最新分冊を出版した。さらにその後、ジャック・マリタンの本を数冊、アンドレ・マルローの三巻本の『芸術の心理』を出版している。

父の出す本は増え続け、ほどなく南アメリカにも広がっていった。あのドイツ寄りのファシスト国家アルゼンチンにおいて、親仏思想の支えであった出版社スール社の社主ビクトリア・オカンポのおかげで、ジッド作品の翻訳版が出始めたのだ。この頃の父とジッドとのやりとりには、こうした活動の詳細が、また契約上のこまごました複雑な内容がたくさん含まれていた。それもあてにならない郵便で、戦時の困難だらけの中、送られて来たものだった。

北アフリカ侵攻の後しばらくの間、父は、自由フランスの地で文化雑誌を創刊しようとしていたレイモン・アロンをはじめとする、亡命知識人たちに手紙を書き送ったが、努力が実を結ぶことはなかった。それでも、アメリカやイギリスでは、今では忘れ去られているが、ペンギン・フランス語版として父の作った多くの本が出版され、フランスには軟弱で共犯的なヴィシー政権にはないものがあることを示すうえで、象徴的な役割をはたした。

父（右）とクルト・ヴォルフ（1946頃）．
パンセオン社にて．

しかし全部あわせても、父が販売できた本の部数はわずかなもので、食べていくにはまったく不充分だった。だから一九四四年に、父がクルト・ヴォルフによって創始されたパンセオン・ブックスに加わることができたのは、神の恵みであった。ヴォルフは、フランツ・カフカなどを初めて出版したことで知られる有名なドイツ人で、自身も亡命者であった。父は、彼の存命中ずっとその下で働くこととなる。パンセオン社で、父は引き続きフランス人作家たちの本を出し続ける一方、すべての本のデザインを手がけることになる。多くの本が、古典的な簡素さと美しさを評価されて賞を受賞している。

私はよく、ワシントン・スクエアの南側に立つ、みごとなジョージ王朝様式のビルの中にある父のオフィスを訪ねたが、建物は、ヘンリー・ジェイムズなど作家や知識人たちがかつて住んでいた家々が建ち並ぶ、「天才通り」として知られる一角を占めていた。しかし不幸にも一九五〇年代に、その辺り一帯はことごとく、法科大学院をつくるというのでニューヨーク大学によって無残にも取り壊されてしまった。

フレンズ・セミナリーに通う

私もそうだったが、私がいないのを両親が寂しがり、モントクレアで二年過ごしたところで、私は結局ニューヨークにもどることになった。週末に会うだけでは、みな満足できなかったからだ。両親は、私が近くの公立学校に通えるよう手続きをした。両親は、七十五丁目がPS6〔マンハッタンのアッパー・イーストサイド八十五丁目にある公立第六小学校。学校名に、初代校長の母親で婦人参政権運動の指導者リリー・D・ブレイクの名前を冠する有名校〕の通学区域にあると思っていたために、私たちはそれに先立ってそこに引っ越しをしていた。PS6は、ミドルクラスの親が子どもを安心して通わせられる、学区制の中の優良校として当時から知られていた。しかし両親が、数ブロックのことだが勘違いをしていたために、そこに入ることはできず、私が行かされたのはロバート・F・ワグナー公立学校だった。

三番街の東側一帯は、古風なつくりの家が延々と続く町だが、アイルランド人のスラムと化しており、学校は私にとって危険なところだった。子どもたちはせっせと自転車泥棒に励んでいた。時計をもっていると、「いま何時だい」というのは危険な質問だということをすぐに学んだ。ただ一人のユダヤ人同級生だったケネス・シルバーマン（今や有名な伝記作家となっている）と私は、毎日同級生に襲われ、キリスト殺しと難癖をつけられて、したたかに殴られていた。情け容赦のない暴力集団に抗いようはなく、母は、私が毎日髪の毛がごっそり抜けて帰宅するのを目の当たりにした。私は決して問題を打ち明けなかったが、かわりにただひたすら学校をサボる口実を思いつこうとつとめた。まちがいなく母は理解していて、私がしょっちゅう頭が痛いとか熱があるとか言っても、とがめだてすることはなかった。翌年になると、安全な避難所である、フレンズ・セミナリーという、東十五丁目にあるクエイカーの学校に行かせてもらえることになった。

フレンズ・セミナリーは六十ブロック離れていて、乗り物に三十分乗らなければならなかった。まずトロリーバスに乗り、それから古い高架式電車に乗るのだが、電車の駅には、ベレニス・アボットが撮った一九三〇年代ニューヨークの写真に見られる、鉄のストーブが置かれていた。十歳の少年がひとりで公共の交通機関を乗りこなせるのだろうかなど、だれも気にしなかった。私はすぐに、自分がずっと安全で自分に合ったところにいることが分かった。母は、ニューヨーク流のやり方を忘れて、通学第一日目に私に、丁寧にアイロンをかけた灰色のフラノの半ズボンを履かせ、両耳の後ろにコロンをちょっとつけて送り出した。クラスの男の子たちは眉を吊り上げたのだが、女の子たちは皆うっとりとなってしまった。私が受け取ったバレンタイン・カードは山のようだった。

学校の中で、私だけがヨーロッパから避難してきた子どもというわけではなかった。ほかにも大勢の子が来ていたのだが、まったく気がつかなかったし、そのことが話題になることもなかった。皆、アメリカに溶け込もうと必死だった。ずっと後になって分かったことだが、たとえば、インド芸術および哲学の専門家として著名なドイツ人ハインリッヒ・ツィマーの息子のクレム・ツィマーが、私のすぐ上のクラスにいた。彼のクラスメートには、ヘレン・ヴォルフとクルト・ヴォルフの息子クリスチャン・ヴォルフがいた。クルト・ヴォルフはパンセオン・ブックスで、父を仲間として雇ってくれた人だ。

アメリカという鋳型に自分がほんとうにうまくおさまっているのを実感したのは、フレンズ・セミナリーにおいてだった。この学校は知的な温室みたいなところだったが、そのあたりのアメリカの中学校とまるで違っていると思ったことは一度もない。すごく楽しみにしていた漫画のアーチーやヴェロニカ〔一九四一年の発表以来、若者に人気のあった、ヴィック・ブルームとボブ・モンタナ作のシリーズ漫画の主人公〕とまったく同じように、放課後ともなると、地元の喫茶店に大勢でかけこんだのではなかったか。

漫画が、私は大好きだった。漫画を通して、アメリカが実際どんなところなのかを、潜在意識として学んだ。児童書を読むだけではなく、私はかなり小さい頃からルーニー・チューンズとディズニーの漫画を購読していた。毎年一ドル払うだけで毎月送られてくる漫画は、大きな喜びだった。

それも成長するにつれてだんだん卒業していき、もっと込み入った語り口のものを求めるようになっていった。

面白いと思っていたのは、ジョー・パルーカだ。この主人公はやや鈍いへぼボクサーだが、自分たちがなぜ戦争しているのかをはっきり理解していた。他の子どもたちが漫画の政治的な意味合いに関心がないのは、考えられない話だった（スーパーマンがなぜ戦争のためにもっと活躍できないのかを不思議に思う点では、私もまちがいなく、同世代の多くの者たちと一緒だったのだが）。戦争に勝った後は、アル・キャップ作の新聞漫画「リル・アブナー」の中で描かれる架空動物シュムー――安らぎや、私たちの誰もが戦後当然期待したものを、たくさん運んできてくれたあの陽気な生き物――の大ファンになった。読んでいた児童書は文化的にずっとレベルの高いもので、ヨーロッパの有名な作曲家や古くから人気のある人物たちの伝記シリーズなどだったが、私は、漫画を通してアメリカの大衆文化のことを教わった。それは家でも学校でも出会うことのない世界だった。私は幸せな気分でそれに没頭した。

最新の漫画を手に入れたいあまり、毎週土曜日の夜になると、八十六丁目とレキシントン街の角まで歩いて行って、漫画を別刷りにしている日曜新聞を全部買っていた。両親が毎日、家で購読していた「ニューヨーク・タイムズ」を別にして、当時新聞が四紙あった。私は宝物の新聞漫画を手に、アディー・ヴァリンズという典型的なソーダ水パーラーに行っては、あの頃アメリカではやった、上にホイップクリームとアーモンド、チェリーをのせたコーヒー・アイスクリーム・サンデーを楽しんだ（何年も後、アメリカの大民俗学者リチャード・ドーソンといっしょに仕事をしたときのことだが、どこで昼食を取りましょうかと尋ねると、気恥ずかしそうに、アイスクリーム・サンデーを食べられるようなところがまだニューヨークにあるだろうか、という返事が返ってきた。彼はインディアナで教えていたのだが、ソーダ水売場がもはやアメリカの中心地になくなってしまっているのを、嘆かわしく思っていた。幸い、ミッドタウンにソーダ水パーラーがまだ一軒残っていたので、そこへ案内したことがあった)。ヴァリンズに立ち寄ってひと時を楽しんだ後、新聞を山のように家に持ち帰るのが私の常だった。徐々に私は、新聞の前の方の頁も読むようになり、ついには今日に至るまで治らない活字中毒になってしまった。

当時、八十六丁目はヨークヴィル地区の中心で、ドイツ人が多く住んでいた。ドイツと戦争をしていたにもかかわらず、私はその辺りに行くのが面白くて、学校で覚えたドイツ語を試してみたりもした。今ではヨークヴィルは、どこの郊外ショッピングモールに行っても見られるような、スニーカーや電話を売る店ばかりになってしまったが、あの頃はドイツ料理の店やカフェをはじめ、ドイツ関係の店が軒を並べていた。

一九四〇年代、ニューヨークは多くの点で、まだヨーロッパの都市だった。アッパー・イーストサイドは、驚くほど旧オーストリア＝ハンガリー帝国の引き写しだった。ドイツ人がいたのは八十番台の通りの真ん中のヨークヴィル地区だったが、オーストリア人とハンガリー人は七十番台の上の方の通りに寄り集まり、チェコ人たちはもう少し南に下がった七十番台の下の方に、ポーランド人とウクライナ人はずっと南に下がったローワー・イーストサイドに住んでいた。そういうことだったから、母も私も、家から三ブロックと離れていないところにあったヘルブスト夫人がやっていたパン屋では、いろんな美味しいハンガリーのペストリー〔焼き菓子〕を、あるいは八十六丁目のディ・クライネ・コンディトライのようなドイツ人のペストリー店で、ペストリーを買い求めるのが楽しみだった。

家庭の味というのが、移民にとって何といってもいちばん郷愁を覚えさせるものだった。それは私のように、甘いものが特に好きなわけではない者にとっても同じだった。ニューヨークに着いてすぐのこと、両親は五番街はロックフェラー・センター近くにあるアルトマン・アンド・クーンという、素敵なオーストリアのチョコレート店を見つけて大喜びしていた。こうしたヨーロッパの味が、戦争のさなかにニューヨークで味わうことのできる、ごく限られたおいしいもののひとつだったことを覚えている。さほど昔のことではないが、ウィーンの街中を歩いていて、アルトマン・アンド・クーンが発祥の地に戻っていたのを見て、びっくりしたことがある。しかし私がいくら、彼らのニューヨークにあった店を知っていると説明しても、店員たちはそんな店など存在したことがないと断言するのだった。

時間の経過とともに、私のヨーロッパとの結びつきは薄れていった。そして、ヨーロッパ系の人たちが多く住むところに近かったこともあり、しだいに食べ物中心の結びつきになっていった。私の実際の生活は、徐々に学校を中心とするものになっていく。実際、幸せな（かつ安全な）学校生活だった。私はほとんどアメリカ的生活にはまってしまった。フレンズ・セミナリーでは誰ひとり、ポピュラー音楽や大衆スポーツに関心を持つ者はいなかったのだが、私からすると自分の思い入れのほうがノーマルなことだった。学校にはまじめな議論のできるクラスメートが大勢いて、読書の好みも多くの点で重なっていた。家の中でフランス語で会話をすることは——それ以外に考えられなかったのだが——私にとっては何も特別なことではなかった（時間が経ち、私の娘たちになると、それは驚くべきことだった）。私の生活は心地よく分裂していた。ヨーロッパは遠い過去のものとなり、いつの日か再びヨーロッパに戻ることになるかもしれないなどとは、思いもしなかった。

亡命者たちのニューヨーク

しかしその間も両親は、ずっと後になるまで私はそのことを知らなかったのだが、毎日帰国することを考えていた。彼らの日々の生活は、私のそれとは大きく異なるものだった。生活がつましいことは分かっていたが、私は、自分たちの暮らしがいかに貧乏か、また以前のパリ時代の生活といかに対照的なのかは理解していなかった。当時パンセオン社で、父もヴォルフも週に百ドルと稼いではいなかった。それは家賃を払うと、それ以上いくらも残らない額にすぎなかった。

しかしそうした貧しい生活のなかでも、両親は、パリ時代の社交的雰囲気を再現しようと必死だった。何人かの友人ができたが、例外的なアメリカ人を別にすると、大半はヨーロッパ人だった。たとえば、ヨーロッパ文化についての並はずれた造詣ゆえに、亡命者社会で枢要な位置を占めていた芸術史家のマイヤー・シャピロも、その一人だ。私は、父がシャピロやハンナ・アーレントたちと、夜な夜な議論していたのを覚えている。フランス人亡命者、ドイツ人亡命者、それに作家のヘルマン・ブロッホを含むオーストリア人亡命者は、すぐ身近に感じられる存在だった。

アーレントと私の両親は、彼女がパリで亡命生活を数年送ったこともあって、同じ過去を共有していたばかりではなく、アメリカでの生活の苦労を共にしている点でもいっしょだった。アーレントは、きわめてささやかな教職の仕事にありつくまでに数年を要している。それまでは、ユダヤ人組織でパートの仕事をしたり、ドイツ人の亡命者で出版を営むショッケンのところで働いていた。その間に彼女は、ワイマール時代に幾人ものドイツ人の出版人と親しく付き合っていた父と、意気投合したのだった。父は、「赤い伯爵」と呼ばれたハリー・ケスラーとはずっと仲がよく、一緒に仕事をしていた。ケスラーはあの頃、指導的な左翼知識人のひとりで、よく知られた出版人だった。思い出すことはできないが、父はドイツ人の友人たちとは、ドイツ語で話していたのではないかと思う。クルト・ヴォルフとパンセオン社でしゃべっていたのが、フランス語だったのかドイツ語だったのかは分からないが、英語でなかったことだけは確かだ。

私はこうした夜の会話に同席することを許され、両親が活気に満ちた重要な知的世界の一翼を担っていることを理解した。しかし父は辛辣に、ニューヨークには友と呼ぶべきほんとうの友だちがいかに少ないか、また文化的な生活を再現することがどんなにむずかしいかを、ジッドに書き送っている。父は、ニューヨークを非常に馴染みにくいと思っている多くのフランス人亡命者たちと、そうした困難を共有していた。同じ亡命者で、その頃ペギー・グッゲンハイムと結婚し、豪勢な生活をしていたマックス・エルンストのようにうまくやっていた者でさえもが、「ニューヨークには共同生活がない。カフェもなければ、コミュニケーションもない」と言って、孤独感、孤立感を訴えている。*

＊ *Exiles and Emigrés: The Flight of European Artists from Hitler*〔『追放と亡命――ヒトラーの手を逃れたヨーロッパの芸術家たち』〕(Los Angeles: Los Angeles County Museum of Art, 1997) より。

不思議なことに、いろんな文化史研究が示唆するところによれば、ロサンゼルスのドイツ人亡命者たちは、まったく逆の訴えをしているという。彼らは、いつも自分たちだけで一緒に集まって、土地の人たちとはめったに顔を合わせる機会がないといって、残念がっているというのだ。しかしロサンゼルスはニューヨークよりも、はるかに大勢の知識人や演劇人たちが集中しており、こうした同業者中心の町であってみれば、人々が一緒に仕事をしたり、ハリウッド・システムについてお互いに愚痴を言い合ったりする機会も多かったのだ。

ニューヨークにあって父がくつろぐことのできた数少ないところが、ワシントン・スクエアのパンセオン社の裏手にあった、何軒かの小さなイタリアン・カフェだった。いずれも、その後登場するおしゃれなエスプレッソを出すような店ではなく、ちっぽけで殺風景な、労働者階級のための、飲み物の自動販売機とリノリウムを敷いたテーブルが置かれただけの、通りに面した店だった。しかしそこで出されるものは非常に良質の濃いエスプレッソ・コーヒーで、イタリアから移住した老人たちが日がな一日遊び続けるジンラミーに加わろうという人であれば、誰でも歓迎された。私も、ジャックが昼休みにそこで幸せそうにカード遊びに打ち興じているのを、しばしば見かけたことがあった。

父の死後、ヨーロッパから後生大事に持ってきた数少ない持ち物の中に、フォーマルの礼服類を見つけたときはショックだった。まちがいなく両親は、フランスを離れるときにも、戦争前のよう

ニューヨークを訪れたサルトル（右）と両親（1945）．

な生活をつづけることになるものと思っていたのだ。友人の家に招かれてのディナーやコンサートの際に着ていくつもりで。ときたま父は古い衣装を着用することもあったが、それは新しいものの代わりに着るというよりは、失われた世界を象徴するものという意識であった。

サルトルとレヴィ＝ストロースの見方

戦争が終わるとともに、フランス人が引きも切らずニューヨークを訪れるようになる。私は、今や有名なジャン＝ポール・サルトルのニューヨーク訪問の折に、両親がサルトルと夕食を共にしたときの写真を今でも持っている。このとき、サルトルと両親は初めて出会っている。この訪問はアメリカ、フランス双方の新聞によって大々的に取り上げられたが、サルトルは同胞のフランス人亡命者を捜し出すべく、国務省によって招聘されたグループの一員だった。サルトルは著述のなかで、フランスを逃れ出た人たちは、占領下の生活がどんなものだったかをけっして理解することができないと主張していたが、進んで亡命者たちとの夜会に出かけたり、自称リポーターとして全米を旅してまわっているようだった。

後にサルトルは、『ユダヤ人問題についての考察』〔邦訳『ユダヤ人』岩波新書〕という有名な評論を著すが、それでも、なかには私の両親のように非常に差し迫った脅威ゆえに逃れ出た人たちがいたことは、彼には思いもよらなかったようである。明らかにサルトルはフランス国内に留まった多くの人たちと同じく、亡命者たちが気楽に過ごしているときに、自分たちこそがひどい目にあったのだという思いを抱いていた。

他の多くの訪問者たちは亡命者たちにさほど批判的ではなく、町なかを見物することを望んだ。彼らの回るところは決まっていた。土曜日の夜、ハーレムでジャズを聴いた後、引き続き日曜日の朝、人通りのないウォール・ストリートのビルの谷間を歩くというように。私の両親は、訪問客たちを連れて町を案内し、自分たちのパリの生活との結びつきが、新たなものになることを喜んでいた。しかしそれはまた、戦争が終わったらすぐにも帰国するつもりでいたのに、父の健康がすぐれないこともあってそうできないことへの、苛立たしい思いを昂じさせることにもなった。両親にしてみれば、死ぬまでアメリカで暮らすことなど、一度たりとも願っていなかった。戦争は苦しいほんの一時のことで、新しい国に恒久的に移住したわけではなかったからだ。フランス人亡命者のほとんど誰もが、すぐにも帰国することを待ち望んでいた。

クロード・レヴィ゠ストロースは、回想録『遠近の回想』（みすず書房）のなかで、ニューヨークのニュースクールのなかに、彼らがつくった「亡命大学」（ニュースクールの新社会研究学院の中に、一九三三年に設けられた「政治学および社会科学大学院」。教授団は大部分、ヨーロッパからの亡命者で構成され、アメリカの知識社会に大きな刺激を与えた）の仲間たちが示した、さまざまに異なる態度について書き記している。「自分のことを完全にフランス人と考えていた者たちは、一つのこと、すなわちフランスに帰国してふたたび同じ職につくことしか考えていなかった。最近アメリカに帰化したばかりの者たちは、これからの運命がどうなるか、不安なままだった*」。他の亡命者は多くが、自分が手放してきた仕事にはもはやつくことができないだろうと思い悩んでいた。実際、これがジャックの置かれた状況だったのだ。いったんプレイアッド版の枠組みが固まってしまえば、父がいなくても、ガリマール社でシリーズを継続するのはさほどむずかしいことではなかった。ガリマール社は、戦時中の補償をすべく、元のように利益分配契約を結び直さなければいけなかったのだが、彼らは、父を復職させる規定がそこに含まれているわけではないという判断を下した。サルトルはそれよりはるかに冷淡で、一九四五年にアメリカを訪問した際にＯＳＳ（戦略事務局。ＣＩＡの前身）から質問を受けて、次のように答えている。「亡命者たちは、心配極まりない様子で、帰国したら自分たちが軽蔑されやしないだろうかと聞かない者はない。しかし実際はそれよりもはるかに悪く、彼らは忘れ去られてしまった存在なのだ」（同前）。

＊Emmanuelle Loyer, *Paris à New York* (Paris: Grasset, 2005), p.234 中の引用。同書にはニューヨークでの父の仕事についても詳述されている。

ドイツ人の友人たちの感覚は、もっともなことだが、違っていた。ごく少数の例外を除いて、ほとんどの人は戻ろうとしなかった。様々な困難にもかかわらず、彼らは自分たちのことを、今やアメリカ人だと感じていた。訪問のかたちで帰国することすら苦痛だった。もはや国に戻ることはないという自覚は、彼らがいっそうアメリカ人になろうとするうえでの支えとなった。多くのマルクス主義の理論家が、アメリカ的世界や市場に順応していった。偉大なバウハウス〔近代建築運動をリードした、ワイマール期ドイツの建築デザイン学校〕の建築家たちも、労働者の住宅について考えることをやめ、彼らをしかるべく有名にするオフィス・ビルのデザインを始めた。グロピウス〔バウハウスの創設者〕やミース・ファン・デル・ローエ〔ドイツ出身の国際的建築家〕は、文字通り、また比喩的にも、アメリカ的シーンの一部となった。著名人のなかにも、たとえばフランクフルト学派のメンバーのように、一流大学のポストに惹かれて戻っていった人もいないわけではないが、ごく限られていた。ドイツ人の級友たちの親は、いずれもかつてワイマール文化のなかで重要な役割を果たした人だったが、帰国しようと考えた家は一つもなかった。

私は、新しい学校生活に幸せに溶け込んでいたために、両親が孤独感を感じ、できるだけ早く帰国したいと願っていることに、気がつかなかった。それで、そういう選択があり得るなどとは、ましてやそれが彼らにとって何としてでもかなえたい夢なのだとは、思ってもみなかった。私が、両親の亡命生活とその苦痛について詳しく理解するようになるのは、ずっと後になって、家に来ていた彼らあての手紙を読んでからのことである。

第2章　ふたたびフランスへ

政治好きの少年

十三歳になる頃には、私は自分が完全にアメリカ人になったと感じていた。当然のように、私は自分が新しい国の人間であると思っていたし、つい七年前に離れた生国にたいして、もはや関心を持つことはなかった。私は、移民同化の古典的なパターンにぴったりあてはまっていた。自分では自分のことを、典型的なアメリカ人のティーンエイジャーだと思っていた。もっとも実際には、スポーツは退屈だしポピュラー音楽に惹かれるわけでもなかったので、典型というにはほど遠かったのだが。しかしスポーツやポピュラー音楽はさておき、アメリカ、特にアメリカの政治風景は、私の関心をおおいにかきたてるものだった。

一九四八年は、私が経験した最初の大統領選挙キャンペーンの年だった。それがどんなものかを、私はとことん理解したいと思った。十三歳の少年が興味をもち、各選挙事務所にやって来て党の綱領や政策方針を聞いたり、もちろんキャンペーン・バッジを欲しいといっても、誰もそのことを少しもおかしなこととは思わなかった。資金のない政党に行くと、そこに残ってボランティアとして仕事をするつもりはないかと聞かれた。その頃でも政治は多くの人手を必要とする活動で、通りに面して設けられた選挙事務所では、ホッチキス止めや謄写版印刷、ビラ配りなど、際限なく続く仕事を喜んでやってくれる人が当てにされたのだった（後年、ニューヨークの民主党指導者ハーマン・バディロウは私に、地元の選挙事務所に取って替わって、いかに金がものを言うようになってしまったかを嘆いている。バディロウの説明によれば、かつては候補者がまずしなければならないことといえば、ガラス窓越しによく見えるきれいな女性を数人、かり集めてくることだった。そうすれば、十分な数の若い男性たちがボランティアとして集まって来て、戦力の中核を確保することができたというのだ）。

その後分かったことだが、一九四八年の選挙は、アメリカ政治の非常に多様な可能性を理解するうえで、この上ない第一歩だった。リベラルな民主党候補者たちと保守的な共和党候補者たちだけでなく、それ以外にも候補者が立っていた。共和党員がトム・デューイ支持で結束していたのに対し、民主党員は大統領ハリー・トルーマン支持で必ずしも完全に一致していたわけではなかった。ディクシークラットと呼ばれる南部の人種差別的な民主党員たちは、分派行動を起こして、トルーマンより右の立場から自前の候補者ストローム・サーモンドを担ぎ出していた。一方、フランクリン・ローズヴェルト（ＦＤＲ）の副大統領をつとめたヘンリー・ウォレスと進歩党は、民主党から分かれて、トルーマンの左に位置していた。さらにもっと左には、いつものように象徴的なものにすぎないにせよ、社会主義者として立つノーマン・トーマスがいた。そういうわけでこのときの政治情勢は、現代アメリカ史で最後となるのだが、右から左まで多様な選択が可能な、きわめて大きな広がりを見せていた。

私は社会主義者の候補ノーマン・トーマス支持のつもりだった。私は社会主義者を自任していたし、進歩党の候補者であり『ニュー・リパブリック』誌の編集長であるウォレスは、支持できないと思っていたからだ。ウォレスは私の好みからすると、あまりにも親共産主義的すぎるように見えた。私は自分の社会主義理解が、トーマスというよりは、レオン・ブルムを読んでいたからだとは思ってもみなかった。ともかく当時、レオン・ブルムの考え方が社会主義の国際的な通念となっていたのだ。

しかし私は、トルーマンに勝利してほしいが、トルーマンが勝てそうにないことが分かる程度には、現実を理解していた。誰もがデューイの勝利を確信しているようだった（父は賭けごとの愚かさを私に教えようとして、一〇〇対一の確率でデューイが勝つ方に賭けた。信じられない思いが徐々に大きくなるなか、私は終日開票を見守り、うれしいことに選挙の翌日遅く、父からまったく予期せぬ二十五ドルを受け取ったのだった）。しかし私は、自分の心が依然としてトーマス率いるところの幻の社会党にあることがわかっていた。チェコでソヴィエトによるクーデターが起こり、チェコ人の指導者ヤン・マサリクが殺害されると、社会主義と民主主義の両方のために闘わなければならないと感じた。

父は、私がアメリカの政治に関心を持つことを、とまどいながらも喜んで見守っていたが、私がすっかりアメリカに入れあげることを心配していた。フランスに戻ることで、私がアメリカ以外の世界がどうなっているかを知る時期に来ていると感じていた。両親は、私がフランスにもどって友だちや親戚に会い、何を後に残してきたか、少しでも理解してほしいと強く願っていた。一九四九年五月二十三日付けのジッド宛の手紙には、ジッドが私に会ってくれることで何を期待しているかが書かれている。そこでは私について、切手の収集に加えてもっぱら「政治」のことを知りたがっている男の子だと記されている。「息子は、膨大な量の新聞、雑誌、あらゆる類の政治書を購読しています。ラジオをよく聴いています。並の国会議員よりはよほど内外の時事的事柄に通じています。飽きることを知りません。一人でいるのを好み、大人と交わる方が好きなのです」。ただ、私がフランス語を読もうとしたがらないのは、父の心配の種だった（もっともジッド自身の本について言えば、父は、私がそれらを読むのはもっと後になってから、私が大人になって理解できるようになってからの方がいいと思っていた）。

父はなんとしてでもフランスに戻りたいという気持ちを持ち続けていた。パリで昔の出版社の仕事に復職することは不可能であったし、肺気腫の悪化で健康が徐々に損なわれてきていたために、ニューヨークにいるよりは南フランスに、はるかに魅力を感じていた。父の夢はフランスの南部、私がアンドレ・ジッドとロジェ・マルタン・デュ・ガールを訪ねることになっている南部に戻って、本屋を開くというものだった。しかしフランスにいる父の友人たちは、本屋を開くなんて不確かで危ない冒険だと言って、そうした父の望みに水を差したのだった。このことをめぐって、マルタン・デュガールとアンドレ・ジッドは、私が彼らを訪ねるべく発つ直前のことだが、父の知らないところでお互いに手紙のやり取りをしていた。マルタン・デュガールの手紙には次のように記されている。

この不条理極まりないヨーロッパに戻ってくるよう勧めるべきなのでしょうか。それも特にフランスに。特にニースに。ニースで何をするというのでしょう。どんなに厳しい生活が待ち受けていることか。……シフリンが彼のまぎれもない手腕――私はそれを実に凄いと思うのですが――を発揮するとすれば、それは出版においてこそです。でもニースでは、そんなことは問題にもなりません。本屋をですって？　一九四五年からだけでも三十軒もの店が新規に開店しましたが、どこも売り上げ不振に喘いでいます。どこも同じというだけではなく、ニースでは他のどこよりも深刻です。……ニースで買われるものといえば、ダイジェスト版と映画雑誌だけです。シフリンに勧めるには危険すぎると思います。

マルタン・デュガールが父に宛てた手紙は、これよりもっとがっかりさせるものだった。一九四五年五月の文中で、父に昔へのノスタルジアに浸るのをやめるよう書き送っている。

ヨーロッパはもう終わりです。廃墟でしかありません。どこもかしこも苦難に満ち満ちており、勝利者の落胆も、敗者の落胆もその差は程度の問題でしかありません。今この時にも、拷問収容所の生き残りの人たち、地獄を逃れた亡霊が、いまやよそ者として少しずつ戻ってきています。……息が詰まるような雰囲気があり、それがあらゆる生きる喜び、あらゆる希望を麻痺させています。

デュガールは、二年後の一九四七年一月にも、父に帰国しようと考えない方がいいと説得を続けている。

パリがいかに惨めで、いかに重苦しく消耗しきっているか、貴方にはお分かりいただけないかもしれません。……ご覧になれば、私たち皆が二十五歳は老けこんだとお思いになることでしょう。国が占領されているという感覚が完全に消えたわけではありません。……私にとってフランス人の受動性は、尽きることのない恐怖のもとです。

（ほかの観察者も同意見だった。ジャネット・フラナーは『ニューヨーカー』誌に、一九四七年三月、「パリはまちがいなく空気が淀み、しかもその淀みは広がりつつある」とパリから書き送っている。ジョージ・ケナンは同じころ、国務省宛の報告書の中で、「ヨーロッパはいま、物質面で建物や設備、精神面で活力をすっかり消尽してしまったその影響を受けている」と述べている）*。

＊ともにトニー・ジャット『ヨーロッパ戦後史』（ペンギン・ブックス、二〇〇五）からの引用。

しかしマルタン・デュガールとジッドは、そんな議論をしないですますこともできたはずだった。私は、父が帰国できるような可能性が実際上なかったことが、いまはよく理解できる。二人は、父の健康状態がどんなに悪いかを知らなかったのだ。父の肺気腫は、ベッド脇に酸素ボンベを置いておかなければいけないほど悪化しており、戦後のフランスの今なお厳しい環境のなかでは、不可能ではないにせよ、うまく対応するのが著しく困難な状況に立ち至っていた。

それゆえ両親には、私をフランスに送り返す異なる二つの動機があったのだが、そのどちらも、私のあずかり知らぬことだった。両親は、私がフランスを再発見することを期待していた。と同時に、私は家族全員にとって、フランスがいまどんな状況にあるかを確認する先兵みたいなものだった。後になって私は自分が、大洪水の後にその後の生活がどんな状況になっているかを確かめるべくノアの方舟《はこぶね》から放たれた、ハトのようなものだったことを理解した。

子ども一人の船旅

旅は五十ドルというもっともつましい予算で、まる二カ月の訪問の費用をすべてやりくりするものとして計画された。ただの一晩も、私がホテルに泊まることは考えられなかったし、渡航費用についても同様だった。友人や家族にすべて手伝ってもらうこととなった。両親には、ニューヨークのフランス人社会のなかに、フランス系の大きな穀物商社ルイ・ドレフュースで仕事をしている友人たちがいて、かれらが小さな貨物船に、ただで寝泊まりできるようにしてくれたのだった。

母が、船が出ることになっているフィラデルフィア港までついて来た。そこで私たちは、私の乗る遠洋定期船、マーシャル・プランの復興援助で石炭をフランスに運ぶ一万トンの小さな貨物船を目の当たりにしたが、それは戦時中、輸送の主要手段であったときに「自由の船」と称された類の船だった。中には旅客用船室が一室だけあり――壁付けの寝台が二つついたほんとに狭い空間だった――アメリカで一年暮らして帰国する、二十歳のフランス人の大学生と同室になった。この学生にせよ船員にせよ、十三歳の子どもが一人で船に乗っているのを見ても驚くふうではなかった。いっしょに食事をした船のオフィサー〔上級船員〕たちは、旅の間に出会ったあらゆる売春婦の思い出を語り合う際にも、私が同席していようがお構いなしだった。彼らの話の中でとりわけはっきり覚えているのは、行為を始めたとたんに、壁にかかっている聖母マリアのイメージを一変させたというブラジル女の話だ。

横断は三週間かかった。大型の定期船ならば時速六十マイル進むのだが、聞いたところでは船のスピードは、自転車の速度と同じで時速十五マイルほどだということだった。船はエンジン音をたてながら何事もなくゆっくりゆっくり進んでいったが、ある夜突然賑やかなワルツのメロディが海原を越えて聞こえてきた。はじめは幻聴かと思ったが、そんなはずはないことがすぐに分かった。他のみんなにも聞こえていたからだ。いきなりそれを説明するものが目の前に出現した。近くに、いやもうすぐ目の前に、クイーン・メリー号の姿があった。ワルツはクイーン・メリーのオーケストラが演奏する、夜の舞踏会のものだった。まるでフェリーニの映画『アマルコルド』の豪華客船が、幻となって現われ出たかのようだったが、しかしはるかに危険だった。私たちの乗った船は、巨大定期船が進むときに引き起こす大波に無情に翻弄された。巨艦にのしかかられ、私たちは、音楽を楽しむ暇もなく必死に手すりに摑まっているしかなかった。通り過ぎたあとも、皆なす術もなく上下に揺さぶられるままだった。

上陸の直前に、大学生と私が聞かされたのは、目的地がブレスト港〔フランス西端の軍港〕に変更になったということだった。家に電報を送った方がいいと思った。出費を抑えるよう心がけて、電文は可能な限り短いものにした、「ブレスト、ラブ」とだけ。しかし、結局のところブレストではなくカーン〔フランス、ノルマンディーの都市〕で下船することになったので、そのお金は無駄に使ってしまうことになった。というわけで、カーンで降りたのだが、初めて目にするヨーロッパは、衝撃的だった。カーンは一九四四年、占領から解放される際に重爆撃を受け、五年後に私が上陸したときにもまだ、あたり一面完全に廃墟のままだった。港の周り一帯は、完全に破壊されてしまっていた。街の中心地にも建物はほとんど残っていなかった。まったく思ってもみないことだった。アメリカの新聞は、ヨーロッパが破壊されたままだということを、いっさい伝えていなかった。目の当たりにした、戦争がフランスにもたらした惨禍に大きな衝撃を受けながら、私は、焦土のなかをパリ行きの列車へと向かった。

とはいえ、このことで、私の中の若者的なアメリカ愛国主義が抑制されたわけではなかった。実際、アメリカの方が優っているという私の思いは一層つのり、ますますそれが確かめられた思いだった。一区画八人乗りの車室に私と乗り合わせた他の乗客は、マーシャル・プランとアメリカの寛大さが、彼らにとっていかに重要なものであるかを説く私の講釈の、理想の聞き手のように思われた（プランは現にフランス経済の復興の大きな手助けとなったのだが、フランス人の多くはそのことを認めたがらなかった）。それればかりではなく、私はアメリカ的な生活様式の価値がいかにすばらしいか、講釈をせずにはいられなかった。高賃金や高い生活水準、等々について。乗り合わせた乗客はきっと憤慨していたことだろう。車窓から私を放り投げ出したい思いを、よくぞじっと我慢してくれたものだ。

パリの街を探険する

パリに到着したときも、カーンについたときとまあ同じようなものだった。信じられないことに、三百五十万軒もの家屋が失われたロンドンと違って、パリ中心部はほとんど爆撃を受けていなかった（周辺部にある工場はしばしば標的とされたのだが）。しかしパリの街は、以前と変わらず美しかったとはいえ、疲弊し困窮しているように見えた。バスや地下鉄の乗客たちは貧相な身なりで、いまでもアメリカのガイドブックにみられる乱暴なお定まりの表現にあるように、実際、風呂にほとんど入っていないかのように悪臭を放っていた。

泊まったアパルトマンもまた、苛酷な戦争をくぐりぬけたかのようだった。父が、昔馴染みのルイとシモーヌのマルタン＝ショフィエ夫妻に、私を泊めてやってほしいとあらかじめ頼んでおいたのに対し、夫妻が親切に応じてくれたのだった。トロカデロの近く、ジョルジュ・マンデル街沿いの大きな建物だったが、アメリカ人の私の目にはその家が古ぼけてくたびれたものに見えていたとは、夫妻は思いもしなかっただろう。私には彼らのアパルトマンは、家具がほとんどなく、壁は剝げかけ、電球はむき出しのままで、がらんどうのように思われた。

ルイは戦争前、コミュニストの指導的ジャーナリストで、そのために ダッハウの強制収容所送りとなったのだが、かろうじて戦時期を乗り越えて生きのびた人だった。いろんな意味で、彼のアパルトマンは彼自身の姿を映し出していた。彼は疲労困憊し、受難から立ち直っていなかった。ニューヨークに戻るなり私がやったことの一つは、彼の回想録を読むことだった。それからは探し出せる限りの回想録、たとえばダヴィッド・ルーセ〔ナチ収容所からの生還者〕の古典だが今では忘れられてしまった『もうひとつの王国』や、プリモ・レーヴィ〔イタリアの作家、強制収容所から生還しいくつもの秀作を発表〕の『これが人間か』、その他私の家族もまったく同じ運命をたどったかもしれない経験を綴った回想録を読み漁った。

たしかに彼らは戦争で貧しくなりはしたものの、依然メイドを雇っていた。ルイはジャーナリストとして仕事に復帰し、以前と変わらずコミュニストとしておおいに奮闘していた。ルイは私を七月十四日のパリ祭に連れて行ってくれたが、これは年来、共産党が党員を増やすうえでの中心的活動となっていたものだ。私は誇らしい気持ちで中央特別観覧席のルイの隣に座って、いつ終わるともしれないパレードを見ていた。結果として自分が、ヘンリー・ウォレスや彼の共産党の支持者たちに、さほど親近感を感じた記憶はないのだが、後に父はジッドに手紙を書き、私のヨーロッパ行きが私を、父がそういうこともありうると思っていた以上に、アメリカに対してはるかに批判的にしたのではないかと思うと述べている。ともかくも、いかなるかたちであれ現実に触れることで、フランスに行く際に私がまとっていたお定まりの愛国主義は、影響を受けることになった。

両親は、私がなにをすべきかこと細かく指示したわけではなかったが、数週間のパリ滞在は彼らが望んでいた通りに過ぎた。私は昂揚して彼らに、戦争で疲れきった雰囲気にもかかわらず、街が「天国のように美しい」としたためた手紙を送った。街を隅々まで見てみたいと思い、自分たちが去った都市を再発見――実際は発見――しようという潜在意識的な願望によって行動した。私は、パリに住む人がだれでも持っている、小さな赤いポケット判の地図の一つを買って持っていた。そこには二十の区ごとにパリの地図が載っており、毎朝出かけてはそうした区の中を歩き回った。旅の終わり頃には、だいたいどこも行きつくして、記念館や美術館その他のめぼしいところ――若者のホルモンをそそるピガール広場付近の悪所と思われている地域を含めて――は、ほとんど見て回っていた。

それ以外の欲求も簡単に満たされることが分かった。有名なケーキ屋カレットはトロカデロにあって近かったし、私がフランス菓子の驚くべきおいしさを発見したのは、散策していてそこに立ち寄ったときのことだった（最近、その場所を通ってみたら、今も同じところにその店は建っていたが、そこのリエージュ・コーヒー――それは昔のアイスクリーム・サンデーによく似た飲み物で、私のパリで最初の至高のうまいもの体験、プルーストのマドレーヌのようなものだった――は飲まないでおくことにした。現代のどんなものも、昔のあの愉悦的思い出に及ばないことはまちがいないのだから）。またある時、父の妹の一人ベラと夫のセルジュとが、私を、当時まだ食材の卸売市場だったレアールに連れて行ってくれたことがあった。広大なガラスのパビリオンで、食材が文字通り壁のように山積みになっていた。その時初めて、ぎっしり並べられた野いちごが、圧倒するような薫りを発しているのを目にした。この薫りで実際に香水ができるなら、それを最初につける女性と結婚してもいいと、叔母に言ったことだった。

トロカデロのマルタン＝ショフィエ夫妻のアパルトマンの隣はシャイヨ宮で、博物館と劇場として使われていた。幾晩か、ジャン・ヴィラールが演出する有名な国立民衆劇場（TNP）の公演を観に行った。ヴィラールは可能な限り大勢の観客に観てもらうことをめざしていて、劇団は、芝居など一度も見たことのない工場労働者たちに、そうした機会を提供しようとしていた。劇場の中の雰囲気は刺激的で楽しいものだった。大衆に文化を、というこの試みは大当たりで、たいへん感銘深いものだった。それはアメリカでは、一九三〇年代にクリフォード・オデッツらによって、ニューディールの演劇集団の中でなされていたものだ。ヴィラールの成功は私の脳裏に残り、数年後、私が最初の出版の仕事を得た大衆向けの出版社NAL（ニュー・アメリカン・ライブラリー社）でいよいよ仕事を始めた時にも、まちがいなく私の考え方に影響を及ぼしている。

パリのかわいらしい、後部デッキが開放された旧式のバスに乗るのも楽しみだった。座席の列ごとに上方にエナメル板が貼られていた。窓は毎朝、一般的な気象状況を見て開けたり閉めたりされること、開け閉めで争いが起きる場合には、最終的には窓にいちばん近い人がその権限を持つものとする、ということが記されていた（今のバスでも、そのもっと短い文言を見ることができる）。類まれな犯罪的時代がやっと終わったその国において、しかもその主たる責任は国家にあるというのに、依然として、礼節や不必要な争いを避けるべきことについての戦争前の指示が、そのまま残されているのを目にしたときには、どうしてそういうことがありうるのか、驚きだった。こんなサインがどれだけ守られるものかと思った。

ガストン・ガリマールとの交渉

とはいえ、パリ滞在のすべての時間が、見物その他のひたすら楽しい活動にあてられたわけではなかった。実行しなければならない公式訪問もいくつかあった。父から、ガリマール社を訪ねるように言われていたのだ。父がプレイアッド叢書の権利を売り渡し、フランスにいた最後の数年間働いていた出版社だ。戦争が終わった後、父はもちろん、復職したいと願っていた。だが、ガリマールでは後釜を据え、その余地はないことを明らかにしていた。したがって、私の訪問は、いずれにしても微妙でやっかいなものであった。

訪問の後、両親に宛てて手紙を書いたのだが、ガリマール社は、「非常にリッチで社員が大勢いるけれど、非常にビジネスライクで、非常に冷たく暗かった。大勢の人と握手したし、会う人会う人、お父様はどうなさっていますかと聞いてきたが、彼らが本当にそう思っているのか、ただお愛想を言っているだけなのかなど、分かりようもないと思った」。

少なくとも表面的には、会社の創業者であり、フランスでおそらくもっとも著名な出版人であるガストン・ガリマールは、そうした状況でありながらも、父との友好的な関係を維持していた。彼は、何年もうまくやってきており、十四歳になったばかりの少年と一対一で会うことを奇異に思ったに違いない。しかしともかく、彼は私をアパルトマンでの昼食に招いてくれたし、それに非常に親切だった。覚えている限り、会話が不自然に途切れることは一度もなかった。ここで、ほんの九年前にガリマールが父を解雇した時に端を発して、次々と問題が生じていたことを、父から何も聞かされていなかったことは記しておくべきだろう。また戦争が終わった後、父がパリに戻って復職したいという希望をなおも持っていたにもかかわらず、ガリマールとの関係を再開することについてどう思っているか、私と話しあうことがなかったことも。

経緯はかなり複雑なものであった。パリを占領するとすぐに、ドイツ軍がガリマール社の出入り口を封鎖し、ガリマール家の家族も、父を含めた職員も皆、田舎に追い払われてしまった。ガストンは出版をなんとしてでも再開したいと思い、そのためのナチの条件を進んで受け入れたのだった。条件には次のようなことが含まれていた。会社のなかの二人のユダヤ人、すなわち父と販売担当の重役だったルイ＝ダニエル・ヒルシュを解雇すること、ナチが指名する編集者を会社に入れること、ジッドによって創刊されて何十年もの歴史をもつ、社の有名雑誌『新フランス評論』の編集権を手放すこと。

ドイツ大使オットー・アベッツは、戦争前からフランス暮らしが長く、文化的な状況を完璧に理解していた。彼は、ガリマール社と『新フランス評論』の重要性を認識していた。その両者を存続させることで、フランス文化が以前と変わりないことを印象づけることになるだろう、と。アベッツは巧みにも、評判のいいファシスト作家ピエール・ドゥリュー・ド・ラ・ロシェルを、新しい『新評論』の編集長に据える。この人物に権限を委ねることで、ガリマールも、非常に入念に規定されたナチの政策の範囲内で、出版の継続を認められたのだった。

ガリマールは、ガリマール個人も会社も、フランス人ファシストたちから攻撃の対象とされていた。このファシストたちはしばしば、非常にソフィスティケートされたドイツ人たちよりも、その非難攻撃がより過激だった。実際、ドイツ人たちは占領期間を通じて、フランス人ファシストたちを、力ずくでヴィシー政権に圧力をかけるうえで、また究極的に、レジスタンス勢力に対する殺戮攻撃を行なううえで利用したのだった。一九四〇年十月十八日付けの「オ・ピロリ」紙上で、ポール・ロッシュは、ガリマールとガリマールの出版物を非難して、次のように書いている。

ジッド、マルロー、アラゴン、フロイトたちの本、シュルレアリスト関係の本――平和主義の本、反ナチの本――をなくせ。いずれもヨーロッパ（つまりドイツ）―フランス関係を損なってきたものだ。……なんと多くのユダヤ人がガリマールに名前を連ねていることか。フロイト、ベンダ、シフリン……。ガリマールはパリに戻りたがっている。すでに黒人たちや黒人好きの連中が彼を待っていて……（エベイ著『暗黒時代の「新フランス評論」――一九四〇－四一年』、一三二頁）

皆、この調子だった。こうした攻撃に直面していたことから、ガストンが、出版の継続を認める可能性を提示されてほっとしたであろうことは、容易に察せられる。たとえ最良の従業員を首にし、社の基軸雑誌をドイツ人の手に奪われることになったとしても。ここで公平を失することのないように言っておかなければならないのは、多くの出版人が、ガリマールよりもはるかにひどい対応をしたということだ。熱烈な親ナチの反ユダヤ主義者たちもいて、彼らはその線で出版活動を行なった。ドイツの第一級のユダヤ人詩人ハイネの訳詩を、ドイツ側が発禁処分にしないうちから、断裁すると急遽申し出る社もあった。その他の会社も、その後アベッツが命じた禁書リスト、すなわちユダヤ人や反ナチ、そしてマルクス主義者の著者による何百冊もの著作の販売禁止を命じた悪名高い「オットー・リスト」の指示に、一も二もなく従ったのだった。

私はこうしたあらゆる事の経緯について、何年も後、パスカル・フーシェの『占領期フランス出版史』〔一九八七〕という、ほとんどのフランス人も大半は忘れ去っている歴史を扱った傑作を読んで、はっきり意識するようになった。しかし、私自身がガストン・ガリマールの壮大なアパルトマンを訪ねた時には、こうしたことについて、ほとんど通じていなかった。ガリマール宅は、パリで最も美しい地域のひとつであるパレ・ロワイヤルにあった。中庭を囲んで、ほとんど同じような木々が立ち並ぶ、三本の並木道を特徴とする大きなアーケード（回廊）があって、建築物のアーケードと対をなす緑のアーケードを作り出していた。建物のアーケードは、かつてバルザックが『幻滅』で描いたような娼婦やばくち打ちの巣窟ではなく、政府の部局が一つの翼に入り、残りの三つの翼には豪華な店舗やレストランが店を構えていて、その上階が贅沢なアパルトマンになっていた。

神ならぬ身でこうした素晴らしい景色を見下ろしながらそこに住むことができるというのは、私には信じがたいことに思えた。ガリマール本人も感激しているようで、庭園の向こうに見えるコレットの住むアパルトマンを指し示して、あれがそうなのだよと教えてくれた。作品はまだ一つも読んでいなかったが、それを聞いて感激する程度にはコレットのことは知っていた（彼女のことをまったく知らなかったわけではなかった。わが家の家庭伝説のなかで、コレットは重要人物だったから。かつて母シモーヌが、まだ若かりし頃、コレットから週末に招待されたことがあって、彼女の部屋を見せてもらったところ、床に薔薇の花びらが敷き詰められていたという話だった。私の知る限りでは、それ以上のことはなにもなかったのだが、成長して自分もデートをするようになったとき、自分には人の気をそそるようなそんなことはとてもできないと思った)。

ひと月経つ頃にはパリが、再び自分のものになったような気がしていた。父が働いていたところも見たし、アパルトマンをドイツ人が差し押さえるまで住んでいた大学通りも見た。チュイルリー公園に行き、よく覚えているメリーゴーランドを見たし、リュクサンブール庭園に行けば、ボート池は記憶にある昔のままだった。もの寂しい大通りを歩いて、シャンゼリゼのロン・ポワンから少し離れたところにある、古切手市場にも足を運んだ。戦争が終わったときパリに戻って、また新しく暮らし始めた親戚にも会った。彼らは南に逃れ、ほとんどの人が、フランスにいるユダヤ人に対するヴィシー政権の攻撃に耐えて生き延びたが、ひとり叔母のベラの母親だけは、隠れ家に逃れるのを拒んで、強制収容所送りとなり、そこで殺されたのだった。他の人たちはかろうじて生き残ったものの、持ち物をほとんど失ってしまい、より貧しい生活を送っていた。なかで叔父のシモンだけは、アメリカから帰国して、もと住んでいた家を取り戻すことができたのだが、それでも、戦争中の常として、家財などは近所の人たちに一部略奪されてしまった。

作家のイレーヌ・ネミロフスキーの娘エリザベス・ジルは、私が出版した彼女の戦時回想録『子ども時代の陰』のなかで、もと住んでいたアパルトマンに戻ってみると、自分のおもちゃを含めて持ち物が、管理人のアパルトマンにあったと語っている。そうしたことはあまりにもあたりまえの経験だったのだ。わが家の場合、ドイツ人たちは細かいところまではるかに厳密であった。戦後、ある陸軍の当局者から聞いたことだが、わが家にあった書籍が一箱、ウィーンで回収され、そこにはご丁寧に、私たちのアパルトマンから持ち出したものというラベルが貼られていたという。私たちは、それらの本を取り戻すことができ、父も亡くなる前の二、三年の間に、自分が出版した最初の頃の本を、何冊か目にすることができた。

こうしたことの一切合切、収奪や流浪の記憶にもかかわらず、私はそれでも街は自分のものだと感じ、そこに暮らしてみたらどんな感じなのだろうと思った。

つぎに私は、旅の後半、南フランスにジッドを訪ねることになる。

ジッドのユダヤ人観

ジッドは、父のもっとも古い、そしてもっとも親しい友人のひとりだった。一九二二年、パリに着いた父が、プーシキンの『スペードの女王』を皮切りに、まだ誰もやったことのないロシア古典のシリーズを刊行しようと思い立って間もない頃、二人はパリで出会っている。当時の常として、父はロシアでの子ども時代に、ほんとうに小さい時からフランス語を教わっており、自分の手で翻訳してみようと思い立ったのだった。しかし同時に、自分の翻訳をチェックし十全なものにするのを手伝ってくれる人を探したほうがいいと判断し、父はいきなり、当時すでに非常に有名だったジッドに手紙を出したのだ。公刊されている二人の往復書簡から、最初の接触以来、彼らがどのように関係を発展させたかをたどることができる。

　言葉を大切にし、文学が好きだということを別にすれば、当初、二人に共通するものはあまり多くはなかったようである。しかし、いっしょに翻訳を始めるとともに、核にあるそうした言葉や文学への愛が大きく花開いていく。父がロシア語から訳出した作品の多くは、それまで一度もフランス語に直接訳されたことのないものだった。手に入るものの多くは、ロシア語の原典からフランス語に訳されたものではなく、コンスタンス・ガーネットの有名な英訳から重訳されたものだった。共同作業を通して、父とジッドのふたりは、フランス語とロシア語の間に多くの親和性があることを発見する。

　しかし最初の頃の手紙からは、ふたりのあいだの関係が膨らみかけていることが垣間見えるだけである。二人とも、誤植の訂正や扉のクレジット表記の確認等々、実に細かな専門的な細部にまで関心を払っていたことが分かって興味深い。しかし一方で、ジッドの『日記』を読むと、個人的な親愛関係が形作られていったことを知ることができる。そこには、夕食を共にしたこと、仕事の後いっしょに映画を見に行ったこと、骨休めの休暇をいっしょに取ったのに、それが、二人とも原稿や校正刷りの点検をしていたために、一週間のつもりが二週間に及んでしまったことなどが書かれている。

　とはいえ、二人の間にある考え方の違いは、最初のうち、どうしようもないものに思われたであろう。初期の頃、友人に宛てた手紙のなかで、ジッドは私の父の「ユダヤ人的な」考え方に言及している。後年、父が死んだことを聞いた時も、ジッドは、父のことを「自分が好きになった唯一のユダヤ人だった」とコメントしたくらいだった。ふたりの書簡集の最後には、ジッドが文学に関して反ユダヤ的なコメントをしたのに、父がかみついているものが収められている。書簡集だけでなくジッドの『日記』からも、その問題が彼を悩ましていたことが分かる。といって、彼の考え方に変化が生じたわけではなさそうだが。一九四八年一月八日の日記に、彼はサルトルの反ユダヤ主義に関するエッセイを読んでいることを記している。

ちょっとがっかりだ。……彼の主張は、友人のシフリンが言っていたことと同じだ。ユダヤ人にもっとも共通する特徴（反ユダヤ主義者たちがユダヤ人たちを批判していう特徴という意味でだが）というのは、何世紀もの間に形成されたものであったり、反ユダヤ主義者たちがユダヤ人に無理に押しつけたりしてきたものにすぎない。シフリンと長い対話を交わしてきたお陰で、サルトルを読んでも、それは私にとってもはや驚かされることのない、いつもの議論でしかない。私はシフリンに対してはずっと、深いあつい親愛の情を抱いてきたし、いまは以前にもましてそう感じるのだが、今日ユダヤ人は正しいというよりは小利口で猫をかぶっているようにみえる。言い足しておかなければならないが、シフリンにはユダヤ人の欠点と思えるものはほとんど見当たらないし、気がつくのはユダヤ人の長所だけだ。同じことをレオン・ブルムにも感じるが、彼に対する私の評価（尊敬といってもよい）は、長い年月の友情があったればこそ培われてきたものだ。

父からジッドに宛てた最後の手紙では、実際、この問題をめぐって長々と論じられている。明らかにジッドは、そのステレオタイプなユダヤ人観を、けっして放棄することはなかったのだ。しかし一九五〇年十一月十一日の日記の末尾直前では、父の死を知らされたことについて記している。『日記』のアメリカ人編集者ジャスティン・オブライエンに宛てて、父が亡くなったことを聞いて自分がいかに動揺したか、父をどんなに好きだったか、手紙を書こう、と。

とはいえ、公正を期して言えば、ユダヤ人に関するジッドの姿勢は、当時の作家の中にあってはごくあたりまえのものであった。多くはもっとはるかにひどかった。ピエール・エベイの注目の新著『暗黒時代の「新フランス評論」――一九四〇-四一年』には、ユダヤ人を悪しざまに言い、そしてはるかに悪質なことに、ナチ・ドイツからの難民を受け入れるレオン・ブルム首相の政策に反対した（同じことを大勢のアメリカの政治家もしたのだが）作家たちの、悲しくなるようなリストが挙げられている。一覧には、当時のフランス作家のまぎれもない大立者がずらりと顔を並べており、中には、ジャン・ジロドー、ジョルジュ・ベルナノス、さらに右寄りをみれば、ドリュ・ラ・ロシエル、ロベール・ブラジャックといった有名人が含まれていた。セリーヌはその連中よりもさらに極端だった。ブラジャックはヴィシーの新聞に寄稿し、ある人たちの名前を挙げて、彼らをなぜまだ捕まえていないのかと問いただしている（そのことで彼は戦後射殺されたのだが、もっともなことだったという気がする）。セリーヌは、当時ドイツ軍将校だったドイツ人作家エルンスト・ユンガーに、ドイツがそれらのユダヤ人を射殺するか縛り首にするか、さもなければ絶滅処分にしないのは驚くべきことだと訴えている（エベイ著、五五頁）。

おそらくもっとも強烈なのは、いまでは尊敬されているジャン・コクトーが、彼の一九四二年から四四年にかけての日記の戦後版（ガリマール、一九八九）に楽しげに書き記している話だろう――あるユダヤ人が彼に、黄色の星印を身につけなければならないことをこぼしたときに、コクトーは次のように答えているのだ。「心配しなくてもいいさ。戦争が終わったら、君たちは私たちに付け鼻をつけさせることができるんだよ」（エベイ著、四九頁中の注記）。ドイツ人占領者たちとも快適に暮らし、ドイツ人のパーティやレセプションに顔を出していたコクトーは、明らかに自分がうまい冗談を言ったと思って、その人に自分がどういうことを言ったのか理解もせずに、その話を日記に残しているのだ。

そういう状況だったから、ジッドのコメントはたしかに不適切なものではあったが、他のこうした連中のなかのもっともましな者たちと比べても、穏健なものであったし、ジッドがそういった連中に明らかに難癖をつけられていた事実によっても、相対化されるものである。ドイツがフランスを制圧したとたんに、彼は、フランスの道徳的退廃と、その結果としてのフランスの敗北をもたらした最大の元凶だとして、占領協力者たちの標的とされた。彼は早くから、ペタンとヴィシー政権がだれの味方なのかを理解しており、ドリュ・ラ・ロシェルの雑誌に寄稿してほしいというガリマールの懇願に負けて、面白くもなんともない原稿を一本書いた後は、寄稿することを拒んでいる。そして、自分の本を戦時下のフランスでは出版しないと決断し、かわりにニューヨークにいる私の父に送ったのだ。

ジッドは、彼と同世代のフランスではごくあたりまえだった偏見に捉われないどころか、それよりもはるかに大きなことをした人だ。彼は父を本当の友人として助け、父の出版人としての活動にもっとも重要な変化をもたらす、大きな役割を果たしてくれたのだ。以前にもジッドは、プレイアッドがガリマールと一緒になるよう父が決断するうえで、決定的な役割を果たしていた。ジッドの『日記』には、彼が愛読し、持ち歩いていた初期のプレイアッドの書目に関する記述が、山のようにある。ガストン・ガリマールとの話し合いを始めたのもジッドだった。後から教えてくれたことだが、ジッドがガストンを説得するのに二年かかったということだった。晴れて一九三二年に、プレイアッドはガリマール社の傘下に収まることとなる。父ジャックは叢書の担当者として仕事を続け、販売部数に応じてロイヤリティを受け取ることとなった（この仕事で父は、戦争になるまで相当額の収入を得ることになる。しかし戦後、父は、自分が社を離れた後も継続して売れた分の売り上げを、ガリマール社にごまかされたと感じていた。このことで、父はガリマールに書簡を送っているが、無駄だった）。

ジッドはまた、彼の有名な一九三六年の『ソヴィエト紀行』に父が同行するよう、熱心に誘っている。ソヴィエトは、もっともなことだが、父のような国外移住者――ジッドのために通訳を務め、彼の地で何が生起しているか十分理解できるよう手助けできる人――の入国を渋った。手紙のやり取りから分かるが、ジッドは時間がかかったものの、最終的にソヴィエト側を説得することに成功し、父の同行が認められることとなった。しかしいざ到着するや、ジッドは彼を崇拝する熱烈な群衆に取り囲まれ、マキシム・ゴーリキーの葬儀では貴賓席に通され、さまざまな国家行事において スターリンの隣席に座らされたほどだった。果てしなく続く豪勢な祝宴でもてなされたが、普通のロシア人はほとんど日々のパンを買う余裕すらない状態だった。その間ずっと父は、人々が口にしていること――それはしばしば党の公式路線とははっきり矛盾したものだった――を通訳することができたのだった。

有名な話だが、この旅行に出かけたことで、ジッドは共産主義と訣別することとなる。旅行を終えた後、ジッドは、スペイン市民戦争の決定的な最後の数カ月となるであろうその時に、ソヴィエト旅行の批判的顚末記である『ソヴィエト紀行』を出すべきかどうか、父と何時間も議論を交わしている。ジッドは、スペイン戦線にいるマルローに送った原稿の写しをもっていたが、マルローはその本が出ると、すでに揺らぎかけているスペイン共和派（人民戦線）への国際的支援を弱めることになるのを恐れて、父といっしょになってジッドに出版を思いとどまらせようとした。その頃は、ソヴィエトが共和派への武器弾薬や援助物資の主たる供給源だったし、それ故、ソヴィエトを批判することは、自動的にフランコや彼の同盟者たちを利することのように思われたのであろう。

にもかかわらずジッドは、本の出版に踏み切ってしまう。そしてその後何年も、共産主義者たちの憎悪の的となってしまった。第二次世界大戦が終わった後でも、指導的コミュニスト作家のルイ・アラゴンたちは、ジッドのことを不当に、裏切り者の汚名を着せて貶めようとしている。

ほとんど伝えられていないことだが、ジッドは共産主義者たちと断絶したにもかかわらず、人民戦線支援の国際委員会を作ろうと数カ月にわたって奮闘し、戦闘で制圧した大勢の人を殺害してしまおうとするフランコの計画を非難する、世論の喚起をはかるなど、スペイン共和派擁護のためにあらゆる努力をしている。

二、三年後の一九四〇年、父がガリマール社を首になり、フランス下院パレ・ブルボンの裏手にあった、私たちの住むアパルトマンがドイツ側に接収されると（そこは占領軍当局にとって絶好の位置にあった）、ジッドは父に、フランスから逃れるのに必要な資金を用立ててくれた。占領は多くの犠牲をしいるが、めったに語られることのないのは、まさに住む家と収入を失っても生き延びるのに必要なお金のことである。ホテル代、南への境界線越えの費用、それに日々の糧を得て生き延びるための出費を迫られるため、なけなしの所持金はすぐに底をつくことになるのだ。ジッドは借金をしてまでお金を用意してくれて、文字通り私たちの命を救ってくれた。さらに、ヴァリアン・フライとの間を取り持って、カサブランカでは敵国人収容所から出られるよう、手助けし続けてくれたのだった。

ジッドをなんと呼ぶか

両親は、私をこうしたことにできるだけさらさないように気を遣っていたので、パリを発って南フランスに向かったときも、私はカサブランカに滞在したことについては、うっすらした記憶しかなかった。ジッドがわが家にとっての大事な友人であることは知っていた。小さいときにも、私は父に口述してジッドに宛ててよく手紙を書き、送ってくれたプレゼントに感謝したり、キュヴェールヴィルにある彼の居宅を訪ねたとき、彼が飼っている小さな子ヤギを、私のものと思っていいよと言ってくれたことが忘れられない、といったことを伝えた。ペットをそれまで一度も飼ったことがなかったので、この時のことは忘れがたい経験となった。

ジッドはアメリカ人の富豪フローレンス・J・グールドから借りた、ジュアン・レ・パンというアンティーブ郊外の小さな町にある家に滞在していた。ジュアン・レ・パンは非常に暑いくすんだ町で、豪勢な別荘はたくさんあったが、飽きっぽいニューヨーカーの興味を惹き付けるものはあまりなかった。もっともわくわくしたのは、フランスでは初めての、新しくできたカウンター式の軽食堂――パムパムというパッとしない名前のチェーン店だった――を見つけたときだったが、そこで売っていたのは、うんざりするほど甘いオレンジエードだった。そこはティーンエイジャーには、昔ながらのフランス式のカフェよりは入りやすかった。しかし、ジュアン・レ・パンのダウンタウンは、パリから来ると退屈なものに思えて、私はジッドの別荘やその周りの庭で多くの時間を過ごした。

私はジッドに、ニューヨークからあるものを持ってきてほしいと頼まれていた。それは、ジッドがいい噂を耳にしていた若い作家の本だった。それで、私のスーツケースの中には、トルーマン・カポーティの最初の作品『遠い声　遠い部屋』が一冊入っていた。裏表紙には、カポーティがタッタソール・チェック柄のチョッキを着て、オダリスクのように長椅子の上に横たわる、作品そのものと同じく有名になるであろう写真があしらわれていた。いま思うに、この写真は作品に劣らず、ジッドの興味をそそったはずだ。

広々とした陽光降り注ぐ別荘での生活は、やや堅苦しく、のんびりしていたものの、興味深いものだった。ジッドはその前の年に体調が悪かったために、まだ慎重に行動していた。にもかかわらず、見事な裏庭に面した大きな仕事場で、ジッドはほとんど一日中仕事をしていた。驚いたことに、彼は受け取った数多くの手紙にすべて返事を書いていた。もっとも『日記』には、疲れていることや死が差し迫っていることへの心配が綴られていて、実際、その二年後、私の父の死の一年後には亡くなっている。しかし、こうした不安を、彼は他の人には秘密にしつづけたのだった。毎日の生活において、彼は仕事および人への気遣いで頭がいっぱいのようだった。私たち家族の暮らしぶりや私のフランス訪問等々について、あれこれ尋ねたりするなど、まちがいなくジッドは私に対して思いやりがあり、親切だった。私に関して両親に宛てて書いた手紙は、これ以上ないほど熱い思いのこもった、嬉しがらせるようなものだった。

しかし、親しくしてくれてはいても、彼の態度のなかには、どこか微妙な距離を感じさせるところがあった。彼の周りには、いつも誰かが一緒にいた。立派な若い崇拝者や、日常生活や食事を共にする友人たちが大勢いて、皆、彼に向かって「シェール・メートル（先生）」と呼んでいた。私には恥ずかしすぎて使えない言葉で、ジッドに向かってなんと呼ぶかだけは、滞在中ほんとうに困った問題だった。「ムッシュ・ジッド（ジッド様）」なんてとても呼べないし、「アンドレ」にしても同じことだった。そこにいる間じゅう、「ねえ」に代わる言葉を探し続け、どこでも使われる敬称は使わないようにしていた。

バスでジュアン・レ・パンからニースに向かい、父のもう一人の親しかった友人ロジェ・マルタン・デュガールを一日訪ねた時には、こうしたことは一切なかった。彼もまた、家族ぐるみの友人として知っていた人だった。その頃はまだ、彼の作品は一つも読んでいなかったが、後に私は彼の、

アンドレ・ジッドと私（1939）．キュヴェールヴィルのジッドの別荘にて．

第一次世界大戦前後のフランス人の生き方を描いた数巻からなる大河小説で、ノーベル文学賞を獲得した『チボー家の人々』の熱愛者となる。

マルタン・デュガールはジッドとは大きく違って、温かくてつきあいやすい、非常に気さくな人だった。親しみを感じさせる笑顔と、横柄さなどとはまったく無縁な人柄で知られた人だった。

ニースでは、海岸遊歩道のプロムナード・デ・ザングレを何時間も一緒に歩き、同輩のように語らい、素晴らしい時間を共有した。彼は、港や昔ながらの素敵なたたずまいの古い街並みなど、とにかくニースのすべてを私に見せてくれるつもりのようだった。歩くことなど私にはまったくなんでもなかった――その頃パリを端から端まで歩くのに慣れっこになっていた――ので、もちろんその時、マルタン・デュガールが当時すでに年を取っていることなど、思いも及ばなかった。私は真の友人に出会った気がしていた（ニューヨークに戻ると私は、彼の好みの、しかしもはやフランスでは手に入らないコーンパイプを、幸せな気分で探し求めた。不適切ではあるが、コーンパイプを送ることで、彼との出会いが私にとってどんなに大きなものであったかを、示したいと思ったのだ。彼が両親に宛てて書いた手紙から、彼もまた喜んでくれていることがわかった。ずっと後になって、私との散歩でマルタン・デュガールが疲労困憊したことに、ジッドが同情を寄せていたことを知った）。

モーリヤックとの遭遇

ジュアン・レ・パンでの時間は、ジッドが彼の戯曲の一つ『パーシパエー』の初演のために、アヴィニョン演劇祭に行かなければならないということがあったために、限られていた。私はさらにひと月、母の妹のポーレットと過ごすために、マルマンドの近くの町に移動した。その頃、アヴィニョンの演劇祭はまったく新しく始まったばかりで、まだ二年目を迎えたばかりだった。ジッド作品の初演は目玉だったであろう。

長時間の車の旅に備えて支度をしていたとき、私は誰もがすっかり変身してしまっていることに気づいた。もはやくだけた夏服姿はなかった。若者たちは皆、実にかっこいいスーツを身につけていたし、ジッドは古典的なケープの外套としなやかなつば広の帽子で装っていた。私の着ていたものは、叔父が旅行用にタイムズ・スクエアにあるボンズで買ってくれたスーツだった。ボンズは、スーツ一着買えばズボン一着がただになることを売り物にしている、ビル屋上の人工の滝で知られる安物衣料品店だった。私はそれまでファッションにはたいして興味がなかったし、自分の着るものに気を使うことなどなかったのだが、そのときになって突然、一緒にいた他の人たちと自分の貧相な身なりの歴然たる違いを意識したのだった。もしもこの時点でマーシャル・プランの援助が受けられるのであれば、逆向きになされる必要があったであろう。

私たちは朝早く出発し、ランチタイムに大きな道路脇のレストランの前で車を止めた。そこは単なるカフェではなく、広い空間に何十とテーブルが並んだ、非常にしゃれた店だった。優に街の一区画分ほど離れた反対側の端のテーブルだけ、昼食を共にしようとしていた大勢の一行が一画を占めていた。これだけ離れていても、彼らの話し声はいやでも聞こえてきた。中でひときわ際立っていたのは、威厳のある大きなしゃがれ声で、それは、ジッドをしばしば批判していた著名なカトリック作家、フランソワ・モーリヤックのものだということだった。ジッドは同行者たちに向かって、私たちだけに聞こえるように、「彼らを見なかったことにできるだろうか」と言った。しかし無視してしまったのでは怪しからんと思われてしまうだろうというので、すぐに、冷静な対応をしたほうがいいということになった。ジッドは、皆に言われて、私たち一行をレストランの反対側までひきつれて行き、そこでしかるべく丁寧な挨拶をしたのだった。

その後、アヴィニョンでのことだが、教皇宮殿の広い石造りの中庭で行なわれたパフォーマンスは、ドラマティックで感動的なものだった。舞台づくりは、それまで見たこともないものだったし、演出は皆の度肝を抜くようなものだった。大勢のファンがジッドを取り囲み、皆口々に彼のことを「シェール・メートル」と称えた。こうした賞賛はジッドを喜ばせた一方で、いかに人々から遠ざけてしまうものであるかを見てとることができた。ジッドは一般の人との間に、かなり距離があったように思う。はにかんだ超然とした振舞いかたは、ある意味で、あらゆるこうした類のことへの反応であったこと――後になって分かったが、マルタン・デュガールが、二人の手紙の遣り取りのなかでそのことを指摘している――が、なんとなくわかる気がした。

しかし私にとって、ジッドが偉大な人物然と振舞うのを見るのは、このときが最初だった。その後、私の訪問の最後を過ごすべく母の家族を訪ねた折に、私は両親に宛てて、アヴィニョンでの出来事を詳細に書き送った。私は、ジッドの仕事とフランス文壇における位置を私がきちんと評価できるようになるよう、両親が期待していることが分かっていたので、フランス訪問をめぐって両親が抱いていた期待に応えるべく、能う限りの惜しみない賛辞の手紙をしたためた。

いざニューヨークに戻ると、すぐにお決まりの学生生活が始まってしまい、すっかり日が経ってから、私はジッドに宛てて、ずっといかに忙しかったかを述べて、礼状を出すのが遅くなったことを詫びた。また以前のように、私はすっかりアメリカのティーンエイジャーに戻っていた。もっとも、父はジッドに宛てて書き送った手紙のなかで、私が以前よりもずっとアメリカに対して批判的になってしまったと嘆いていた。

父がどんな希望をもっているかなど、いっさい私の知るところではなかったし、家族がフランスに恒久的に戻ることなど考えてもみないことだった。それに自分たちの困窮度を考慮に入れると、また再びフランスで休暇を楽しめるなどとは思いもよらなかった。次にパリを訪れることになるのは大学を卒業した後、ケンブリッジ大学への奨学金を得てからのことであった。また、のちに出版人となり長期間にわたって毎年出かけて行くことになるのだが、その頃は、どんなに突飛な夢を見ようと、毎年フランスに戻る可能性を思い描くことなど、できる話ではなかった。ともかく、振り返ってみてあの最初の旅行は、ごく単純にそれだけで完結したものであって、まだアメリカとフランスのどちらを選ぶかという葛藤を生じさせるものではなかった。

第3章　戦後アメリカの激動の中で

ニューディールから戦争へ

フランスから戻ると、私はアメリカの政治に、以前にもまして強い関心をもつようになった。ヨーロッパ人が合衆国に対して批判的になることがあるのを知って、私は大いに興味を掻き立てられたが、それで私の基本的な考え方が変わったわけではなかった。十二歳のときすでに、私は自分なりに政治がどんなものかを理解していたし、フランスに着いたときには、自分の考えというものを、かなりはっきり持っていた。一九四八年の大統領選挙は、前にも述べたように、アメリカの民主主義に関してすぐ身の周りで繰り広げられている基本的な議論に、私が熱中した最初だった。その時以来ずっと、私は以前にもましていくつもの新聞を貪り読み、学校の仲間たちと議論をし、アメリカにいま何が起こっているのか、また将来どうなるのかを理解しようと夢中になった。

ふたたび経験することになったアメリカ社会は、戦争を契機に以前よりずっと政治性を増し、それゆえ日々のニュースがより直接的なものになっているように思われた。しかし国全体をもっと深いところから政治的にしていたのは、ニューディールだった。それはプロパガンダによって何百万人もの人々を動員し、多くの人たちに、まさに彼らの運命が、政府に何ができるか、あるいは政府が何をするのかによって左右されるのだ、ということを明白に示していた。ローズヴェルト大統領が、いまやニューディール政策から、戦争に勝つための対策へと舵を切るときだと宣言した時でも、一般大衆は、国が戦時体制になろうと、ニューディールの同じ理念がそのまま保たれるものと受け止めていた。

戦時中も人々は、自分たちの政府について、大恐慌と闘ったときと同じようなイメージを持ち続けていた。あたかも「アンクル・サム」が腕まくりしているイメージ（あるいは、すでにはるか以前から労働に従事してきた黒人女性と同様に、大勢の白人女性が初めて職業につくことになった「リベット打ちの女工ロージー」のイメージ）さながらに。大量の労働者が兵士となり、奉じる旗印がＮＲＡ（産業復興庁）の青鷲旗から星条旗に変わっただけのことだった。基本的なイメージには変わりがなかったのだ。国をあげて動員され、持てる力を発揮することが求められた。全員が一丸となってやるべきことをやることが期待されていた。

その後、一九四〇年代後半から五〇年代のはじめにかけても、アメリカ人は、三〇年代にニューディールで提起された多くの問題をめぐって議論を続けたし、新しい問題が生じても、同じような考え方を続けたのだった。その間、社会として何をめざすのかは、その多くが忘却され、少なくとも脇に追いやられてしまうことになった。戦時中、「責務」はひとえに戦争に勝利することだった。

それ以外のことはほとんど求められなかった。枢軸国は悪だったが、詳しく語られることはほとんどなかった。一九四二年の段階ですでに大虐殺の記事が主要紙に現われはじめてはいたが、きわめて限られていた。ドイツ人を描いたプロパガンダの宣伝パンフレットやポスターでも、なぜ戦うのかを説明する際に、そうしたことがほのめかされることは一切なかった。

ハリウッドはさらにひどかった。戦後かなり後まで、アメリカ映画でホロコーストにふれたものは一つとしてなかった。これは、一つにはアメリカにおけるユダヤ人社会の指導者たちからの圧力があったからだった。彼らは、アメリカ国内における反ユダヤ感情を強く意識するあまり、一般大衆に、戦争がユダヤ人のために行なわれていると思わせかねないことは、控えるようにしたいという意向だった。映画会社のユダヤ人のお偉方もまた、ワシントンの政府からこの問題には触れないようにという明白な警告を受け、言われるがままにその要求に屈したのだった。それに、絶滅収容所が設置される以前にもすでに起こっていた、ドイツによる東方での何百万人もの非ユダヤ人の虐殺を示すものはなにもなかった。実際、ハリウッド映画では、ドイツ人を、いささか不愉快ではあっても、ほとんどの場合、自分たちと同じような人間として描き出してさえいた。

ハリウッド映画で描き出された日本人像は、そうではなかった。私は以前、ジョン・ダワーの太平洋戦争史『容赦なき戦争』を出版したが、そこでダワーは、日本とアメリカの映画制作者が作った映像を提示する構成を取っていた。日本側が作ったものは、日本人に課せられた悲劇的必然性を軸に描いた、控えめな、比較的ありのままの映像であった。それに対して、アメリカ側の映像は、「ちびの黄色いサルをやっちまえ」的な気分に満ちていて、ひどく人種差別的なものだった。兵隊が火炎放射器で太平洋の島々の洞窟やその他の隠れ場所を「掃討する」ところや、広島の原爆投下のスローモーション映像を、嬉しげに映したりするものもあった。

比較的最近、私は子どものとき熱心に集めていた戦争中の『ライフ』誌を、全部読みなおすことがあった。とくに広告を注意して見たのだが、それは、どれだけ自分で覚えているかを確認し、そして戦争目的について、広告がアメリカの読者に何を伝えたかを明らかにするためだった。一九一七年の場合〔ロシア革命に関する情報〕もそうだったが、アメリカには公的な宣伝省がなかったために、戦時の情況が不確かな中で市民を誘導する仕事は、民間企業に委ねられていた。かなりの広告が、ドイツ、とくに日本の兵隊を、遠慮会釈なく女子どもに乱暴する人間であるかのように描いていたが、自分たちがいったいぜんたい、なぜ戦っているのかを説明したものはあまりなかった。

しかし、もしも『ライフ』の広告主に、戦争で何を成し遂げようとしているのかを聞くことができ、そして彼らがそれに正直に答えていたとするなら、彼らは、その責務が「市場占有率の維持」にあることを認めていたであろう。明らかにそうした広告では、いかに彼らが戦争遂行に協力的か――たとえば「ラッキーストライク〔たばこの名前〕は戦場へ行った」といった具合に――を示すことで、あるいはまた、戦争に最終的に勝利するまで自社製品が手に入らず、消費者に多大な不便をかけてしまっている事態を、彼らがどんなに申し訳なく思っているかを示すことで、大衆の目に自分たちの社名を印象づけようとしていた（実際には、戦時中の日々の生活で、父のたばこを見つけることができないほど物資が欠乏した記憶はほとんどない。もっとも父はレイディ・ハミルトンといった、聞いたこともないブランドのたばこを吸わざるを得なくなったりはしたが。フランスが解放されるや否や、私たちは、合衆国では一度も不足したことのなかったネスカフェやジャムといった食料を、物不足に苦しむヨーロッパにいる家族に宛てて、小包で限りなく送ることができたのだった)。

高まる戦後への期待

しかし、こうした当時の雑誌に溢れかえっていたのは、じつは、きわめて具体的なはっきりした広告、戦後のすばらしい時代の到来とともにもたらされる物の広告だった。高額な商品ばかりが並んでいた。誰もが、戦争に勝てば大恐慌の時代は終わり、まったく新しい戦後のパラダイスが来るものと期待していた。どの広告もどの広告も、それまで手の届かなかった新しい冷蔵庫や自動車をついに入手できる歓喜にひたり、大きな窓ガラスや蛍光灯の照明によって、生活が大きく変わる未来を謳い上げていた。アメリカは、一九三九年の万国博覧会以来、天国にもっとも近い国だとされていた。広告会社のユートピア的な想像力は、万博以来大きく進んではいなかった。

それにくらべて政府には、政府として何を提示できるかについて、十分な構想力がなかった。たしかに、一九四二年にローズヴェルトとチャーチルが大西洋憲章を発表し、それがその後の国際連合の創設につながってはいる。この大西洋憲章は、おもに植民地地域に向けて、何のために戦争をするのかという、曖昧ながら奮い立たせるような一連の目標を提供したという意味で、いわばローズヴェルトの「四つの自由」――すなわち言論、信教の自由、そして貧困、恐怖からの自由――を薄めた国際版のようなものであった。しかし、満足できない顧客が戻ってきてうるさく付きまとわれるのを心配するセールスマンと同じで、憲章にはこれから良くなる世界がどんなものかについては、具体的なことはいっさい述べられていなかった。

憲章はアメリカに向けてというよりは、外国に向けられたものだった。浅黒い肌色の東南アジアの人々は、皆、撃墜されたわが空軍兵士を救出することを期待されても、その見返りはほとんど何も与えられなかった。実際、戦後に起こった反乱の多くは、憲章が約束したことに対する過剰な期待によるものだった。たとえばインドネシア人たちは、オランダが莫大な利潤をもたらす旧植民地を奪還するのを合衆国がただ傍観していたそのときにも、悲しいことにアメリカの独立宣言を、彼らの新政府最初の公的声明文のなかに引用していた。

イェール大学で、フランス人の人類学者ポール・ミュ教授がかつて私に語った話だが、彼は戦争が終わる頃、フランスが、戦争中インドシナを支配していたヴィシー政権＝日本軍連合――要するにホー・チ・ミンが闘っていた枢軸国勢力――から、そのままベトナム支配を引き継ぐ決定をド・ゴールが行なったことを、ホーに伝えるべく、インドシナに派遣されたということだった。ミュは、ジャングルの中に張られたテントの中だと想像するが、ホーが椅子に座って彼を待ち受けていた様子を語った。テントの中には小さなテーブルがあり、その上には、インドシナ独立を祝うべく、ホーがどこからか手に入れてきていた一本のシャンペンが、バケツの中に入れて置かれていたという。その間にもド・ゴールは、すでに日本軍に対して、自分の部隊が取って代わるまで、ベトナムでの影響力を維持しつづけるようにと伝えていたのだった。インドネシアのオランダ軍、マラヤのイギリス軍、フィリピンのアメリカ軍と同様に、フランス軍もまた以前の状態を回復すべく、大急ぎで進駐しようとしていた。

大多数のアメリカ人は概してこうしたことに鈍感で、アメリカの将来がどうなるのか不確かであったにもかかわらず、事はいい方向に進むのだろうと信じていた。しかしイギリスの戦時映画ではそうした事態が非常に明快に描き出されていて、ファイナルショットでは、病院のベッドで横になった主人公が窓の外を見やると、雲間に新たに太陽が顔をだし、ナレーターが、当時人民戦争と呼ばれていた戦争の犠牲者を称え、これからの輝かしい未来が約束されていることが謳い上げられるといった具合だった。

イギリス人は、また概してヨーロッパ人は、何がなされなければいけないかを、はるかにはっきり意識していた。ヨーロッパのほとんどの地域で、戦後おこなわれた選挙では、社会主義化をすぐにも実行しうるほど、社会主義者が圧倒的な勝利を収めた。ヨーロッパの市民は、彼らの未来は確実なものであり、戦争中と同じように犠牲は皆で分かちあうものだと確信していた。例えば英国では、食糧の割当量は限られていたにもかかわらず、労働者階級の多くは、戦前よりもずっと健康的な食事をとるようになっていた。基本的に「パンと肉汁」だけの食事にかわって、政府は赤ん坊にも、オレンジジュースのような聞いたこともない贅沢品を約束し、全学童へのミルク提供を保証した。

戦争中の平等主義が維持されることを確実にすべく、基幹産業の国有化計画、福祉国家政策の拡充、三〇年代の人民戦線計画の継続が、ヨーロッパ中に広まっていった。対敵国協力者と極右は、ヨーロッパでパージされた。左翼と手を結んで統治していたド・ゴールは、社会主義者ではなかったが、そのド・ゴールまでもが、大規模な国家管理を上から推し進めた。鉱山業、公益事業、軍需産業はすべて国有化され、一九四六年には、フランスの産業の五分の一が公的支配下におかれた。新聞はすべて接収され、ジャーナリストたちの管理に委ねられた（ド・ゴールは、メディアを、昔のしばしば腐敗しきったオーナーから独立させるのに熱心で、古い堕落した新聞とその職場を難破状態から救出し、新しく「ル・モンド」のような新聞を創刊させた。一九四八年のパリには、三十八の日刊紙があった。ひどい紙不足のために、最初のうちは一紙二頁に限られていたのだが、読者に、戦前には考えられなかった選択の幅を与えることとなった）。

アメリカにはこうした明確な計画はなかった。たしかに状況が良くなったのだ。退役軍人は公正に扱われたであろう。結局、戦争が始まるその時まで続いた大恐慌が、再び到来するおそれはなくなったであろう。後年、トルーマン大統領の経済問題首席顧問のレオン・カイザーリングと話をしたときのことだが、彼は、政府として四〇年代に、戦時支出がなくなるとアメリカが再び大量失業に直面するのではないかと、いかに心配したか、くわしく語ってくれた。戦争が、そして戦争のみがアメリカ経済を救ったというのは、決してマルクス主義者の作り話ではなかった。それは自明のこととして受け入れられ、完全雇用を国の最重点項目とする戦後のケインズ主義的政策が、幅広く支持されたのだった。

エリック・ホブズボームが『極端な時代』（*The Age of Extremes*, Pantheon Books, p.230.〔邦訳『二〇世紀の歴史――極端な時代』〕）で思い出させてくれていることだが、ポール・サムエルソンのような中道的な経済学者ですら、一九四三年に、アメリカが「これまで直面したことのないような最悪の雇用状況と経済的大混乱」を経験するかもしれないことを心配していた。

戦争終結とともに、失業率の目標を二パーセントとするのか、それともそれよりも高くてもよいのかをめぐって、議論が起こった。数年後に民主党が二桁を超す高い失業率を、いわんや都市部のマイノリティについては三〇パーセントもの失業率を容認するだろう、などと言いだしたりしたら、馬鹿げたデマとして無視されたことであろう（ニューヨークの直近の数字――二〇〇五年の数字――によると、十六歳から六十四歳までのすべての黒人とラテン系アメリカ人の失業率は、三九・三パーセントである。その数字は、一時的に職がないというのではなく、一度も仕事にありつけそうにない人々の割合を示した数字である）。

最終的に、一九四八年の大統領選挙で立場を明確にしなければならない段になって、トルーマンは、彼のフェアディール政策を発表したのだが、それはローズヴェルトの政策をずっとおとなしくしたものだった。国民健康保険計画をはじめ、いくつか革新的な社会計画も含まれていたが、それらはまったく具体化されることはなかった。ウォレス支持者のスタッズ・タークルのような批評家は、トルーマンは、ウォレスや進歩党に流れかねない票をつかむだけのために、ニューディールのもっとも穏健な政策を打ち出したのだと批判した。実際、とくにディキシークラット〔南部の民主党離反者〕が人種差別的な南部民主党員たちを誘い出し、また共和党員たちが積極的にローズヴェルト改革の無効化――それが今日に至るまで共和党政策のライトモチーフとなっているのだが――を推し進めようとする状況のなかで、トルーマンが民主党を左シフトさせるそうとするような余地があったのも確かだった。

ヨーロッパで実行に移されたものと比較して、トルーマンの政策が穏健なものに見えたにせよ、あの頃は、私の記憶では政治論議と政治への期待で沸き立っていた。アメリカの歴史で初めて、あらゆる退役兵に高等教育を受ける道をきりひらいた復員兵援護法のおかげで、大学のキャンパスはさまざまな活動の温床となりつつあった。援護法のおかげで、それまでとはまったく異なる階級（そして年齢）の学生が、とつぜん大学に入ってくることになったのだ。時を経ずして全米の大学は、異なる党派間で活発に論戦が戦わされる場となり、多くのことを変革する必要があるという雰囲気が広がっていった。別の前線――ほとんど報道されることのない前線――には、帰還してきた黒人退役兵の存在があった。彼らは、当時、黒人差別的な軍隊のなかで怒り、帰国したら差別に挑戦しなければと思っていたのだ。しかしそれに伴ってリンチの件数が急増し、選挙の有権者登録をしようとしただけで、退役してきた黒人たちはなぶりものにされ射殺された。

あのころの政策とビジョン

自分の行っていた小学校がこうした論争で熱くなっていたなどとは、どう見ても言えるわけではない。しかし、いま学齢の子どもをもつ親には信じがたいことかもしれないが、毎週読むように指定されていた学童向け新聞――「マイ・ウイークリー・リーダー」（「私の週刊読本」）という十九世紀的な風変わりな名前で、進歩的な学校だけでなく全米の公立学校で読まれていた――のおかげで、子どもでも時事的な事柄や、大人たちが議論している新しい政府提案に通じていた。一九四八年の選挙が近づくにつれ、新聞にはこれまでにないほど多くの図が掲載されるようになった。TVA、つまりニューディールの大成果であるテネシー川流域開発公社によって生み出される計画が承認されれば建設されるであろう、新しい公営住宅群やダムを示す四角い印が、どんどん増えていった(それは、公によるより大きな電力の生産というにとどまらず、貧困地域における新たな住宅建設や、環境及び社会基盤の改善を意味していた)。そのほか、国民健康保険のためのトルーマンの提案が通過すれば必要になってくるであろう病院を示す、四角い印もあった。

「リーダー」はさながら、進歩のまとまった成果が読者の目の前で積み上がっていく、ローズヴェルト式モノポリー・ゲームの観があった。遠からず、国中がこうした繁栄と幸せを象徴するものでいっぱいになるであろう。当時、学校の生徒にそうした未来ビジョンが提示されていただけではなく、西ヨーロッパの大半においてと同様に、鉱山や鉄道が国有化されるべきかどうか議論するよう求められていたことを知れば、今日の共和党支持者は腰をぬかすことだろう。

私自身の社会主義思想は、けっして周縁的なものではなかった。私が考えていたようなことは当然議論すべき事柄に含まれていた（ピュリッツァー賞を受賞したソーントン・ワイルダーの超センチメンタルな、『われらが町』の四〇年代の映画版を最近見て面白かったのは、語り手が、典型的な町の保守政治について語る中で、住民の四パーセントが社会主義者に投票していると認めていたことだ）。

私の通っていたクエイカーの学校の誰もが、フェアディールの提案に賛成だったわけではなかった。クラスメートの多くは忠実な共和党支持者だった（父親がその後のアイゼンハワー政権の閣僚になった者もいた）。しかし全員、問題が、政府の関与を少なくする、あるいは徐々に廃していくかどうかではないことは、理解していた。問題は、「なすべきかどうか」ではなく「どの程度関わるか」ということだった。ニューディールからせいぜい十年しか経過しておらず、要するに、そこで問題になったことは、今なお現在の問題として続いていたのだ。典型的なニューディール派の民主党員であった歴史の先生の机の上には、ローズヴェルトの重要政策をめぐって討議した、臨時国家経済委員会による公聴会の記録が積み上げられていた。それをわれわれに読むよう、先生が指示することは一度もなかったが、そうした記録が先生に大きな影響を及ぼしていたことは明らかであった。しかしまた、そうした記録が急速に時代遅れになりつつあることも、同じように明白であった。

しかしクラスの外では、当時のメディアは三〇年代の問題をなおも論じていたし、問題が抽象的で不明確だったわけではなかった。写真を見たり、あるいは「芸術家たちのさまざまな考え方」に接することで、私にはより良い未来とはどんなものかについての非常に明確なイメージがあった。それは、新しく公営住宅を作る際に、子どもたちが飛び跳ねられる緑豊かな遊び場があって、生い茂る木々の向こうに、今やアメリカ人が住むにふさわしい、質素ながら快適な住まいが顔をのぞかせているように、全体が構想されているイメージだった。成長するなかで私は、一般に同じアメリカ国民の間では、誰もがほどほどの暮らしをする権利を有することが、認められているのだと感じていた。戦後の繁栄のなにがしかは、ローズヴェルトの記念碑的な演説にあるように、「劣悪な住まい、お粗末な身なり、栄養不良」に苦しむ、全国民の三分の一にあたる人々を助けるためにあるのだと思っていた。いずれダイナマイトで破壊するほかないような、のちのち立案されることになる情ない大規模「計画」を予想させるものは、いっさいなかった。実際、古い住宅計画で建った古い建物を見ながら、マンハッタンをぶらついてみれば、いかに多くの樹木が植わっているか、いかに建物が快適なまでに低層なのか、その場所が相対的にいかに気が休まり落ち着くかが分かって、印象的なはずだ。

私の記憶する限り、当時の建設計画が、ほとんど黒人ばかりが住むような貧困地帯に偏っていることを、気にかける人はいなかった。それ以外、どこに建設しなければならないところがあっただろう。古いパターンの差別が強化されることなど、考えられないことだった。トルーマンが軍隊内の差別撤廃に向けて努力していたのは、特筆すべきことだった。

後になって、私は自分が、黒人が一人もいない地域で育ったことを知った。自分が暮らしていたマンハッタンの地区を歩いても、たまたま見かける召使いを別とすれば、当時ニグロと呼んでいた黒人を見かけることはなかった（高校のとき、メイシー百貨店の副社長を父親に持つ級友のひとりが――ニューヨークの人間は誰もニグロから買ったりなどしないと業界内で広く信じられていたにもかかわらず――メイシーがついに黒人の店員を雇うことになったと、彼女の父親から夕食の席で聞いたと教えてくれた。そうした事情があるにもかかわらず、メイシーは歴史的変革を推し進めたのであり、また顧客の誰も気がつかなかったようであった）。

人は通りに辻強盗をしそうな黒人がいなくても、恐ろしいと感じることがある。すでに述べたように、私にとってはアイルランド系の白人がそうした存在で、お洒落なパーク・アヴェニューから数ブロックと離れていない貧民街に暮らす、行き場のない若者たちは脅威だった。同じ学校に通っていた反ユダヤの乱暴者たちとの間でも、いろんなことを経験したが、しかしだからといって、心の中に労働者階級への反感――こういった連中はしかるべき住まいや健康管理を受けるに値しないといった感情――が生じることはなかった。それらは当然与えられるべきものだったのだから。そうした手助けをするまいなどと考えたことも一度もなかった。今はやりの、ネオコンはかつて辻強盗の被害にあったリベラルだという、右派の冗談は、私には考えられないことだ。公正な社会が要請するものがまちがいなくあったし、それは、宗教や信条のいかんにかかわらず、誰もが一致して認める倫理的な義務であった。

十三歳からの社会民主主義

私にとって政治とは、こうした倫理的要求を叶えるべく、社会にむかって働きかける手段だった。神学者のラインホルト・ニーバーは、自分のことを、原罪を否定するからではなく、まさにそれを信ずるからこそ、社会主義者なのだと言った。誰もがニーバーに賛成したわけではないが、社会主義の宗教的基礎は非常に強固なものであった。R・H・トーニーのキリスト教的社会主義を信奉するか、その変種を信奉するかはともかく、社会的正義の論拠が少なくとも自分たちの伝統のなかにあるとする、あらゆる宗派の聖職者たちが大勢いた。私がこれまでに買った中で最初のまじめなペーパーバックは、監督教会のウィリアム・スカーレット主教の『キリスト教は社会正義を求める』というものだった。彼の考え方は、本が全国のタバコ店やドラッグストアで流通していたために、簡単に知ることができた。三十五セント支払ったことを覚えている。

良き改革者が皆そうであるように、私も、階級闘争や武力革命といった考え方に左右されることはなかった。持って生まれた社会民主主義的な保守主義が、当時の反共ヒステリー的雰囲気と合わさって、極左の言うことはいっさい信頼することができなかった。すごくおぞましく思ったのは、ニューヨーク市の地下鉄料金が五セントから十セントに値上げされた時に、アメリカ労働党が、こうした背信行為の責任が民主党にあるのであれば、この後さらに十五セントまで値上げになるだろう、という声明を発表したことだった。私は公正なアメリカを楽観的に信じていたから、こうしたまがまがしい予言は信じないことにしたのだが、それはアメリカ労働党とその指導者の下院議員ヴィト・マルカントニオが、「アカ」の支援を受けていて信用できないという評判だったからでもあった。

他人の言い分に耳を傾けることができない自分のことはさておいて、私は、自ら信じる社会主義の主張が説得的であることは明らかであり、したがって問題は、じゅうぶん大勢の人に社会主義の考え方について説明することができるかどうかだけだと信じていた。私は、デカルトを母のおっぱいと一緒に受容したように思う。人間は合理的であり、いずれ社会主義の論理を受け入れるものと思っていた。私はすでに六年生になっており、社会民主主義こそが、真の平等と正義をもたらす唯一の政策であるように思われた。

私たち社会主義者の誰ひとりとして――その中には、一九四八年に私がそうした考えをとるようになったルーツたるノーマン・トーマスもたぶん含めていいはずだが――社会主義者あるいは社会主義的政策が、ヨーロッパでやったように経済の基幹部分を押さえるどころの話ではなく、資本主義の崩れかかっている下部構造を助けているのだということを、ほとんど理解していなかった。ヨーロッパにはルノーやフォルクスワーゲンのように、国有化してきわめてうまくいった会社も数多くあったが、その一方で、接収してみるとひどい状態にあるものも少なくなかった。たとえばイギリス労働党政権が喜んで接収した鉱山や製鋼所が、いかに技術的に遅れていて海外との競争力がないかが分かってくると、どんなにうまく維持しようとしたところで、彼らにできることはほとんどなかった。

しかし当時の資本家たちもまた、ヨーロッパで進行中の社会主義的改革が、長い目で見たときに彼らを支えるものであることを理解していなかった。彼らは、国有化計画――たとえば鉄道の国有化――が、絶望的に不採算ながら不可欠とされる公益事業の救済にとどまらないのではないか、と恐れていた。彼らの恐れは、そうした計画によって国家管理がさらに強まることだった。

いずれにせよ公的所有（国有化）の問題は、中心的な、もっぱら私が熱い関心を寄せた問題だった。クラスメートのなかに、私と同じような考え方をする者はほとんどいなかった。もっとも、私のとる姿勢に、誰ひとり衝撃を受けることもなかったようではあるが。学校のカフェテリアで他の子たちと――中には私よりもずっと左の意見の者もいたが――長時間にわたってしょっちゅう議論をつづけた。前にも述べた共和党支持者に加えて、クラスメートのなかには熱烈なトロツキストもいた。父親はニューヨークで名の知られた知識人だった。学内で数少ない進歩党支持者もいた。全国の他の学校のカフェテリアでも、ここと同じように多様な意見の持ち主たちが、議論を戦わせているのだろうかなどと、当時疑問に思ってみることもなかった。私は当然のことのように、東海岸から西海岸に至るまで、小さなトロツキストたちと小さな社会主義者たちが、この同じ問題をめぐって論じ合っているものだと思っていた。最近、他の人たちと当時のことを議論していて、同じような記憶を持つ友人がいることが分かって、救われる思いがした。たとえば歴史家のガブリエル・コルコがそうで、彼はオハイオ州アクロンのクラスメートたちと、同じような議論をしていた記憶があると語ってくれた。

また同じように、ニューヨークの選挙集会や政党の大会に参加したときも、私は、自分だけが問題関心のある十三歳だという気がしなかった。あるとき私は、ハリー・トルーマンを見るために、非常に雑多な群衆に交じってユニオン・スクエアに立っていた（白黒の新聞写真でしか知らなかったので、実際にカラーでトルーマンを見たときはまさに驚きだった）。トマス・デューイの演説を聞こうと、何千人もの共和党支持者にまじってマディソン・スクエア・ガーデンの外側にできた列に並んでいると、隣に立っていた人から、自分たちは社会の中で、たしかにより上層に属しているけれど、必ずしも旧来の上流階級というわけではないんだよ、と言われたりしたこともあった。

明らかに、私の立場は典型的なものではなかった。『グリース』や、一九五〇年代をノスタルジックに描いたこの手の映画の世界は、私とはまったく異質なものだった。しかし私の経験が、私だけのユニークなものだったと考えるのは正しくないように思う。いやそうであるだけになおさら、私は、当時はまだ大勢いた、そうした政治に関心を持つ人たちが広く保持していたさまざまな意見に、自分がいかに多大な影響を受けたかと思うと、今なお感慨深いものがある。

ドワイト・マクドナルドの書いた痛烈な批評を読んだのは、もっとずっと後になってからのことだが、ヘンリー・ウォレスが共産党のシンパであり、進歩党がたぶん共産党員によって指導されていたことを知っていたのは、私だけではなかった。ウォレスは、ローズヴェルトの下で農務長官として目覚ましい活躍をし、民主党のなかの反対勢力の了解を取りつけ、多くのもっとも構想力に富む大胆なニューディール政策を遂行する責任者であった。彼は一九四四年の大統領選挙で、ローズヴェルトと組む副大統領候補にもなりえたのだが、党の支配勢力は、あらゆる策を弄して、はるかに保守的なトルーマンの指名に持ち込んだのだった。

一九四八年の大統領選の選挙運動が始まるずっと前の段階で、私は、共産党はもはやよくないと見限っていた。戦時中、共産党を好ましく思いはしたものの、のどかな人民戦線の時代はとっくに過去のものとなっていた。後に、第二次大戦後の世論に関してイェール大学のゼミで教えていたとき、当時の政治雑誌や文芸誌を調べてみて印象的だったのは、反共キャンペーンが実に早くから始まっていたことだった。戦後、右翼が砲撃を控えていたのは、ごく短い期間にすぎなかった。

一九四七年には、ヴィクター・クラフチェンコが『私は自由を選ぶ』(*I Choose Freedom*)を刊行し、戦闘はアメリカ国内に持ち込まれた。クラフチェンコはカナダにあるソヴィエト大使館から逃れてきた人物だが、彼の書いた本は、スターリンの犯罪的行為がアメリカ国内にいる協力者にしっかり植えつけられるであろうことを明らかにすべく、利用された。これは何百万部も売れた。最近読みなおしてみて、その最後の数章が大勢のアメリカの左翼人士を、いかに巧妙に犯罪者に仕立て上げるべく書かれているかが分かってショックだった。ウォレスや、一九四四年の共和党の大統領候補で、国際協調主義者のウェンデル・ウィルキーのように、クラフチェンコが一度も会ったこともなければ、書かれたものを読んだこともないと思われる人々までもが含まれていた。実際には、おそらくFBIがそうした名前を提供し、またおそらく本のもっとも重要な部分は、代作すらしていたという方が、はるかに事の真相に近いのではないだろうか。

しかし、共産主義の諸悪をめぐる議論がさかんになされはしたものの、一九四〇年代後半の政治的雰囲気は、まだマッカーシー時代の恐怖には毒されていなかった。リベラル派もトルーマン支持の民主党員も、徐々に反共産主義に傾いていったが、それは東ヨーロッパの自立を願う素朴な期待が、ソヴィエトによって裏切られたことへの反応であり、また同時に、トルーマンの積極的冷戦政策を支持してのことであった。トルーマンはすでに政権内部から、共産主義のシンパとなりそうなあらゆる人材を追い出してしまっていた。原理的にいって、マッカーシーの赤狩りは、民主党がすでに行なっていたこととまったく異なるものではなかった。

フランス出身であったにもかかわらず私は、冷戦に対してヨーロッパが強く抵抗していること、大陸で中立志向が強まり、ヨーロッパの民主主義国は二つの超大国の激化する対立から距離を置くべきだとする意見が強くなっていることについては、まったく知らなかった。「ル・モンド」も他の有力紙も強固な中立路線を取り、ヨーロッパがこのたいへんな武力対立に巻き込まれる必要はない、という主張であった。私はずっと後に英国で学んだときにはじめて、そうした潮流があったこと、一九五〇年代の初期に中央ヨーロッパを、戦後オーストリアが中立化されたのと同じ方式で、中立化させようという試みがなされていたことを知った。英国労働党の指導者ヒュー・ゲイツケルとポーランドの外務大臣アダム・ラパツキが構想したゲイツケル＝ラパツキ計画は、もしこれが実現していたら、NATO直結のかたちでのドイツ再軍備ではなく、非武装中立の中央ヨーロッパを創出していたであろう。しかしこうした提案は、ヨーロッパの中立志向がより明確に具体的なものになるにつれ、二、三年遅れて提起されたものだった。私自身に関して言えば、冷戦は善と悪との、明瞭に定義された闘いであった。

『失敗した神』(*The God that Failed*, 1949)という本は、ジッドもその一章を書いているが、共産主義に関する論述を集めたものである。出版されるとすぐに読み、自分も非常に近い立場だと感じた。家族で政治について話をすることはめったになかったが、私は、スターリン主義は根っから認めない雰囲気のなかで育った。母は自分のことを、ふざけてジャコバン(過激派)だと言ったりしていた。父は大半のフランスの知識人がそうであるように、明らかに左翼ではあったが、私は、父が正確にどこに立っているのかを詳しく聞くことはほとんどなかった。父が帝政ロシア下のバクーに生まれたこと、父の父が、クリミアのオイル・ラッシュで富がどんどん生まれていた時期に、石油ビジネスで大儲けした人だったことは知っていた。裕福だったがゆえに、当然のことながら、一家は穏健な立憲民主主義の立場であり、社会主義ではなかった。疑いなく私は、こうした家族的影響、先祖から受け継いだ一九三〇年代の遺産のゆえに、早熟な——実際、未熟な——反共主義者だった。しかし、当時のアメリカの潮流はすさまじく強烈なものだったので、まちがいなく私などは、その後何年にもわたってアメリカを席巻する反共主義のなかでは、リベラル派に入れられたことであろう。

「赤狩り」の恐怖

トルーマンが勝利をおさめると、右翼による強烈な巻き返しが始まった。すでにトルーマンが政権内部から共産主義者を追放し、積極的な冷戦政策を開始していたにもかかわらず、新しい戦いが始まろうとしていた。マッカーシーが、今も政権内部にいる「共産主義者と分かっている者」のリスト、と称するものを振りかざして行なったバージニア州ウィーリングでの演説〔一九五〇年〕は、当人も驚くほどたいへんな注目を集めることとなった。リストは演説のまぎわになって貼りあわされたもので、ＦＢＩと共和党全国委員会の資料の中にあった過去の告発文書をくっつけて作った、でたらめな合成物だった。トルーマンの経済問題担当顧問のレオン・カイザーリングは、いったい誰が、またどんな意図でこんなリストの貼り合わせをしたのだろうと、当時自問した数少ないひとりだった。しかしそれは何年も経ってから私が聞いた、個人としての疑念だった。新聞がそういう問いをあえて発することはなかった。その結果、マッカーシーが国務省の中に誰ひとりとして共産党員を探し出せなかったことを知って驚く人が、今なお存在するのだ。

これだけの年月が経過したにもかかわらず、今でも、マッカーシーは実際に、共産党員を攻撃したのであり、彼のリストに常にあげられたり尋問される非共産党員の名前は、ずさんな調査あるいは酔っぱらったあげくのファイリング・ミスによるものだと信じている人々がいる。しかし私には、すでにトルーマンが共産党員を実際に排除していたことからしても、明らかに、そこに挙げられた名前は注意深く選択された結果であり、右翼がパージしたがっていた、ニューディール政策を推進した政府の役人を示すものだったように思われる。それまで尊敬されていたリベラルな人たちや社会民主主義者の名前が、突然浮上してきたのだ。

ウルフ・ラデジンスキーは、マッカーサーの下で日本における農地改革の責任者をつとめ、アメリカによる占領政策の成功を画することになった政策立案者だった。ヴァル・ローウィン。この人は、パリのアメリカ大使館に勤務した労働問題のエキスパートだった。二人とも申し分のない公僕だったばかりでなく、根っからの反共主義者だった。彼らの名前をリストに追加することで、マッカーシーは政治を、新たなステージへと動かしたのだった。これが彼の目覚ましい功績であったのかどうか、あるいはマッカーシーが単純に、彼の許に挙がってきた名前を出しただけなのかどうかは、決して分からないだろう。しかし、いまやリベラル派の人々やかつてのニューディール支持者は、守勢に立たされていた。彼らは、自分たちが共和党員に劣らず反共であることを証明しなければならなかった。右翼が忠誠心の線引きをし、議論の枠を決めるのだ。左翼は、この入念に仕組まれた罠に、どんぴしゃりと引っかかってしまったのだ。

穏健な共和党員ですら、はしゃぎすぎなほど簡単に、この流れに飛び乗ってしまった。マッカーシーが裏切り者のリストに、ジョージ・C・マーシャル将軍を入れてきたときに、アイゼンハワーが、昔からの仲間である将軍を護ってやれなかったのは有名な話だ。アイゼンハワー自身の演説のなかにも徐々に、アメリカが「アカ」によって完全に蝕まれているという嘘が入り込んでいった。共和党員たちは、トルーマンに対して、またその後の選挙のたびに、この議論を敵対的にぶつけて、民主党政権内部の裏切りゆえに、最初は東ヨーロッパで、続いて中国で「敗北」したのだと主張した。

リベラル勢力の勝利となってしかるべきまさにそのとき――トルーマンが予期せぬ勝利を収めたそのとき――に、民主党支持者は守勢に立たされてしまった。外交政策がいかに強硬であろうと、彼らは、自分たちがいかなる意味でも容共ではないことを示さなければならなかった。いかに穏健であったとしても、彼らにとってフェアディール政策を徐々に放棄していく以外に、手がなかったのではないだろうか。期待された国民健康保険計画は、トルーマンがしようとしていたメディアにおける政治的偏向是正と同様、断念されることとなった（長い間忘れられたままになっているが、トルーマンが作った新聞問題委員会から、「自由で責任ある新聞」という報告書が公表されていて、そこでは、企業の支配下にある新聞の独立性と公正性の問題が提起されていた）。

アメリカは、ヨーロッパ諸国の戦後福祉政策からどんどん乖離していき、その違いは今日まで続いている。かくして冷戦によって、アメリカ国内の諸々の行動計画が変更されてしまったばかりではなく、ヨーロッパの社会主義やその他の改良主義とアメリカとの距離が、徐々に広がっていく結果となった。ニューディールでは、ヨーロッパの改革者たちと親密な関係を持つことが許されていたのだが、いまや取り返しのつかないほど疎遠なものになりつつあった。

トルーマンが痛感させられたのは、国内的に今や、抑圧を加えるべきだとする欲求がかつてなく大きくなっており、それを求めている人たちがますます復讐心をたぎらせて、かつての、そして現役の共産主義者たちを攻撃しているということだった。もはや政権内部にいる共産党員の問題ではなかった。軍人墓地に埋葬された共産党員の退役兵、社会保障手当を受けている共産党員の年金受給者、共産党員の小学校教師が問題とされた。ミステリー作家のダシール・ハメットは、政府図書館への著作の販売で印税収入を得たであろうこと、そしてそれを共産党の運動に使ったという、バカげた告発について証言すべく、下院議会の非米活動委員会に召喚されている。それは、著名なアメリカ人を脅して意のままに御するためにマッカーシーが決まって取る、お定まりのバカバカしいこじつけだった（ハメットはその後、昔の仲間の名前を挙げることを拒んで下獄している）。

赤狩りが進むにつれ、パージはいっそう懲罰の度を強め、些細なことでも行なわれるようになっていった。目的は、共産党員が支援したかもしれない運動に、かつて加わったことを罰するところにあった。スタッズ・ターケルは、私は何十年も一緒に仕事をしてきた間柄で、共産党員になったことなど一度もないのだが、頼まれた請願には喜んで署名をする人だった（彼の説明によれば、「いやな請願にはひとつも出会わなかった」ということだった）。そのおかげで、彼は非常にうまくいっていた放送での仕事を、テレビ放送初期の人気番組のひとつだった「スタッズ広場」（Stud's Place）を含めて、すべて失ってしまった。一夜にして、彼は社会的に失脚してしまった。小さなFM放送局のディスク・ジョッキーの仕事がやっと見つかったときも、「シカゴ・トリビューン」紙は、放送欄に彼の番組は掲載すらしなかった。一連のことには罰以上の意味があった。つまり予防的意味だ。現に生起していることを目の当たりにすることで、まちがいなく人々が、お金を渡したりデモに参加したりする前に、熟考するようになるだろうということだった。

ＦＢＩがやってきた

人々はさほど恐怖を感じていたわけではないとか、これまで描かれてきたほどに事態が悪かったわけではない、といったことを示唆する五〇年代論の記述を読むと、私は驚かざるをえない。もちろん、ゲシュタポもなければＫＧＢもなかったし、強制収容所が身近にあったわけでもなかった。しかし、多くの人にとって、仕事や年金を失うかもしれないこと、とくに中高年になってそうした目にあうというのは、じゅうぶん恐ろしいことだった。

恐怖感が広くあったことを証拠立てることはむずかしい。そうした聞き書きも、知られざる犠牲者に関する博士論文も、これまでのところまとめられていない。しかし当時の新聞雑誌を調べてみれば、一九五〇年頃から、明らかに雰囲気が変化していったこと、寄稿者が締め出されていったことを、はっきり見てとることができる。しかし、その変化は少しずつで、しかも巧妙になされた。その当時のことを調べているあるアメリカ人歴史家の調査によれば、例えば「ニューヨーク・タイムズ・ブック・レビュー」紙上で、中国について一九五〇年以前に論じていた人で、その後も論じた人は一人もいないという。私は、どんな本が論評に値するものとみなされたか、そして誰がそれを書くのにふさわしいと「信任」されたかに注目した。「ニューヨーク・タイムズ・ブック・レビュー」は、終戦直後の頃はその一面に、イギリスの福祉国家政策に関する基本文書であるベヴァリッジ報告についての、アーサー・シュレジンガー・Jr.の熱のこもった評論を掲載していたが、一九五〇年以後になると、シュレジンガーのはるかに保守的な論文しか載せなくなっていた。アメリカ人の学者やジャーナリストよりも事情に通じているとされた、ソ連軍からの亡命者をはじめとする連中の記事が、定期的に掲載されるようになっていった。二、三年もしないうちに、「ニューヨーク・タイムズ・ブック・レビュー」の雰囲気は、その他のほとんどすべての出版物と同様、すっかり変わってしまった。

私はまちがいなく共産主義には反対の立場だったけれども、その私ですら雰囲気が変わったことがすぐに分かった。一九四八年の大統領選挙の運動期間中に私は、ウォレスの選挙対策本部を訪ねたが、その時は、学校に持ち帰った資料を誰かが疑いの目で見るかもしれないと、心配したり恐れたりしなければならないなどとは考えられなかった（もっとも、共産党員の家に育った友人は、一九四八年には、進歩的なニューヨークの日刊新聞「ＰＭ」紙は、注意深く他の紙で隠して家に持って帰っていたと回想している）。

だが五〇年代初頭になると、おそらく市内最後の共産党の本屋で、私が通っていた学校からも近いユニオン・スクエアのはずれにあったジェファソン・スクール書店に入っていくと、書店員が気を利かして、頭上に取り付けられたカメラに注意するよう目顔で合図し、ＦＢＩが監視していることを教えてくれた。自尊心の強いティーンエイジャーにしてみれば、虚勢を張って、監視カメラに向かって手を振り、にっと笑って見せる以外にはなかった。店の人たちは私のことを気遣って心配してくれた。彼らの店に、通りから客が迷い込んで来るなどということは、もはや期待しえなかったからだ。私は、毛沢東の『人民の民主的支配について』の初期の版を含む、その店のパンフレットをいくつも持ち帰った。私はそれらを読んで、本棚に収めた。そして認めたくないことだが、正直に述べておかなければならない。私は、FBIがそのうち私の蔵書を細かく調べあげるかもしれないことを予期して、パンフレットにそれぞれ、「共産党の宣伝文書」というラベルをきちんと貼りつけたのだった。

十代の若者の被害妄想にすぎなかったのだろうか。亡命者の不安心理の残滓だったのだろうか。そう思う人がいても不思議ではない。当時起こったある出来事——正確には一九四九年のことだったが——が示唆するのは、そういうことではなかった。私は、自分のクラスメートを、時期遅れの十四歳の誕生パーティを開くために家に招いて、「共産党パーティ」をしようということで、服装も然るべき恰好をしてくるようにと伝えていた。私はそれにふさわしいゲームを準備し、すべて順調に進んでいたのだが、午後の三時前後のことだった。誰かドアを叩く者があるので開けてみると、まったく見たこともない、端正で小ざっぱりした身なりの若者が立っていて、FBIだと名乗った。私は映画をたくさん見ていたからに違いない、そのとき無意識に対応していた。身分証明書を見せてほしいと言うと、見知らぬ男は、ほとんど見分けることができなかったが、プラスチックの書類入れをパッと出した。さも両親に話があるかのように、二言、三言、質問をしたあと、彼は部屋を出て行った。クラスメートたちと、どうしたものだろうと悩ましい議論をした後、私はその後を追うことにした。すると、その人物は居間にいて、両親と飲み物を飲みながら、父の気のきいた冗談に大笑いしているところだった。

振り返ってみて、この出来事で印象に残るのは、クラスメートの誰ひとり――全員、多くが忠実な共和党支持者で知的専門職についている中流の上層の子弟だった――自分たちの郵便が開封されて招待状がみつかり、それでＦＢＩが呼ばれたなどとは、まったく思ってもいなかったことだ。皆、自分たちは納得いく説明ができたし、軽い注意で済むと感じていたのは確かだが、重要なのは、全員が赤狩りの教訓を骨身に沁みるほど学んでいたということだ。友人の親のなかには、実際、ＦＢＩの係員が訪れて、あやしい共産党員の大量のアルバムを調べるよう依頼された人もいた。父のところにも、ぱりっとした身なりの若者が訪ねてきて、いろいろ聞いていった。中にはＯＳＳの者もいたかもしれない。亡命者に関するＯＳＳの膨大な書類を、当時ワシントンの調査員たちが精査することになるかもしれないという話だったから。

私は父と一緒に古い友人のボリス・スヴァーリンの家に行ったことを覚えている。スヴァーリンは、一九二〇年代にスターリン批判を初めて行なったフランス共産党員のまさにその一人で、一九五〇年代に入っても、共産党批判のキャンペーンを続けていた。スヴァーリンの居間には大きな、彼がＯＳＳやＦＢＩと共有していたと思われる情報のカード索引ファイルがあった（まちがいなくスヴァーリンは、フランスで共産党が再び台頭してくるのを危惧する、自発的な積極的協力者だった。彼は、ローズヴェルトとチャーチルがド・ゴール政権承認に積極的でないために、ド・ゴールが巻き返しをはかるべく、ソヴィエトの支持を取りつけようと画策していたことからして、そういう事態は起こりうると考えていた）。*

＊実際アイゼンハワーは、ド・ゴールを非常に疑問視していて、それで最初のうち、解放したフランス

をドイツ同様、アメリカの軍政で支配しようと考え、フランスで流通させる米国紙幣を印刷させるところまで行っていた。

ＦＢＩは、市民の生活や心のなかに入り込むやり口も心得ていた。私は毎週日曜日に、当時もっとも人気がある番組のひとつだったウォルター・ウィンチェルの、歯切れのいい放送をよく聞いていたが、ＦＢＩ長官Ｊ・エドガー・フーヴァーが、ウィンチェルに常に情報やそれとにおわせるような材料を提供していたことが分かったのは、後のことだった。

欠落していた朝鮮戦争

恐怖は、実際に何も行なわれないことで醸成されることがある。朝鮮で破壊的な戦争を行なうこと、それも第二次世界大戦が終結して間もない段階で再び戦争に突入することへの、反対意見を増幅するような情報や報道は、驚くほど少なかった。大半のアメリカ人は戦う必要があると賛成し、朝鮮戦争を、冷戦における超大国間の、おおいに予想される「熱い戦争」の始まりだと見ていた。ジャーナリストのＩ・Ｆ・ストーン、あるいはイギリス人の同業者ジェイムズ・キャメロンのようなごく一部の人々だけが、朝鮮で戦争することに批判的であった。彼らは、共産党の代弁者とみなされた。実際キャメロンは、朝鮮半島全域をめちゃめちゃにし、何百万もの朝鮮人の命を奪った戦争について、勇気ある特報記事を書いたがゆえに、ビーヴァーブック出版からお払い箱になった。北朝鮮の歴史を書いたブルース・カミングズの本には、軍事的・産業的に何の意味もない無数の村々はいうまでもなく、主要二十二都市のうち少なくとも十八都市が、事実上完全に破壊されてしまったという報道記事が紹介されている。戦争は限定戦争だと言われていたにもかかわらず、中国が参戦するずっと前の段階ですでに、アメリカの爆撃戦略は日本に対する空爆に似て、後にベトナム戦争の全期間に使用されたよりも大量のナパーム弾が、不幸な朝鮮人の頭上に投下されたのだった。しかし、アメリカの新聞を読む限り、こうしたことはいっさい知りようがなかった。

当時の知識人の生活において、朝鮮の存在が欠落していたこともまた、注目に値することである。『パルティザン・レビュー』誌が一九五二年に、アメリカ政治の特集号を出しているが、朝鮮戦争に言及したものはひとつとしてなかった。近年になっても、当時のことを回想した記録に、朝鮮は不在のままだった。ダン・ウェイクフィールドが一九九二年に出した『五〇年代のニューヨーク』という本は、彼自身の生活や、十人以上の著名なジャーナリスト・作家の暮らしを詳しく記述したものだが、朝鮮戦争が彼らの暮らしの重要な要素として顔を出すことはなかった。三百五十頁の中で、戦争への言及が全部で四回あるが、いずれも徴兵される恐れに関して触れたものである。しかし、何百万人もの人々が殺され、半島がめちゃめちゃに破壊されていることへの記述は、まったくなかった。

もしも私がI・F・ストーンの報告を読んでいたならば、多くのことを学び、自分の考え方も変わっていただろう。しかし内なる検閲意識が強く働いて、私もまた彼を共産党擁護者として斥けてしまっていた。私は、少数あったニューヨークの左翼新聞は読まないことにしていた。私の冷戦的観点からすると、どれもあまりに共産党寄りに見えたのだった。最初は「PM」紙、続いて「コンパス」紙、さらにその後は「スター」紙と、あの難儀な時代に、バトンタッチするかたちで次々に創刊されたが、いずれも経営的にはうまくいかなかったものだ。どの紙面にもストーンの記事が掲載されていたが、一九五二年にはいっさい姿を消してしまった。それればかりではなく、ストーンは本を出す出版社もなくなってしまった。彼が当たったアメリカ、イギリスの社は、どこも出版を断ってきた。一九五三年にストーンの『トルーマンの時代』をやっと出してくれたのは、できたばかりのマンスリー・レビュー・プレスだった。出版と並行してストーンが、年間五ドルで自分のニュースレターを出すことにすると、五千人もの勇気ある人々が購読を申し込んできた。みな、そうすることでＦＢＩに目をつけられるであろうことは想定していたはずだが。

敬愛するローズヴェルトの死後、ストーンはトルーマンを容赦なく攻撃した。彼の論評には、二〇〇六年時点での私の本書執筆と、奇妙に響きあうものがある。「トルーマン大統領の不安は周囲の人へ、そして彼を通して国全体へと広まった。かつてローズヴェルト大統領の勇気が広まっていったのと同じように。『強硬であろうとすること』は、弱さを覆い隠すためであり、意固地さが強さにとってかわった。トルーマン大統領は不安だからこそ、『強硬』路線を推し進めたのだ。ローズヴェルト大統領は強靭だったからこそ、そのことを世界に向かって公言する必要もなかったのだ」（ストーン『トルーマンの時代――1945－1952』マンスリー・レビュー・プレス、一九五三、xxii頁）。

ストーンの朝鮮戦争に関する記事が、つぶれかかった野党的な新聞に掲載されたところで、それを読む人などほとんどいなかった。記憶する限り、戦争をめぐって公然たる抗議もなければ、デモもなかったし、私的な会話で懸念が表明されることもなかった。それは、戦争という理由だけで反対する人がいてもおかしくない、私の通っていたクエイカーの学校ですら同様だった。それどころか、私たちの学校も、ニューヨークにあるその他の学校も、トルーマンに解任されたダグラス・マッカーサー将軍の帰還を祝う紙テープが舞うパレードを、一目見ようと集まる大勢の人の群れに加われるよう、休校になったほどだった。

ともあれマッカーサーの解任は、ほとんどどの政権内部にもいるような手に負えない人物——ジョージ・W・ブッシュの政権下では、そうした連中が権勢を振るうままになってしまったが——を、影響力を排除すべく抑え込むことにあった。マッカーサーが、放射能で南北朝鮮の恒久的な分断を確実にしようとして、南北を隔てる三八度線沿いに原爆五十発を投下する提案をしたことは、当時まだ知られていなかった。しかし、北へ侵攻すれば中国の参戦を招くであろうという警告が出されていたにもかかわらず、マッカーサーが、北へ攻め込むことで南防衛の指揮権限を大きく踏み超えてしまったことは知られていた。

現在もそうだが、その後何十年もの間、ブルース・カミングズのような歴史家をごくまれな例外として、ほとんど誰も、朝鮮に関わるアメリカ政府の戦闘行為や目的に、疑問を呈することはなかった。おそらくその前年に戦争反対の運動が広まっていたフランスに行っていたからだろうが、私は、新聞は私の疑問にすべてこたえてくれるわけではないと思っていた。一九五〇年の時点で私は、他の人と同じように、朝鮮での戦闘行為はやむを得ないものと受け止めていたが、その大義（根拠）についてはもっと知りたいと思っていた。共産党の言うことは信用していなかったし、残念ながらまだI・F・ストーンのことを疑わしく思っていたので、私は戦争の発端に関する国連内部の報告を読んでみようと思い、マンハッタンの真ん中にある国連本部を訪ねた。国連図書館の職員は、若い訪問者を見てびっくりしたはずだが、何も問いただすことなく、報告書を見せてくれた。私は、事態が、それまで聞かされていたようにまったく明白なわけではないことが分かり、不安な気分になったのを、今でも鮮明に覚えている。

実際、南北朝鮮の双方に、境界線での長い間の小競り合いや、南の李承晩政権の約束破りを含めて、批判されるべき点がたくさんあった（結局私は、そうしたことが分かっても、アメリカの政策への支持をやめようと決断するには至らなかった。私はすでに、忠実な社会民主党員の主張が、必ずしも正しいわけではないことも知っていた。第一次世界大戦のときにも起こったことだが、政府と折り合っていくためには、私たちは時にどこかで我慢しなければならないのだろう）。

しかし左翼の雑誌の数は減り続け、朝鮮問題に限らず、反対意見を見出すことは困難な状況になっていた。私は社会党の本部が自分の学校の近くにあることを知って、その哀れな四頁版の新聞「ソーシャリスト・コール」（「社会主義者の声」）を買い求めに、時おり四番街二十三丁目にある、大きくて暗い、ほとんど人けのないロフトを訪ねた。私はへりくだりながら笑みを浮かべて、編集者に、彼の、ミルウォーキーの社会党の市長に関する記事や、ペンシルヴァニア州アレンタウン支部の活動を読むのを、どんなに楽しみにしているかを伝えた。

しかし自分でもこのような行動が、現実というよりはノスタルジアに駆られたものであることは分かっていた。マンハッタンのローワー・イーストサイド（移民の多く住む貧困地区）が、たとえばマイヤー・ロンドンを選出していた頃のように、連邦議会下院の地区代表に社会党員を送り出せた日々、またユージン・V・デブスが独房から合衆国大統領選挙に立候補できたような日々は、いまや遠い昔のことだった。かつて影響力のあった移民の社会主義者グループは、ニューディールの民主党とうまく一緒になっていた。彼らの組合の多くは、より保守的なAFL（アメリカ労働総同盟）に合流していた。残された少数の社会党員に幻想はなかった。一九五二年の選挙で、ダーリントン・フープスという、彼らにふさわしい人物を大統領候補に擁立したとき、彼らが作った選挙運動歌は、歌詞といえば「ダーリントン・フープスに投票しよう、トララ・フープス、トララ・フープス、トララ」というだけのものだった。

ハンナ・アーレントの密やかな熱い講義

私の理解では社会主義とは、こうした、アメリカで錯覚されている以上のものであった。なんといっても、他の多くの国々、とくに西ヨーロッパでは社会主義者が権力をもっていたわけだから。しかし彼らの実績が、アメリカの新聞で報じられることはほとんどなかった。そこで私は、海外で社会主義者が何をしようとしているのかを、もっとよく知らなければと思った。思いがけないことに、家族ぐるみの付き合いをしていたある友人が、私のために「マンチェスター・ガーディアン」の週刊版の購読予約をしてくれて、この極薄紙に刷られた新聞のおかげで、私は知りたかった多くのニュースに接することができた。それ以外にも私は、入手可能な外国の新聞・雑誌をできる限りたくさん読んだ。たとえば「ル・モンド」であり、とくに「ニュー・ステーツマン」がそうで、私は、ロンドンで行なわれるあらゆる会合や話題になっていることを伝える小さな告知記事まで、うらやましい思いでむさぼり読んだ。

アメリカのかろうじて残っていた少数の左翼新聞もそうだが、こうした見つけづらい出版物を入手するために、私はこの手の新聞を売っている、ニューヨークで唯一生き残っていた新聞売店によく行くようになった。ニューヨーク公共図書館からほんの少し下った四十二丁目にある、在庫の豊富なキオスクだった。店の主人は赤ら顔の老人で、おそろしく厚い眼鏡をかけていた。競争相手が売り物にする華やかなピンナップ雑誌を売るのではなく、少数の残存する共産党系の新聞、「トリビューン」やベヴァン寄りのイギリス労働党左派系新聞といったイギリスの週刊新聞、さらには題字をごつごつした、わざとショッキングなものにした「ディセント（異論）」の第一号などを売っていた。

それは私を力づけるものだった。ニューヨークの何百万人ものなかに、これほどあからさまに異をとなえることを許容する、十分な数の人々がいるにちがいないということであり、自分がただ一人残った異端分子であるはずがないことを意味していたからだ（後年、「パンセオンで」編集責任者をしていたころ、私はこのマッカーシー時代の知られざるヒーローを訪ねて、感謝の意を伝えた。彼はかつて、小さな書店を始めたいという希望をもっていたという話だった。それで私は、ランダムハウス社のニューヨーク担当の販売担当者を、この人のところに行かせたのだが、担当者は戻ってくると悲しげに首をふった。まちがいなく彼は、私のことを、思っていた以上にどうしようもない人間だと確信したふうだった）。

もう一軒、ちょっと見にはそうと見えないのだが、意見を異にする人々の情報を入手できるところが、私の家から数ブロック先にあった。それはパラクリート（聖霊）という名の、小さい進歩的なカトリック書店だった。ドアの近くに、いつもドロシー・デイ（一八九七―一九八〇、ジャーナリスト・社会運動家）の「カトリック労働者新聞」が積まれていて、一セントというただ同然の値段で売られていた。表紙に時代遅れの木版画があしらわれていて、新聞というよりは宗教パンフレットのように見えたが、朝鮮戦争反対の強固な平等主義的、平和主義的論陣を張っていた。私は自分のことを、「フレンズ奉仕団」（クエイカー派の平和活動団体）と活動をともにする無神論者だと思っていたし、それで自分が「カトリック労働者運動」に加わることは、まずありえない選択だと思っていた。しかし、この運動はたしかに年月を経るうちに、仲間の一般信徒の減少とともに小さくなりはしたけれども、私はこのカトリック労働者運動をとおして、カトリック左派に対して生涯尊敬の念を抱くこととなった。

私が最終的に、ものの見方を変えてしまうような情報を入手できたのは、そうした安心できる雰囲気のところではなかった。それは、ユニオン・スクエアの先、フレンズ・セミナリーから数ブロックのところにある、赤煉瓦づくりのビクトリア様式の建物に入っているランド・スクール（一九〇六年に結成された労働者学校）だった。ここは昔の社会党の最後の活動拠点だったところで、ILGWU（国際婦人服服飾労働者組合）その他の献身的助力によって運営される、労働者のための成人教育センターになっていた。そこでは、だいたい標準的なお定まりの授業、例えば両親の母語を一度も学ばなかったことを悔やんでいる、イタリア系縫製工の子どもたちのためのイタリア語講座などが開かれていた。

しかし時には連続講義が開講されることもあり、一九五二年にはハンナ・アーレントが講師として、出版されたばかりの記念碑的著作『全体主義の起源』〔みすず書房〕に基づいて、全体主義論の講義をしていた。アーレントは、一九四一年にヨーロッパからアメリカに逃れてきて以来、ショッケン・ブックス社の編集の仕事を含めて、半端な仕事を次々に引き受けていた。しかしどこからも、然るべき研究職の声がかからず、シカゴ大学が彼女を迎え入れることになるのは、それから数年先のことだった。彼女はその間、五人の縫製工と、母と私を相手に授業をしていたのだった。

そこはそれ以上ないほど殺風景な場だった。座り心地の悪い木製の椅子が数脚あるだけの、狭い薄暗い部屋だった。にもかかわらず、アーレントの授業は、まるでハーバードで教えているかのように情熱あふれる厳密なもので、とまどいや恩着せがましさなど微塵も感じさせないものだった。その授業は今日に至るまで、私が経験したなかで最も知的なものであり、その後すぐに出席することになるイェール大学の授業より、はるかに充実したものだった。アーレントの本と講義の主たるテーマの一つは、私たちにとりわけ重要な意味をもつものだった。すなわち、十九世紀にヨーロッパがアフリカを植民地化したのとまったく同じように、ヒトラーがヨーロッパを植民地化しようとしていたという問題だった。これはニューヨークにいる他の亡命者たちにとっても、新しい発見だったに違いない。

クロード・レヴィ゠ストロースは、ニュースクール新社会研究学院〔第一章六五頁参照〕のフランス人教授の一員だったときに、同様の考え方を示している。彼はジャック・マリタン宛ての、レジスタンスにおける知識人の役割に関する未公刊メモのなかで、次のように論じている。「西ヨーロッパにおいてドイツは植民地の夢を実現させたが、そのモデルは、それ以前にさらに大規模に築きあげられたものであった」ことを理解しておくことが重要であると。さらに続けて、レジスタンスは、フランスによる「フランス帝国」(Loyer, *Paris à New York*, p.421 中の引用)に対する権利の主張を認めない姿勢を、それ自体の行動方針のなかに組み込んでおく必要がある、と論じている。これは、フランスの海外領有地を再征服すべきだとするド・ゴールの主張と、真っ向から対立するものであり、レヴィ＝ストロースがなぜ反ド・ゴールであったかを、何がしか説明するものである。

またここで、大西洋憲章が目指した変化の背後で、これを是とする亡命者たちが――彼らはもっと強い、広範囲にわたる知的・政治的主張をもっていたのだが――、どのように結集していたかを見て取ることもできる。私の考えでは、植民地解放の必要性は、ヨーロッパにおける自由の必要性と同じことだった。それは、私の思う社会主義の一部を成すものだったが、不幸にも、すべてのヨーロッパの社会民主主義者たちに共有されるものとはならなかった。それはまた、アルジェリア戦争中の共産主義者についても同様で、フランス共産党はその間しばしば、ナショナリスト的な政治選択に走った。

無類に刺激的なハンナ・アーレントの授業には及ばずとも、ランド・スクールには他にも面白そうで興味を掻き立てられるものがあった。数は限られていたが、学校の事務室の古風な木柵の奥に展示されていたパンフレット類だ。それらはその後ずっと、私の政治に関する不可欠な情報源となる。見栄えしない表紙とそっけない題字は、私の目にはキャンディーショップのショーウインドーの陳列品のように映った。フェビアン協会の労働者管理を論じたパンフレットと、国有化企業の当初数年間の展開に関する労働党の報告書の両方を、自分で買い求める余裕があるかどうか決断しなければならなかった。

これらの文書に接して初めて、私は、「われわれ」がいかなる活動をしてきたのかを知ることができた。勝利を収めた労働党の国会議員たちが議会のロビーで手を握りしめあい、英国を新しいエルサレム、地上の楽園たる緑豊かな希望の地に変えることを讃えるブレイク作の賛美歌を歌った、一九四五年のあの昂揚した日以来の展開についてだ。どんなに国内が行き詰まっていても、外国では政府が広範に企業を接収してうまく運営しえていることや、健康保険制度の社会化が実現可能であることを知ることができた。* 報告書は、われわれが正しかったこと、学校のカフェテリアで私が論じていたことが実現可能であることを、確認するものであったし、また、アメリカの新聞や政治家がどんなことを言いたてようとも、社会主義が依然として真の選択肢であることを裏付けるものであった。アイゼンハワーの提唱する大企業連合よりは、ずっと意味あるものだった。よく言われる、ゼネラル・モーターズにとっての善はアメリカの善、などお話にならなかった。

*北米大陸においても、当時、「共同コモンウェルス連合」という変わった名前で呼ばれていたカナダ社会党が、サスカチュワン州の資源を国有化し、しかもアメリカの石油産業からの圧力にしっかり対抗していた。国家はその資源を利用して、全市民を利する包括的な健康保険システムを制度化することができるのだ。労働者に、仕事の現場である工場の管理権を与えることも可能だった。少なくとも、サスカチュワン州ムースジョーにある製紙工場では、現になされていたことだった。その詳細は私の

記憶に焼きつけられて残ったが、後日、シーモア・リプセットの『農業社会主義』という刺激的な著作のなかに、詳しく記述された。

もっとよく知るために、私はロックフェラーセンターの上層階にある英国政府の広報事務所をよく訪ねた。そこに行くと、さらに多くの報告書や英国の新聞を読むことができた。自分にとって重要だったのは、閲覧というよりは、むしろ自分で信じることのできる、英国政府との直接のコンタクトにあったと思う。まだ実現できていないにせよ、少なくともそこには実際に新しいエルサレムを信じ、それを実現させようとしている人たちがいた。振り返ってみて、多くの共産主義者たちが、ロシアこそが彼らの望むすべてを成就させつつあると信じた理由も、シオニストたちがイスラエルに同じような希望を抱いていた理由も、理解できるところである。それは信念を貫くうえで必要なものだった。それがなければ、いとも簡単に、沈黙によって、また恐怖によって、押さえつけられていたことだろう。

五〇年代初頭には、共産主義者の活動や反対意見を示すものは、公の場からあらかた上手に消されてしまったのだが、共産主義者の相容れざる敵である社会主義者と、多くのリベラル派もまた、その道連れで抑圧されてしまった。当時の漫画に、警棒を振り上げてデモの群衆を咎める警察官の姿が描かれている。運の悪いデモ参加者が、「でも、お巡りさん、私は反＝共産主義者なのだよ」と言うと、それに対して巡査いわく、「お前がどんな種類の共産主義者かなど、俺の知ったこっちゃねえよ」。

「沈黙の世代」

一九五三年は私が大学に入学した年だが、私の世代は、新聞がまさに「沈黙の世代」と呼びならわした世代だった。「沈黙させられた」という言い方がよりふさわしいのだが、政治的な変化に加えて、高校を卒業するとすぐに徴兵があり、義務的な軍事身体検査が待っていた。私がその普通っていた公立学校で身体検査を受けると、周りには何人も痩せこけた若者がいて、医師たちが書類にお定まりのように、偏平足というスタンプを押していたのを覚えている。書類をのぞきこんだとき、私と同年齢の移民の多さに驚かされた。

大学を目指していなかった者たちは、朝鮮と向き合わねばならなかった。もっともその当時、それはさほど恐ろしいことのようには思われていなかったが。報道の扱いでは、戦争は遠いところの問題だった。ベトナム戦争とは違って、毎晩恐ろしい映像が流されるわけではなかった。戦争は自分たちの現実の脅威だとは認識されていなかったし、それに反対できる、あるいはすべきものでもなかった。

よそではすでにクエイカーの人たちが立ちあがっていた所もあったのだが、フレンズ・セミナリーにおいてさえ、徴兵反対や良心的忌避という考え方が話題にされることはなかった。私たちは、トム・デューイがニューヨーク州知事として、われわれ全員に課した民間防衛演習——核攻撃が差し迫っていることを忘れさせないようにと、毎週サイレンを鳴らすことになっていた——に反対する抗議運動に関わることもなかった。実際に核攻撃がなされたらまちがいなく灰燼に帰すであろう建物のなかに、ばかげた避難所が全市内に設けられた（ごく最近になって、やっと私の家族の住むアッパー・ウェストサイドの建物のロビーから、避難場所を示す黄色と黒の標識が撤去されたのだが、それは、九・一一事件のまさにそのタイミングだった）。私は良き一市民でなければならないと強く思っていたので、毎週、地域の救世軍（その旗はまさしく血潮と火炎を表わしたものだった）の支部の講堂で開かれる民間防衛教習に参加していた。もっともどれだけ大量で大規模の血と火を見ることになるのかは、後にならないと分からないものであったが。私は善き社会民主主義者として、自分の自由な時間を、フレンズ奉仕団による先の戦争の犠牲者救済計画と、これから想定すべき計画とに分けて関わった。

こうした世界規模での脅威は避けがたい緊張感を生みはしたが、四六時中そうしたことの影響を受けていたわけではなかった。マッカーシー自身が一九五四年の陸軍–マッカーシー公聴会によって権威失墜した後も、ずっとあとまで恐怖、政治的恐怖感が続いたのだが、しかし単に政治だけではなく、それ以上に私たちを従順にさせているものがあった。あるクラスメートの両親は、激動の二〇年代にティーンエイジャーだった人たちだが、彼らと共にした夜のことを覚えている。彼らはやさしく、しかし真面目に、なぜ私たちが非常に無気力で用心深くなっているのかを知ろうとしていた。なぜあえて冒険をしようとしないのか、面白いことに挑戦しようとしないのか、と。たしかに私たちの性は、それ以上ありえないほど抑圧されたものだった。ユースタス・チーザーのよく読まれたセックス・マニュアル『恐怖なき愛』は、『愛なき恐怖』と呼ぶべきものだとよく冗談で言ったものだ。

実際、ピルのなかった時代の男女の性関係においては、つねに恐怖が重要な要素だった。数年後のイェール大学においても、大学自身が公にしている調査結果によれば、すでに性体験のある者は、私の学年の五分の一以下しかいなかった。大学にいた最後の頃、隣室には工学系の学生が五人でいっしょに暮らしていて、みな気さくで邪気のない連中だった。中の一人がデートで夜遅くまで帰ってこないと、同室の者全員が、戻ってきたらどうだったか話を聞こうと、ずっと起きて待っていた。待っていた一人が私に言った。「われわれの部屋も、これでやっとイェールの典型的な部屋の仲間入りしたのだと期待していたのさ」。

ドラッグについて耳にすることはまったくなかった。高校ではタバコを吸うこと自体が――もちろんませた子どもの中に一部吸う者がいなかったわけではないが――ふさわしくないことだと思われていた。しかし私の通っていたくそまじめなクエイカーの学校でなくとも、一般の風潮として、警戒的で体制順応的な雰囲気が強かった。しかしそうした一面がある一方で、学生同士の討論によくあらわれていた私の学校のオープンな政治的雰囲気は、イェールに行くようになってよくわかったが、当時の国全体のムードよりもはるかに先を行くものであった。

父の死

一九四九年にフランスから帰国し、平常のニューヨークの生活に戻ると、その後の一年ばかりは気ままで幸せな毎日だった。政治のことと学校生活で頭がいっぱいだった。父の体調がよくないのは分かっていたが、私は、父の病気がそれほど深刻だとも思っていなかった。しかし父は肺気腫に加えて、肺がんにかかっていたのだ。父は生涯へビースモーカーだったし、解剖してはじめてがんだと分かったのだが、そうなることは想定できたことだったかもしれない。それにしても私は、父の病気が重篤だと思ってみるべきだったのだ。パンセオン社に出かけて行くのが徐々に厳しくなっていて、地下鉄の駅の階段の昇り降りがだんだん辛くなっていた。最後の写真を見ると、父は信じられないほど痩せていて、まるで写真で見る強制収容所の生き残りのようだった。

亡くなる前の父（1940年代末）．

しかし私は、父のそんな姿を見慣れていたし、父も母も私に本当のことを知らせないようにしていた。父は自分でも、病気がそれほど深刻なものではないと思いこもうとしていたし、それが私の考え方にも影響していたのではないかと思う。だから父の死は、私にとっては大変ショッキングなことだった。私は十五歳になったばかりだった。母シモーヌは、最後の数年間、ずっと介護に当たっていたし、ひどく落ち込んでしまった。仕事は辞め、ほとんど眠れなくなってしまった。自分の世界が終わったと感じていた。実際、終わってしまったのだった。

母と私の生活は、父の死で変わってしまった。母は通常の生活らしきものに戻るまでに、何カ月もかかった。そのうち母は、革製品を作るマーク・クロスのところで、デザイナーとして働けることになり、しばらくは毎日、仕事に出かけて行くようになった。しかし、自分の生活に空いた巨大な穴をふさぐことはできなかった。

私はというと、楽しいティーンエイジャー生活を満喫していたのだが、その一方で、なんとかして自分でも、もっと役に立つ役割を引き受けるべきであると強く感じていた。学校のないときにできる仕事を探して、無収入の家計を助けられるよう自分でできることをしなければと思った。それで私は、ウォールストリートで夏季にできる仕事を引き受け、父の友人が経営するルイ・ドレフュース穀物商社で働き始めた。学年が終わると私は毎日、穀物取引所のあるバタリー・パークの巨大な赤い石造りのビルに顔を出した。取引の行なわれるフロアはグランド・セントラル駅と同じくらい広大で、三層の高さの窓がいつも開放されていた。鳩がしじゅうトレーダーの頭上を飛び回り、業者はといえば何百万トンもの、明日の鳥の餌の取引をしていた。

その後、私は放課後および週末に、八丁目書店で、時給五〇セントの最低賃金（それは現在のそれよりも価値あるものだったし、常に何ドルにもなった）で働き始め、翌日眠い目をこすりながら登校した。その書店の最年少店員だったから、私の仕事は床掃除をしたり、梱包を解いて本を取り出すことだった。しかしまた、在庫書目や、どんな本が実際に出版されるのかを学んだ。通りの反対側にはウムラス書店チェーンの店が、もう一軒店を構えていて、そこは中間レベルの読者層を相手に商売をし、人気の大衆小説をたくさん揃えた貸本屋もやっていた。当時、ニューヨーク市には三百五十店の書店があって、その数は現在の十倍にのぼった。

八丁目書店は小さくて狭かったが、インテリのニューヨーク市民が欲しがりそうな本はほとんど揃っていたし、一度見たら忘れられない贔屓《ひいき》の客もついていた——もっとも、W・H・オーデンが来店するのは、きまって最新刊のミステリーを買い求めにくるためだけではあったが。しかしここでの仕事は、私にとって穀物取引所で与えられた任務よりはるかにいい、刺激的なものだった。すぐ横で仕事をしていたレジ係の何人かは、地下に追われた共産党の幹部だということだった。もっとも私には、ニューヨークのインテリの多くが見ているのに、どうやって地下に潜れるものか、まったく理解できない話に思えた。

家計に私が納めることのできた一週当たり数ドルのお金は、母にとってたいして役だつものではなかったと思うのだが、私にしてみれば、額はどんなにわずかであれ、自分が父に代わって稼ぎ手になり始めたことを実感できた点で、大きな意味をもつものだった。しかし私の努力にもかかわらず、わが家の生活レベルは貧困線をはるかに下回るものだった。最近、昔の所得税申告書を調べてみたところ、わが家の所得は千ドル台どころか、数百ドル台という年が数年続いていた。父がパンセオン社で週一〇〇ドル以上稼いだことは一度もなかった。それは、父だけでなく、同僚も同じだった。その上、亡くなる前は医療費がそれよりも多くかかっていた。私は、わが家ではやろうと思ってもできないことが、まちがいなくあると分かっていた。例えば、車の運転を習おうなどとは思ってもみなかった。はじめから、車を持つ余裕などできっこないと思っていたからだ（私は今でも車の運転はできない)。ともかく、非常につましい生活だった。

しかし私は、自分たちが社会的に恵まれていないとか、下層階級だなどと思ったことは一度もなかった。まだ子どもだったときのことだが、母シモーヌはフランスの社会制度について語っていた。説明によると、もちろん最底辺には貧困層が存在したし、その上にさまざまな市民層が重なっていた。しかし、そうした存在すべての、さらにその上に知識人層がある。そしてそれが自分たちなのであって、社会的に恵まれていないなどと感じるのは論外だということだった。このように理論づけをすることで、明らかにシモーヌは新たな貧困に耐えることができたし、私自身、そうした説明を一度もおかしいと思ったことはなかった。

当時のニューヨークは今よりも、たいしてお金がなくても暮らしやすい所だった。私は、ニューヨークの街に、少なくとも自分でこれがニューヨークだと思う所については、かなりよく精通していた。九十六丁目より先には、バスでクロイスターズ美術館に行った以外は、ただ一度の例外を別にすれば行かなかった。その例外とは、ハーレムがどんな所か知りたくて、一度だけ何ブロックも歩いてみたときのことで、店でどんなものが売られているのか、どんな違いを発見できるのかを、確認しようと思ったのだ。しかし、貧困と欠乏に気づかされるだけで、エキゾチックな黒人の店舗から、別の世界へ入っていけるわけでもなかった。その後は、またあえてハーレム地区に行くことはなかった。

ウエストサイド地区はいま私が住んでいるところだが、ここにも、当代随一の映画館であったセイリア館にときどき行く以外は、足を運ぶことがなかった。しかしたまには、何ドルか払って、ブロードウェー三十九丁目にあった旧メトロポリタン歌劇場の一番上のバルコニー席に、オペラを観に行っていた。同じ立見席の観客は主に、あの天井桟敷の居心地がいいらしい、年老いたみすぼらしい格好のイタリア移民たちだった。

私は近代美術館に行って、そこでかなりの時間を過ごした。館を自分専用のクラブにして、いつも何人といいためしのない、小石を敷き詰めた素敵な小さな庭園で、コーヒーを飲んだりしていた。また館内で上映される数々の名作映画を見に行ったが、それなども、テレビのなかった時代においては、そこに行かなければ不可能な、別の形の教育であった。子どもはたしか二十五セントだったと思うけれど、ほんのわずかな額で中に入れてもらえたので、私は少なくとも週に一回は見に行くことができた。館内の絵画はすべて見ることができたし、そのうち私は、あらゆる画家の画風の違いがわかるようになった。ふたたび私は、期せずしてヨーロッパの文化に浸りきっていた。

私は、自分自身が「生活困窮者」の一人だと感ずるどころか、いま現に困窮している人々を助けなければならないという、道徳的使命感を強く感じていた。戦争は終わったが、またフランスの子どもたちは、もはやアメリカ製のビタミン剤を必要とはしていなかったものの、援助を必要とする人々はその他にも多数いた。国連児童基金（ユニセフ）が設立されると、私は進んで協力を申し出た。学内で募金運動を組織し、レキシントン街を何ブロックも何ブロックも歩いて、一軒一軒、商店の経営者に、寄付をしてもらえないかと頼んでまわった。当時はユニセフのことはまだよく知られておらず、ユニセフ自体が全国で募金運動を展開するようになるずっと前だったこともあり、寄付をしてもいいと思う多くの人からも、胡散《うさん》くさそうな目で見られた。しかしクラスメートと私は、どうにかこうにか千ドルを集めたのだった。私は、私たちがなしとげたことを見て、国連としてほかの人々に同様のことをするよう働きかけることになったのではないかと思っている。戦争を生き抜いた生存者が抱く罪責感に関する理論は、まだ生まれていなかったが、もし提示されていたならば、私はまちがいなく、自分のやっていることが唯一の正しい振舞い方であり、難民であることはそうしたこととはまったく関係ないと論じていたであろう。

その後、私は単に募金活動をしてお金を集めるだけではなく、自分の体を動かして手伝うべきだと思うようになった。グラマシー・パークにあるフレンド派の教会で、ヨーロッパへの救援物資を準備する手足を必要としていると聞き、毎週木曜日になると、私は、ニューヨークのホテルから提供された大量の石鹸片や、箱詰めされた古着類を梱包する、夜間の作業に加わった。一九五〇年代の初め頃は、まだヨーロッパではそうしたものへの需要が非常に大きく、誰もこうしたちょっとした使い古しのものを集めようという呼びかけに、疑問をさしはさむことはなかったし、作業に加わった人は皆、丁寧に荷造りをした。私たちが作業を始めると、大半はクエイカー派の人だが、無言でお祈りをする人たちがいた。私はそれには意識的に、また無神論の立場から、加わらなかった。

学業と仕事、ボランティア活動の狭間で、私はどんなに時間があっても足りないくらいだった。それは皆、ひとつには父が亡くなった悲しみを、忙しさの大渦のなかで紛らすためだったかと思う。見かけだけは普段と変わることがなく、自分の置かれた状況を悲しんだり、これからどうなるのかと思い煩う暇などなかった。しかし、私がフレンズ・セミナリーにいる時間も、終わりをむかえつつあった。私はその後の四年間をどうするのか、決断しなければならなかった。

第4章　大学での政治活動
―SDSとCIA―

入学許可と奨学金

どんなにわが家が貧乏でも、大学に進学しないことなど思ってもみなかった。フレンズ・セミナリーの誰もが大学に進んだし、私もまたそうするものだと思っていた。しかしお金がないというのは大きな障害だった。志願したアイヴィー・リーグ〔東部の名門八大学〕のどの大学でも奨学金が得られなければ、ニューヨーク市のただで行けるシティカレッジに行くつもりだった。CCNY（ニューヨーク・シティカレッジ）の授業を聴講するためにアップタウンに行って、有名なヨーロッパ史家のハンス・コーンの講義を聞いてみることにした。そこでただびっくりしたのは、学生はみな白人だったが、授業を聞きながら誰もが平然とランチを食べていたことだった。とはいえ、それなりにいい雰囲気で、すべり止めとして悪くはないという気がした。

イエール大学には、実際、行けるとは思っていなかったのだが、一九五三年の春、面接試験を受けるためにニューヘイヴンに行くことになった。素晴らしい並木道も、中庭を囲む変則的な新ゴシック様式の校舎も、意識の中に入ってくることはなかった。どんな展開になるのか予想もつかぬまま、面接試験のことが気がかりだったのだ。驚いたことに、まさにその名がぴったりのウイットマンという入試部長が長々とまくし立て、大学は、ニューヨークの「ろくでもない高校生」の類は入れたくないのだということを述べた。私は、彼が「ニューヨーク」というとき、当時はごく普通にみられたことだが、婉曲にユダヤ人を指しているのだということを理解した。私は彼が、私を挑発してどんな反応を示すか確かめようとしているか、またはどうしようもない反ユダヤ主義者なのだと思った。いずれであれ、私は言い返しておかなければならないと感じて、実際がんがん論駁したのだった。家に帰るとき私は、これでシティカレッジに行く以外にないなと思った。

その後、イェールから入学を許可するとの通知があったが、奨学金の話はなかった。それは私の場合、不合格と同じことだった。ところが両親の友人たちが、パンセオン社で父が、ボーリンゲン・シリーズ〔当初C・G・ユングの著作を刊行すべく創始された、定評ある人文科学叢書〕を編集していたメアリー・メロンと一緒に親しく仕事をしていたことを、思い出してくれたのだ。メアリー・メロンは夫のポール・メロンとこのシリーズを創始したのだが、彼は、元財務長官アンドリュー・メロンの息子で、億万長者の慈善家だった。ポール・メロンは、イェール大学に影響力がないわけではなく、彼の一言で私は、奨学金を全額（当時二千ドルだった）受け取れることになった。奨学金で授業料を払えたばかりではなく、さらに四百ドルもの余裕があって、本を買うこともできれば、土曜日の晩にアイスクリームソーダを愉しんだりすることもできた。皮肉にも、父のネットワークのおかげで、イェール大学に入ることができたのだった。

その後わかったことだが、ウイットマン部長が型破りというわけではなかった。実際、イェールには一〇・一パーセントのユダヤ人割当てしかなく、長年その方針が堅持されていたのだ（ただロースクールだけは純粋に成績主義の選抜基準であったために、三分の一はユダヤ人だった）。私が入学したとき、教授陣の中にユダヤ人は数人しかいなかったが、分かったことは、それでも戦前の信じられない反ユダヤ主義の時代において、大きく改善された結果だということだった。一九二〇年代には、イェールやハーヴァードといった主だった大学では、キャンパス全体でユダヤ人の教授は一人しかいなかったというのだ。その中で例外がコロンビアとバークレーで、ふたり認められていたという。*

＊数字は、ジェローム・カラベルの『選ばれし者たち』（ホートン・ミフリン、二〇〇五）による。アイヴィー・リーグ校のあからさまな偏見について、これ以外の本でもその後、同様の記述が見られる。

イェールの学長A・ホイットニー・グリスウォルドが、一九五〇年に自慢げに言っている。これからのイェールの人間——当時は全員男だった——は「むっつりした高度に専門特化した知識人ではなく、何でも広くこなせる人材」であろう、と。ここでおそらく除かれたのが、評判の悪いインテリ・ユダヤ人であり、不運な頭のきれるワスプ〔WASP＝白人のアングロサクソン系プロテスタント〕だった。*

＊他のアイヴィー・リーグ校も、カラベルによれば五十歩百歩だった。ハーヴァードでは、圧倒的にワスプが占める私立エリート進学校からの志願者が二百七十八人で、その中から二百四十五人が選ばれ

ていた。エクセター校とアンドーヴァー校（共に名門とされる全寮制私立高校）の卒業生の受け入れ率は、九四パーセントだった。

入学を認められた少数のユダヤ人は、ニューヨークからできるだけ遠くはなれたところの出身者だった。おかげで私は、カンザス・シティ出身のカルヴァン・トリリンのような友人と親しくなったのだが、カンザス・シティにユダヤ人が住んでいようなどとは、思ってもみないことだった（アンドリュー・ハッカーが、最近の「ニューヨーク・レビュー・オブ・ブックス」に書いているのを読んで面白いと思ったのだが、彼がそこで紹介している「ウォールストリート・ジャーナル」の記事によれば、いまでは、ユダヤ人学生の割合が高い高等学校に、わざわざ新入生勧誘員を送りこむ大学が何校もあるという）。私のクラスにも黒人学生がかろうじて三人だけいたが、そのうちの一人はあきらかに、バスケットボール・チームのキャプテンになるべく入学を許された学生だった（対照的に、ほぼ同時期の一九五六年、ニューヨーク市立大学のカレッジの一つであるブルックリン・カレッジは、黒人の歴史学者ジョン・ホープを歴史学科長として任用していた）。

イェールでの最終年、オナー・ソサエティ（成績優秀者が入会を許される学生組織）の長たる立場を利用して私は、会の年次計画として大学の入学選考基準について調べてみたらどうか、という提案をしてみた。しかし、われわれが直面したのは、次から次へと嘘八百を並べ立てたものすごい障壁で、いかんともしがたく諦めざるをえなかった。

知的刺激のない大学

イェールが変わり始めるのは、新しい政治的、文化的気風が生じてきた一九六〇年代に入ってからのことである。一九六三年にグリスウォルドが亡くなった後、イェールの学長になったキングマン・ブルースターは、前任者の階級的偏見を持ちあわせていなかった。奇しくも、改革推進の意欲に燃えて新しく入学担当部長になったのは、イェールで私と同じクラスだったインキー・クラークで、二、三年のうちに、学部学生の構成はめざましく変化した。

一九五三年九月に私が入学したころのイェールは、どういう学生を受け入れていたかを考えると驚くことではないが、およそ知的刺激のないところだった。学生の多くは、ほとんど酒を飲むことやフラターニティ〔学寮式男子社交クラブ〕の生活にしか関心がなく、ジョージ・W・ブッシュ流に「おなさけのC」をもらえる程度にしか勉強しなかった。そういう状況だったから、教室内で活発に討論が行なわれるようなことはなかった。もちろん、勉学に励み卒業証書を得ようと努力する者も大勢いたが、大学に入る前から準備のできていた私立高校出身のクラスメートの前では、しばしば影が薄かった。

しかしそうしたことはさしおいても、マッカーシズムがすでに微妙な影響を及ぼしていた。反体制的なことを教える余地などまったくなかった。プラトンの『国家』は、クラスは違っても、少なくとも毎年一度は読まされる指定図書だったが、マルクスやC・ライト・ミルズを読ませたり論じてもいいと考えるような人は、誰ひとりいなかった。社会主義にもっとも近かったのは、ピーター・ゲイの『民主的社会主義のディレンマ――エドゥアルト・ベルンシュタインのマルクスへの挑戦』を読ませるクラスだった。代わりにパウル・ティリッヒとT・S・エリオットが、お墨付きを得た論として扱われたし、ニュー・クリティシズムではまちがいなく、キリスト教的ペシミズム以上のものが扱われることはなかった。

私たちの一年次の英語のクラスは、こうした教訓主義の典型で、ニュー・クリティシズムの立場から、文学に社会的な文脈があるかもしれないことなど、一顧だにする必要はないというものだった。アンドーヴァーやエクセターでは、最終学年でイェールの一年次のカリキュラムと同じことを早手回しにやらせていたので、そうしたところの卒業生にしてみれば、授業の流れは既知のことだった。しかしそうでない者にとっては、ミルトンもスペンサーも読んだことがなく、はるかに大変だった。クラスで私は、アレグザンダー・ポープの詩は、イギリス社会を批判したもののように聞こえると言おうとしたのだが、それは無駄なことで、逆にそのような解釈はまったくありえないことだと一蹴されてしまった。

優秀な若い教師でさえ、なんの疑いも抱くことなくそう信じていた。必読指定書はクレンス・ブルックスと、ニュー・クリティシズムの基本図書の一つ、ロバート・ペン・ウォーレンの『詩を読み解く――学生のための詩論集』だった。この本は、まるで英語科教員のバイブルみたいなものだった。何年も後に、私自身がイェールで教鞭を執ることになって大学に戻ったとき、自分が一年生のときに教わった英語の先生を見かけたので、マッカーシーの知的影響について尋ねてみた。質問は最初、明らかに先生を驚かせたが、先生は話しているうちに、ニュー・クリティシズムにはおそらく、隠れた政治的意味合いがあったであろうことを認めた。当時私たちは、テキスト（作品そのもの）だけが問題なのであって、コンテキスト（作品が置かれている文脈）を問題にするのは適切ではないと教わっていた。したがって、時代を論じるべく文学が扱われる可能性は、頭から排除されていたというわけだ。

アメリカ国内の他の地域に目を転じれば、少し違ったイデオロギーが目に入ってきたことであろう。五〇年代後半から六〇年代にかけては、非常に慎重ではあるけれども、よりリベラルなアプローチが展開する。しだいに、アルベール・カミュやウィリアム・フォークナーの作品が、ことにフォークナーのノーベル文学賞受賞以後、中心的なテキストになっていった。フォークナーが語った、人間は耐えるだけでなくしっかり打ち勝っていくであろう、という内容のノーベル賞受賞演説は、社会の方々で反応をまき起こしたようだった。実際、二人の作家は、人種問題との関わりでは、同じ慎重なリベラリズムを代表する立場だった。アルジェリアのカミュとミシシッピーのフォークナーは、答えや改革案を提示するところまで積極的ではなかったにせよ、ふたりとも人種問題については正直に書いている。問題について認識しているだけで十分であったし、五〇年代の気分には完璧にフィットしていた。*

＊後に私は英国で、ジョージ・オーウェルとE・M・フォースターが同じような働きをしていたことを知った。彼らの著作は高等学校で必読書とされていた。もちろんそれを読むのはごく限られた人数ではあったが（当時、Aレベルという上級試験を受ける数は、学生の一六パーセントにすぎなかった）。

しかし、この蒙を開かれた少数者は、インドでのフォースターや、ビルマでのオーウェルの経験をもとに、敏感な英国人であれば人種が問題であること、国内問題ではなくとも、少なくとも大英帝国が抱える問題であることを認識できたのだった。

あらゆる知的な圧力に加えて（中には文化全体に根差すものもあったのだが）、イェールの場合、ウィリアム・F・バックリーの『神とイェール人』という、刊行されたばかりの本がもたらした衝撃に、足元が揺らいでいた。その中でバックリーは、コレクティヴィズム（経済原理として、国有ないし公有のかたちで、土地や生産手段を共同管理すること。集産主義）を広めているとして大学の因習的で保守的な教授陣を非難し、ごく一部の、右志向が十分ではないように思われるテキストを探し出して糾弾したのだった。なぜかバックリーとその一派の保守主義者たちは、イェールのアメリカ研究をことのほか毛嫌いしていた。それはそうした研究が、彼らからするとニューディール理想論に満ちていたからだった。バックリー支持者たちは、メッセージを伝えてくれるであろう学生グループに、多額の金銭を提供した。最初は、「間大学個人主義者協会」という奇妙な名称の組織に巨額の資金を、後には、より有望な「自由を希求する若いアメリカ人」――後に共和党の乗っ取りを図ったバリー・ゴールドウォーターの先兵となるグループ――に資金を提供したのだった。

その間、教授陣――少なくともすでに極右側に立っていなかった面々――は、ほどほどにおとなしくしていた。彼らのそうした何もしようとしない姿勢は、警戒心や恐怖心を内包する一般的な気分から来るものであった。私は、ＦＢＩが彼らを監視すべく（また学生たちをも対象としていたことだろう）、キャンパス内に担当者を常駐させていたことを、教授会のメンバーなら誰もが知っていたとはまったく思わない。だがその事実は後に、イェールの入試の選抜基準の詳細とともに明らかになっており、状況は、当時あのもっとも偏執的な時代において、想像を絶するほどひどいものだったことがわかる。

教授陣や学生たちへの、こうした明白な政治的、イデオロギー的、さらには経済的な圧力に加えて、イェールの学部学生はどういう人材でなければならないかをめぐって、強い社会的期待があった。長い間『ハーパーズ・マガジン』の編集者をしていた、イェールのOBでもあるルイス・ラッパムが、著書『カネとアメリカの階級』の中で書いている。「イェールでの教育は、カネを稼ぐ手段としてあった。先生が何を言おうと言うまいと、物を言うのは卒業証書だった。ウォール街、専門職、大儲けをするための安全な港に入るためのチケットだった」（ラッパムはイェールで私の一年先輩で、私の知らないような、はるかに社交的で裕福な人士の輪に出入りしていたことを、記しておくべきだろう）。

実際われわれはさまざまなまわり道をしながらも、あるいはしばしば魅力的な道筋を経由して、ビジネス界に入るよう仕込まれた。ジャーナリストになりたい連中は、必死になって「イェール・デイリー・ニュース」に入ろうとしていた。それはそこから、同窓のヘンリー・ルースが牛耳るタイム＝ライフ帝国への、黄金の階段が通じていることを知っていたからだった。学生のうちからクリーニング店を経営するといった、さほど華々しくない仕事を選ぶ者もいたが、しかしそれはそれで、自分の履歴書に経営の経験があることを示す、きわめて見返りの大きい仕事だった。

何をおいても重要なのは、秘密の社会的繋がりのネットワークだった。四年生になると、あらゆる学生がその中に入れてもらうことを願った。中には、神秘的儀礼や集団療法を行なうような、フリーメーソンもどきの組織もあった。とくにこうした秘密の繋がりは、卒業と同時に、苦労せずにすむ仕事にありつけることを保証してくれるものと思われていた。それは、実社会のなかで一部の人たちにのみ許される、心地よい生活を保証してくれるものだった。

三年次のとき、友人たちと語らって、イェールのこうしたところを何とか変えていかなければと決意したのだが、そのとき返ってきたのは、信じられないという反応だった。私たちは、毎年行なわれるティドリーウィンクス（円盤はじきゲーム）のトーナメントにあわせたかのようによそおって、昔から慣例的に行なわれてきた「タップ・デイ」の行事をからかってやることにした。「タップ・デイ」とは、三年生がそうした仲間に入らないかと「肩たたき」を受ける日だった。私たちは図書館の石段の上で、人目を引くようにティドリーウィンクスをしていた。四年生の秘密組織のメンバーが大学中を駆けまわり、翌年のメンバーを探して回っているのを横目に、われわれは静かにティドリーウィンクスのゲームを続けた。

そうこうするうちに私も肩を叩かれて、「スカル・アンド・ボーンズ」（頭蓋骨と骨）に入らないかと誘いがかかった。もっともよく知られていて悪名も高く、ブッシュ大統領父子がメンバーだったということで、数多くの小説や映画で取り上げられたグループだ。縁故グループに対するわれわれの運動は、おとなしく入会勧誘を引き出すことにはなかった。私はその誘いをはっきり拒絶したのだった。「イェール・デイリー・ニュース」はその後、第一面にトーナメントの写真を掲載し、冗談めかして彼はおかしくなったのかという大見出しを掲げて、そのことを報じた。政治に異を唱えたいからといって、一生のたしかな成功まで拒むことはないというのだ。

ひとことで言って、イェールには、社会主義への呼びかけに対して諸手を挙げて歓迎する雰囲気などなかった。にもかかわらず私は、異教徒の中の伝道師のように、試してみる必要があると感じていた。ともかく人々を、社会主義の合理的で反駁できない議論を駆使して説得するのに、大学以上の場所があるだろうか。私は、パンフレットを読んでいる時間は終わった、自分の信念を実行するためには、自分で何かをしなければならないと思うに至った。

ジョン・デューイ・ソサエティを創る

ランド・スクールでかつて私が集めたパンフレットのなかに、あまり期待をもてそうには思えないものの、学生産業民主主義連盟（ＳＬＩＤ）という名の学生グループに言及したものがあった。そこでさっそく、そのニューヨークの宛先に手紙を出してみたところ、励ましのリーフレットがひと束送られてきた。グループの母体である産業民主主義連盟（ＬＩＤ）の出自はきわめてれっきとしたもので、アプトン・シンクレアとジャック・ロンドンによって、一九〇五年に大学連合社会主義協会として創始されたものだった。曲がりなりにもこの組織は五〇年代まで存続したが、英国における実践的社会主義の典型である、我が敬愛するフェビアン協会のアメリカ版みたいなものであった。ＬＩＤは、古くからの社会主義者とリベラル派からなる「リベラル＝労働」の混成で、主に、ＩＬＧＷＵ（国際婦人服服飾労働者組合）やＵＡＷ（全米自動車労働者組合）といった古くからの社会民主主義的労働組合の支援——それも象徴的なものでしかなかったが——で、なんとか存続していた。

その次にニューヨークの自宅に帰ったおりに、私は、東十九丁目にあるSLIDの事務所のある古い建物を訪ねた。同じ建物には、SLIDだけではなく、ノーマン・トーマスの小さな組織も入っていたし、また物納小作人基金や、その他の三〇年代左翼の生き残りグループが入っていた。訪ねて行くと、ジム・ファーマーという名の魅力的で弁の立つSLIDの書記長が、温かく迎え入れてくれた。後に、人種差別撤廃をめざす「人種平等会議」(CORE)のトップとして、ずっと有名になった人物だ(惜しむらくは、リチャード・ニクソン大統領によって連邦政府の責任者に任命された、少数の黒人リーダーの一人として活動を終えることになった)。ジムほど協力的で勇気づけてくれる人は、考えられなかった。何年も、事務所を訪ねてくる学生などほとんどいなかったに違いない。彼は、組織がかろうじて存続していることを隠しだてしなかった。私は、イェール支部をどうやって作ったらよいかを話し合うために訪ねたのだが、もしイェールに作れたら、ニューヨーク以外のところにできる唯一の支部になるだろうということが分かった。

SLIDのアクティブなメンバーは、百人といなかったに違いない(恐怖の時代にあって、左翼あるいはリベラルな学生運動グループは、全部合わせても千人にも及ばなかったであろう)。実際よりもしっかりしたものに見せかけようとして、どの集団も同じトリックを弄していた。麗々しく地方支部と呼べるものを作ろうとして、たとえば離れ離れになっている、多くは学生年齢を過ぎたメンバーを頭数に入れたりしていた。時代が少しずつ良くなるにつれて、ニューヨークにいる亡命者のグループは、全国的組織であるように印象づけようとして、リベラルな思想の伝統的な擁護地——ウィスコンシン、リード、アンティオーク、バークレーなどといった大学のキャンパス——に集まって会を催していた。しかし、一九五三年と五四年に得られた成果は、ごく限られたものでしかなかった。

しかし私は、やってみるべきだと思った。マッカーシズムの気配が当時なお身近に感じられており、それゆえ学生政治活動に足を踏み入れたのは、十八歳になって市民権を獲得できるのを待ってからのことだった。私にはフランスの市民権もあり——それは私には不適切なものに思えたのだが——そのために過激な外国人ということで強制追放される危険が、非常にありうることのように思われたのだった（振り返ってみると、キャンパス内にＦＢＩのオフィスが置かれていたことからして、そうなってもおかしくなかった）。

さらに必要な四人のメンバーを探し出し、大学の認証組織として認められる必要な頭数をそろえる課題を解決すると、次はイエール支部と呼ぶものをどうやって広めるかだった。ＳＬＩＤという名称をそのまま使うのは、年代ものの重みを感じさせうまくなかった。しかし、共産党の勢力拡大のためのフロントのような響きを感じさせないものを見つけるのは、驚くほど難しいことだった。「平和」とか「民主主義」といった語を使うと、まずまちがいなく疑われた。最後は、やや曖昧ではあるが、れっきとした進歩的教育の創始者であり、産業民主主義連盟の初代会長であるジョン・デューイの名前を冠して、ジョン・デューイ・ソサエティとすることで落ち着いた。

しかし、そうやってもいちばん難しかったのは、われわれと一緒に関わってくれる教職員アドバイザーを探し出すことだった。ふたりの協力をやっと得ることができたのだが、ともにはるかに年配で、一人はデューイの古い友人の哲学者ブランド・ブランシャール、もう一人はずっと前に退いた大学の印刷係で、世紀の変わり目に社会主義へのシンパシーをもっていたとおぼしきカール・ロリンズだった。こうした経緯を経た後、私は自分たちの旗幟を鮮明にしなければいけないと判断して、外部から最初の講師として、古くからのアメリカ社会主義の象徴であるノーマン・トーマスを招聘することにした。

私はイェールの図書館で文献を調べまくって、左からの戦いの呼びかけとして使えそうだと思われるものを見つけ出し、とまどわせるような遠回しの言い方で、ビラを次々に出していった。そして同輩の学生たちを、「彼らがまちがっているのかもしれないということを想起せよ」（オリヴァー・クロムウェル）と言って煽った。やや曖昧なところがあるにせよ、こうした興味をかきたてるガリ版刷りのビラを、全学部学生に各自の部屋のドア下から配布し、五百席のかなりの部分が埋まることを期待して、ロースクールの講堂を借りたのだった。それでも講演までの数週間、トーマスを、ほとんどがらんとしたホールで迎える悪い夢を何度もみた。

このミッキー・ルーニー（一九三〇年代以来活躍し続ける人気俳優・エンタテイナー）登場のような話の歴史的な意味は、イェールの長い歴史のなかで初めて、少数意見の公開発表会でホールを埋め尽くしたことだった。後日、教授会の人たちが一人ならず、こうした雪解けのきざしをはじめて目の当たりにして、どんなに嬉しく思ったかということを、言ってきてくれた。とはいえ今、そのとき手伝ってもいいよと言ってくれた人を、誰ひとり覚えてはいないのだが。会に出席した人の多くは、終了後に、次の会のために名前を書き残すことを忌避するほど、恐怖心を抱いていた。それはちょうど、陸軍－マッカーシー公聴会〔陸軍内部に「赤」がいるとしたマッカーシーの陸軍批判を検証した上院公聴会（一九五四）。これを機に、上院でマッカーシー非難決議が採択された〕が開かれる直前の、しかし初めてマッカーシー上院議員が大統領〔アイゼンハワー〕から攻撃を受けようとしていたときのことだった。最も不安を感じていた人たちは――彼らに対して私たちは、善良な社会主義者という姿勢でもっとも強く働きかけていたのだが――町に住む人々だった。帰り際、彼らはきまり悪そうに、申し訳ないがと言いつつ、名前を残すことなく帰っていった。

イェール大学での講演を終えたノーマン・トーマスとジョン・デューイ・ソサエティのメンバー（1954）．トーマスの真後ろに立つのが著者．

一方右翼の側では、ウィリアム・F・バックリーの運動員がピケを張ろうとしてやってきて、後から敵対的な質問をするために、聴衆として中に入っていた。トーマスは高齢ではあったが、依然堂々たる話しぶりだった。堂に入った話術は、社会主義者の大統領候補者としての遊説で、長年のあいだに磨き上げられたものだった。指導者然として朗々と語るとき、彼ははるかに若く、力に満ち溢れてさえ見えたし、野次を飛ばす連中は、反対者を黙らせてしまうトーマスの年期の入ったウイットの前に、なすすべもなかった。聴衆の多くが、一九四八年以来ほとんど黙らされてきた議論を、今やっと聞くことができて、彼のことを誇らしく思い、嬉しく思っているのが見て取れた（一九八〇年代に入って、〔ミシシッピ州〕オックスフォードにあるミシシッピ大学で開かれた会議で講演するよう、招かれたときのことだ。会が終わったあと、フォークナーの友だちであってもおかしくないような老婦人が数人訪ねてきて、とてもすばらしい講演でしたよ、と言って誉めてくれた。その中のひとりが言ったことばが、「こんなお話は、一九四八年以来、聞いたことがありませんでしたわ」だった）。

この催しが成功裏に終わったあと、刺激を受けた学生数人から、会の中心的な創設メンバーと一緒に活動をしたいと参加申し込みがあった。その後まもなく家族財産への自分の権利を放棄して新聞で大ニュースになったりした、ユージン・スーターという若者もその一人だった——運動に寄付してくれればよかったのにと、残念に思うのだが。しかし私は、本当のところどういう動機で彼らが入会しようとしたのかを、一度も確認することはしなかった。あれこれ問いただしすぎないこと、とくに個人的な背景については聞かないというのは、当時、いかにマッカーシズムへの恐怖感が大きかったかを示している。私と一緒に会を始めた四人の仲間は、一人はコネティカット州ダンベリー出身の、進歩的な民主党員だった。一人は、数年後に分かったことだが、ニューヨークの古くからの共産党員の息子。三番目はウォレス支持の、私のフレンズ・セミナリー時代の同級生だった。四番目は、ハートフォード出身の不可解な若者だった。彼は、翌年、私のところに来て、「悪く取らないでほしい。いまでも階級闘争は必要だと思っている。ただ立場を変えたんだ」という記憶にとどめるべき言い方をして、辞めていった。

当時、イェールだけではなく全国的に見ても、SLIDは小さな組織だったが、会員は圧倒的に中産階級の出であった。ニューヨーク市にだけは、いくらか労働者階級のメンバー——両親が組合職員でその後を継ぐであろうというメンバー——がいた。しかし階級の違いという意識が顕在化することはなかった。共通の理念の下にまとまっていたし、それで十分だった。全員ではなかったが、われわれの多くがユダヤ人であることも、また当時「外国生まれ」と言われた者の割合が度外れて多かったことも、重要ではなかった。

私が全国組織委員長を務めていたとき、二人いた副委員長はともに外国生まれだった。一人はスーザン・ギャルマティで、彼女はその後もSLIDで仕事を続け、もう一人のアリエ・ナイアーは、アメリカ市民的自由連盟（ACLI）、ヒューマン・ライツ・ウォッチ（国際的人権監視NGO）、最後はソロス財団の長を務めた。議論したことはないが、われわれの出自は、アイゼンハワー時代の特徴である、一九五〇年代の政治的な大勢順応的な傾向に抗する上で、大きな意味をもったはずだ。おそらく違った価値理念を共有していたからだが、アメリカという国を、あらまほしき生育環境の国に少しでも近づけたいと、われわれが願っていたのは明らかだった。私と同じようにおそらく他の人たちも、第二次大戦が終わったら、アメリカはこんなふうになるだろうと、四〇年代に聞かされたことを信じていたのだ（メアリー・マッカーシー〔小説家・批評家〕は『彼女のお仲間』（*The Company She Keeps*）の中で冗談のように書いている。「ほとんどの人が、何かあまりにも人間的な、抑えがたい衝動によって社会主義に出会っていた。仕事がないとか孤独であるとか性的に満たされないとか外国生まれであるとか、……」)。

われわれの会のメンバーは、どんなに立派な学者になろうと、ほとんどの人が、その後の生涯を通して、会の理念を堅持して生きている。そのうち、私は彼らの本を何冊も出版するつもりだが、ポール・シェヴィニーは市民的自由派の指導的弁護士で、警察権力の濫用に関する著作があり、ジョエル・コヴェルはラディカルな精神分析に関する著作で知られる人物である。他にも植民地史研究のジェシー・レミッシュなどなど、多彩な顔ぶれが揃っている。仲間うちでJDSと呼びならわしていたジョン・デューイ・ソサエティは、メンバーにとって、そこに加わることで自分の意見を形成したというよりは、イェールの保守主義とマッカーシー時代の雰囲気が残る環境で、吹きつける冷たい風から一緒になって身を守る、考え方の近いクラスメート的なグループとしてあった。

われわれは体制順応派ではなかったが、決して過激ではなかった。そうした急進的な組織もいくつか存在していた。われわれよりも左に、小さいがよりラディカルな組織がいくつかあり、反体制の集団で、入れるところならどこでもいいという人が集まっていた。共産党員たちは依然として、多くは地下に潜っていたのではないかと思う。青年労働者連盟とかいう組織もあって、ホイットマン張りの、反吐を吐きたくなるほどおそろしく意味不明の散文で書かれたビラを、作っては配っていた。

トロツキーの党から分裂して数多く誕生した分派の一つで、トロツキストのシャハトマン派(カリスマ的指導者マックス・シャハトマンの名を冠するグループ)も存在した。彼らは、批評家のアーヴィング・ハウが長年編集を手がける、挑発的な週刊誌『レイバー・アクション』で主に知られていた。彼らは、非常にラディカルな「第三陣営」の立場に立って、アメリカ・ソ連の双方を断罪していた。私の改革主義的感覚からすると、彼らの考え方は度を超えたものに思われたが、それでも私は、彼らの公開集会に出て主張を聴くために、西十四丁目にある彼らの広いロフトまで、足を運んだ。スペースは旋盤やら何やらが所狭しと置かれていて、彼らの自慢げな説明によれば、組合に潜入させるべくデトロイトをはじめ各地に送り込むメンバーを、訓練するとのことだった。私が彼らの誤りを確信したのは、労働者たちが彼らの主張から強い影響を受けるか受けないかには関係なく、何よりもこの点においてであった。私には、偽装しながら権力を掌握しようとする考えは、道徳に反することのように思われた。*

＊こうした潜入者たちと、彼らの相方の共産党地下活動家たちがその後どうなったか、その顚末をもっと知ることができたらきっと面白いはずだが、しかし、これまでのところ、そうした危ない話について書かれたものはほとんどない。

見通せなかった国際情勢

しかし重要な点で、シャハトマン派が正しく、ＳＬＩＤがまちがっているところもあった。彼らの第三陣営路線はアメリカとソ連に対して、同じように厳しい批判を浴びせていた。ＳＬＩＤは、冷戦の進行とアメリカによるドイツの再軍備に代わる、中央ヨーロッパの非核化と非武装をめざすヨーロッパの社会主義者の構想を、徐々に取り入れるようになってはいたものの、確固として親N

ATO路線だった。当時、ヒュー・ゲイツケル率いる英国労働党ほかの社会主義者たちはけっして理不尽でもなんでもなく、西側がドイツの再軍備を思いとどまるならば、ソ連も東欧をより自由にすることを承認し、衛星国に対して、中立国オーストリアやフィンランドと同様の、より開かれた立場を認めるかもしれない、と感じていた。短い期間だが、ゲイツケル＝ラパツキー計画によって、これでうまくいくかもしれないと期待を持てそうな感じになっていた。

もしも西側が同意していたならば、ソ連側も、一九五六年のハンガリー動乱を経ないですんだかもしれない。もっともアメリカ政府もまた、ほとんどソ連同様、ハンガリーを裏切ってしまったのだが（アメリカのラジオ放送は、性急にも、かわいそうなハンガリー人に向かって、立ち上がるよう煽りたてるメッセージを発信したのだ。しかしアメリカ側には、お互いに相手陣営の事柄には干渉せずに安んじていられる冷戦ゲームを、ひっくり返すつもりはまったくなかった）。

そうした経緯にもかかわらず、私は依然、ヨーロッパの社会主義政党を信頼し、アメリカの外交政策の及ばないところを補い、少なくともアメリカ外交を抑制する彼らの力量に信を置いていた。シャハトマン派の連中と延々議論をし、新しいフランス社会党政権であれば、アルジェリアで正しい行動をするだろうと、愚かにも強固に主張したことを、今でも覚えている。われわれは信条として、社会党政権が植民地戦争などするはずがないと信じていた。大西洋憲章で謳われた約束には大きな意味があること、植民地の独立承認の遅れはたんに一時的なものにすぎず、いずれ解決されるものだということを、無邪気に信じつづけていた。ギ・モレの社会党政権が、それまで以上にアルジェリア戦争の事態をひどく悪化させ、おそろしい泥沼状態に終止符を打とうとしてド・ゴールの介入を招来することになるなどとは、だれも思っていなかった。

われわれの信じる国際社会主義は、アメリカにより近いところで、よりまともな形で成果をあげていた。ＳＬＩＤは北の隣人に目を向け、カナダの社会主義者であるカナダ連邦協同組合総同盟（ＣＣＦ）の青年部と提携関係を結んだ。ＣＣＦとともに外国向けの然るべき方針を構築することを期待して、われわれは国際社会主義青年同盟北アメリカ支部という、大げさな名前の組織を立ち上げた。社会主義インターナショナルというほとんど存在しない組織の、ほとんど存在しない支部だった。

最初の集まりはトロントで行なわれた。十二月のひどく寒い週末に出かけて行き、気持ちのいい知的な仲間たちと会合をもった。彼らは、合衆国でわれわれがただ夢見ていたことの多くを、すでにカナダで努力して実現していた（偉大なカナダ人を十人あげるとすると誰を選ぶかという、最近カナダで行なわれた世論調査によれば、興味深いことに最高位はトミー・ダグラスだった。ＣＣＦの最高責任者で、カナダの国民健康保険サービス制度――アメリカがおおいに恐れる社会化された恐怖の医療制度――の実現に、大きく寄与した人物である）。

旅費をできるだけ安くあげるために、夜行列車でニューヨークに戻ったが、アメリカとの国境についたところで、われわれは暗い列車の中でたたき起こされることとなった。見るとＦＢＩのエージェントたちだった。彼らは、われわれとＣＣＦとの会合に関して、こと細かに尋問をしてきた。会合計画は公表していたわけではないのだが、彼らは、どうやら会合に関する情報を、すでに十分得ているようだった。われわれは、尋問が続いたあげくにようやく帰宅を許された。

われわれは、このことに驚きもしなければ、それで怖いと思うこともなかった。ＦＢＩの監視を受けるのではないかという思いがずっとあっただけに、彼らがとうとうやってきて尋問したときには、むしろやや拍子抜けの感じだった。しかし振り返って驚くのは、何百人もの眠っている旅客の中からわれわれを選び出すことができたのは、それまでにどれほど膨大な仕事がなされていたかということだ。どれだけ多くの写真が秘密裏に撮影され、電話が盗聴され、手紙が事前開封されたことだろう。そうしたことがすべて、この上なく誠実な社会民主主義者の、百パーセント何の罪もない合法的な集まりを監視するために行なわれていたのだ。

フルタイムの政治活動

大学内での政治に関わって三年目になると、課外活動のＳＬＩＤの仕事が、フルタイムの仕事のようになり始めていた。四年目には、論文を書けば通常の授業には出なくてもすむ選択課程を取った。私は、ヴィシー政権がレオン・ブルムを裁いたリヨン裁判、またフランスの敗北を第三共和政のせいにし、さらに、広くフランスの民主主義者たちを貶めようとした政権による試みの失敗を、自分のテーマに選んだ。私は、自分も同じ考え方に立つ、試練を耐え抜いた人々に起こった事態に、強く引きつけられた。

しかしこの論文に取り組むだけだったので、私には、社会民主主義をアメリカに根付かせるための時間的な余裕がうまれた。夜遅くイェールの自室にこもっては、タイプライターをとめどなく打ちつづけ、全米各地の大学でうまく展開している数多くの事例を記録して、活動を鼓舞するニュースレター（会報）を作っていた。

ＳＬＩＤは目覚ましい拡大を見せつつあった。いまや組織数は全米で数百を数え、ますます活発かつ攻撃的に活動する地方支部が、相当な数にのぼった。たとえばウィスコンシン州では、そこのグループは、地元のアメリカ在郷軍人会が推し進める魔女狩りに反発し、在郷軍人会が他の組織に対しても同じように行なっている、グループの資金源や役員名を詳らかにせよという軍人会の要請を拒絶したのだった。これは、大学新聞の「デイリー・カーディナル」には戦闘的すぎるものと映った。彼らは、ＳＬＩＤは世間の注目を集めようとしているだけだ、ＳＬＩＤの目的には基幹産業の国有化ということが明記されている以上、ＳＬＩＤはそうした要請を拒否できる立場にはないはずだと主張した。

イェールでは、われわれの活動はさほど挑発的ではなかったし、もっと平凡なものであった。集会に集まる人の数はどんどん大きくなっていった。論議されるトピックは、国民健康保険の問題から、スミス法〔一九四〇年制定の治安立法的な外国人登録法〕による共産党員の犠牲者をどのようにして守るかまで、さまざまだった。後者の議論では、イェールの法学教授トーマス・エマソンに講演をしてもらったのだが、彼は、よそでは話を聞いてもらえないであろう進歩党の党員だった。共産党員の歴史家ハーバート・アプセカーでさえも、講演してもらおうと招いた。とはいえ、慎重に、彼のことを共産党のスポークスマン呼ばわりをしたうえでではあったが。

私はハンナ・アーレントやドワイト・マクドナルドといった、講演のメッセージが一般聴衆のレベルのはるか上を行っているような講師を招いた。マクドナルドは、イェールからヘンリー・ルースの帝国——彼の場合は『フォーチュン』誌——に入った成功者の典型例だった。入社するや、彼は必ずしも雑誌の路線に沿わない、目覚ましい記事を次々に書き、戦時中には、『ポリティックス』という小さな雑誌を創刊、圧倒的な戦争支持勢力を向こうに回して戦争反対の主張を展開し、たいへん有名になった。マクドナルドは、平和主義者のシモーヌ・ヴェイユらの本を出版していたが、アメリカによる日本への原爆投下を批判攻撃したために、ひどく悪く言われていた。

マクドナルドは一九三〇年代の、まだ学部学生だった頃以来、イェールには戻ったことがなく、当時の非常に苦い記憶しかもっていなかった。われわれが小さな左翼集団であることが分かると、彼はびっくりし、こちらからもそうだったが、会えたことを喜んでいた。その時の縁で、彼と私はその後生涯の友となるのだが、しかしこの議論好きで才気煥発の人物が、私よりも優に三十歳は年上であることを知るのは、ずっと後になってからで、マクドナルド生誕百年記念の「ニューヨーク・タイムズ」の賞賛記事を読んだときだった。

しかしSLIDは、国内問題に関しては少数意見を代表する存在であったとしても、そこでの外交政策に関する議論は、外交問題評議会〔『フォーリン・アフェアーズ』誌などを出す外交政策専門のシンクタンク〕の場においても、見当違いなものではなかったかもしれない（実際、そこでは同じような議論が行なわれていたであろう）。われわれの外交政策の講師には、ズビグネフ・ブレジンスキー〔ポーランド出身の政治学者。カーター政権時の国家安全保障問題担当大統領補佐官〕や、デイビッド・ダリン〔ソ連問題に詳しいロシア生まれの亡命知識人〕のような、冷戦の戦士も含まれていたし、われわれの議論は大学新聞などでも、賛同する立場から第一面での関心を集めるようになっていった。

ベトナム戦争に関するパネル・ディスカッションでは、まずフランス政府とベトナム政府を公的に代表する立場の人に講演を頼もうと考えた。しかし皮肉なことに、異なる意見を紹介しようとしてもしばしば、結果としてすでにCIAと関わっている人たち――われわれは知らなかったのだが――を招くことになってしまった。CIAが非常に手際よく、昔トロツキー派だった人や共産党の不満分子をオルグし、その連中がCIAの援助のもとにスターリンやその後継者たちとの戦いを喜んで続けていた、ということをわれわれが知るのは、後になってからのことだ。

しかしイェールでわれわれの活動は、ジョン・デューイ・ソサエティの集会への出席者が増加する以上に、はるかに広く受け入れられるようになっていた。徐々に大学全体で、われわれの存在は、マージナルで反体制的な活動というのではなく、大学生活のなかのあたりまえの一部とみなされるようになった。まちがいなくこれは、イェールの特殊事情というよりは、アメリカ社会の一般的な雪解けによるものだった。しかし、ジョン・デューイ・ソサエティが大学の知的生活に、ある価値を与えつつあったのも確かなことだ。冷戦支持の立場の講師を招いたしっかりした講演会の方が、より過激な立場の講師の場合よりも、はるかに数多く開かれた。学内新聞はわれわれの活動を丁寧に紹介してくれた。講堂に聴衆が集まらない心配をする必要はなくなり、仲間に加わりたいという学生の数がどんどん増えていった。

以前よりもずっと、われわれは、一人ひとりが大学の文化的・知的生活のなかに溶け込んでいった。私の友人や、ジョン・デューイ・ソサエティの中核的仲間の多くが、イェールの知的集いの場であるエリザベス・クラブの会員になった。そこには、右左の政治活動家や芸術愛好家、知性派の連中など、いろんな立場の者がお茶を飲みに集まっていた。誰もが、クラスやフラターニティ〔学寮式社交クラブ〕の狭い枠を超えて、違う立場の人間と出会い、語らうことを望んでいた。私は「イェール・デイリー・ニュース」紙の書評委員を引き受けた。もっとも、あの仲間意識の強いグループに属しているという意識を持つことは一度もなかったが。四年になったときには、イェールのエリート集団の一つであるオーレリアン・オナー・ソサエティのトップになるよう要請された。弁論大会ではいろんな賞（イェールの十九世紀的遺産の名残）を受賞し、そうした場での常連となった。

要するに、多くのイェール的な価値には反対であったものの、イェールでの大学生活を楽しむことができたのもたしかだった。そして最後は最優等で卒業し、卒業生総代として演説をするべく選ばれたのだった。何より重要なのは、スノー賞という「イェール大学に最も貢献した人物」に贈られる賞を受賞し、副賞としてもらえるありがたい数千ドルの賞金を母に渡せたことだった。その頃母は、ニューヨークでデザイナーの仕事をしていたが、稼ぎは非常に少なく、賞金は収入の数カ月分に相当するものだった。

ベルリン、ローマの国際集会

私の生活もまた、毎年二人だけ認められるケンブリッジ大学へのメロン・フェローシップをもらうことになった結果、変化することとなった。この奨学金は、ケンブリッジ大学を構成するもっとも古いカレッジのひとつであるクレア・カレッジに、イェールから留学したポール・メロンが、自分と同じ経験を他の者にもさせてやりたいということで、毎年出資してくれるものだった。また毎年二人の英国人がイェールに留学してくることになっていた。奨学金は、英国滞在中かなり贅沢に暮らせるほど気前のいいものだったが、私は家計への貢献を続けるべく、その後も夏の間は、ニューヨークで仕事を続けることにした。

イェールでの最後の年、私は英国に行くまでの間、ふたたび運動に専心することにした。大学が休みになると、東十九丁目にあるＬＩＤの事務所で、たくさんの報告書やパンフレットの謄写版印刷をするなどして過ごす時間が、どんどん長くなっていった。夏の間私は、ウォールストリートでの仕事を終日こなし、それから事務所に戻って、夜遅くまで働いた。エアコンなどが行きわたる前のことで、ＬＩＤの事務所は社会変革の中心どころか、文字通り汗みずくの劣悪な仕事場だった。気の毒にもジム・ファーマーには、パンフレットを次から次へと印刷する、いつ終わるともしれない長時間作業につきあわせることとなったが、これは私が出版の世界に足を踏み入れる、事実上最初の仕事だった。

この出版経験は楽しく、私はパンフレットの知名度を高めようと、必死に頑張った。『パブリッシャーズ・ウィークリー』や『ライブラリー・ジャーナル』などに働きかけて、本当の書籍と同じように、このパンフレットを出版目録に入れてもらった。主要な図書館には、最初の五号分はたった一ドルで提供する旨の、宣伝チラシを書き送ったりもした。パンフレットは、中には左翼内部の討論に何がしかの影響を与えたりするものもあったが、ＳＬＩＤにとってよりも、私にとって大きな意味をもつものとなった。

たしかにＳＬＩＤの問題関心は、主として国内問題にあったのだが、ＳＬＩＤが、ＦＢＩだけではなく他の組織の関心も惹き始めるようになったのは――かなり後になって分かったのだが――外交政策に対する姿勢のゆえであった。ＳＬＩＤは頑強に反共の姿勢を崩さなかったがゆえに、全国的に尊重されるようになり、公開討論会を開けば、振舞いも発言もしっかりしたまともな学生指導者を、大勢呼び集めることができたのだった。そうしたこともあって、マッカーシズムが退潮するにつれて、われわれの考え方はよりいっそう理解されるようになり、また好評を博するようになっていった。

ＳＬＩＤはついに、ＹＭＣＡからＳＤＡ（民主的行動のための学生連合）――リベラルな民主主義の立場に立つわれわれと似た組織――に至る、全国のさまざまな青年組織が連なる全米調整委員会に参加するよう招かれることとなった。この組織がどういう狙いでわれわれを迎え入れようとしたのかは定かでないが、招請はわれわれとしてもたいへん嬉しいものであり、それ以上問いただすことはなかった。私はＳＬＩＤの会長として、国際連合のすぐ隣にあるカーネギー基金ビルでの集会に招かれた。素晴らしい会議室での集会で、同僚も私も、聴衆がわれわれの話を聞こうと耳を傾けてくれているのを感じた。実際、他の組織の代表たちが大勢、ＳＬＩＤへの加入を決断してくれたし、国際会議に参加する代表を選出する際にも、われわれは高得票を獲得した。ニュースレターにはこうした成果を並べあげ、国内外でわれわれの役割が大きくなっていることを示した。

おそらく、ＳＬＩＤが政治的に比較的洗練されていたことや、弁が立ったこと、その混じりけのない理想主義、人間の顔をした反共の主張などが大きかったのであろう。しかし、ヨーロッパでの集会に出かける代表はわれわれだけではなく、その数はどんどん膨らんでいった。集会は建て前としては、世界中の若者たちが直面する社会的、政治的問題を論ずることになっていた。少なくとも集会の組織者たちから聞かされていたのは、そういうことだった。私が一九五六年に最初に出席した集会は、当時まだ破壊されたままの状態のベルリンで開かれた。見てびっくりしたのは、ベルリンではまだほとんど再建が進んでおらず、新しい建物の大半が、せいぜい二階建てでしかなかったことだった。

集会がいささか退屈だったので、仲間の数人と語らって、町じゅうを探索してみようという話になった。ベルリンの壁が築き上げられる前のことで、当時はまだ完全にどこにでも行くことができた。東ドイツの労働者が、その二、三年前の一九五三年に反乱を起こしていたので、われわれは、人々がどんなふうに感じているかを知ることができないものかと思ったのだ。高校で習ったドイツ語が役に立つときが来たと思った。われわれに話しかけてきた呆れるほど不器用な若い共産党員の若者たちから、東ベルリンに来てみないかと誘われたときには大喜びした。彼らの生活ぶりがどんなものか、ある程度知ることができると期待したのだ。だが、とんでもない。明らかに彼らは、アメリカの占領軍が駐留しているために交通事故が起きる危険性を、街を案内しながら指摘するよう指示を受けていたのだった。そうすることで彼らは、アメリカ軍部隊を撤退させるようアメリカ人のわれわれが働きかけなければならないと、われわれを説得できると考えているようだった。それだけのことを主張するように、明らかに命じられていたのだ。それ以外の会話は不可能だった。冷戦におけるイデオロギー戦で、東側の方がまちがいなく西側の上を行っているとは思えなかった。

翌年、ローマでNATO諸国の青年組織の会議が開かれたとき、仲間の社会主義者たちに、共通政策を案出する部会、いわば政策委員会をつくるようにとの期待がかかった。私には、フランス代表とアルジェリア代表の双方が、受け入れてくれそうな表現の仕方を考える任務がまわってきた。読み手に期待をもたせるようなニュースレターを、それまでにもいっぱい書いていたので、両者がともに受容可能であるような、曖昧かつ昂揚的な言い回しを探すのは難しいことではなかった。

ローマで気づいたことだが、実は仲間の「青年指導者」の一部に、年齢的に盛りを過ぎているように見える人たちが混じっていた。英国の代表は全員四十代で、中年紳士の身なりをしていた。ポルトガルの代表は、皆明らかに政府のお役人たちだった。しかしそうだからと言って、こちらが必要以上に悩んだりしたわけではなかった。私の理解するところ、要するに他の国々には、われわれのような、自由意思で運営されるさまざまな組織の多元的共存という偉大な伝統がなかったのだ。そのために他の国から来ている人たちは、しばしば恰幅がよく、かなり疲れ気味だった。それに対してわれわれは、まだ若造ではあったが、全国の若々しい、精力的に問題に取り組む青年たちを代表していた。後日まさにこの中から、いずれケネディ政権に参画する人々が出てくることになる。会期中、われわれは、アメリカでは怖がって何も発言しない世代が育っているという考えが誤っていることを、身をもって示したのだった。

ＣＩＡの工作活動に乗せられる

大学での最終学年である一九五七年に、私は、「青少年および学生のための支援基金」(Foundation for Youth and Student Affairs) という一見まともそうに見える、その手の集会への資金援助を行なっている組織から、〔モスクワで〕共産主義世界青年祭 (Communist World Youth Festival) が開かれるその期間に、ウィーンに行ってみるつもりはないかという打診を受けた。すでにアメリカは、大がかりな反共の代表団を送ることが決まっているという話だった。それなら私は、ウィーンに本部のある国際社会主義青年会議 (Socialist Youth International) で活動し、もっとも効果的だと思うあらゆる宣伝文書を、書いたり準備したりすればいいと思った。

しかし私は愚かにも、ヨーロッパの社会主義者は依然として植民地主義的思考に近すぎるから、効果的な働きはできないとする、「基金」の主張を認めてしまったのだった。われわれアメリカ人の方が、栄えある植民地解放の立場を代表しているというのだ。しかしわれわれの方が、より信頼に足る冷戦戦士なのだという話は、一つも出なかったし、私自身、そんなことはいっさい思いもしなかった。

百五十ドルの支払いが毎週、小切手でニューヨークの私の銀行口座に直接振り込まれてきた。そのため、後になって、誰がなぜ私に支払っていたのかをたどろうにも、記録のたどりようがなかった。その時には何の問題もなかったし、それはただ簡単で便利なことのように思われた。私は、アメリカの外交政策を擁護するまでになっていたグローリア・スタイネム〔ラディカル・フェミニズムの指導者、雑誌『ミズ』を創刊〕らが率いるアメリカ人の組織とは立場を異にし、植民地主義者ともソ連とも対立する社会主義の路線を守り通し、以前は厳しく拒絶したシャハトマン派の立場に、危険なまでに近いところにいた。私はポスターやパンフレットで、ソ連のハンガリー弾圧と同様、フランスによるアルジェリア戦争とベトナム戦争に反対の訴えをした。ヨーロッパの社会主義者の反応は鈍かったけれども、われわれは、第三世界の多くで植民地支配が依然として続いていることに抗議をした。十分な対応ができず、私は、バンドン会議に結集した国々――その中では、ネルーやチトー、ナセルといった中立的立場の人々が真の第三の道を作り出そうとしていた――を讃えるところまでは行かなかったが、それ以外の選択肢で、資本主義と共産主義に替わりうる政治的に可能性のありそうなものには、共感を覚えていた。

ウィーンは一九五七年には、まだ非常に貧しくわびしい町だった。その後のとても豊かなウィーンではなく、まさに映画『第三の男』のセットのような感じだった。私は、街の真ん中にある一軒の大きな屋敷の、雑然としてほこりっぽい薄暗い居宅に一人住まいする零落した老婦人から、なんの問題もなく一部屋を借りることができた。私は休む間もなく、国際社会主義青年同盟（International Union of Socialist Youth）とオーストリア社会党の仲間と任務をこなした。精いっぱい頑張って夜遅くまで仕事をし、社会主義の立場からどうすべきかを論じたパンフレットやポスターを、絶え間なく大量に作り続けたのだった。

こうしたパンフレット代として私に支給される小額の金は、いつも支払いが遅れ、しかもしばしば不十分なものだった。それが、「正式の」アメリカ代表——青年祭へのアメリカ代表団として派遣されたグループ——に湯水のごとく渡された現金と比べたら、雀の涙みたいなものでしかなかったと分かったのは、ずっと後のことだ。彼らが毎日出す新聞は、一貫してアメリカの外交政策を擁護するものだった。フランス版に至っては、殺害したアルジェリアの反乱軍兵士の数を、毎日自慢げに報じていた。私の努力は、こうした怒濤のような西欧寄りの宣伝工作に呑み込まれてしまった。

CIAの肝いりで催された国際会議（1957）.

イーヴリン・ウォーは『回想のブライズヘッド』の中で、「昔を振り返って、青春時代が純粋だったなどとごまかすことは簡単なことだ」と戒めているが、われわれは皆、根っから純粋だったのではないかと思う。われわれは言われたことを信じ、矛盾に頭を悩ませることはあっても、現に進行しつつある事柄については、一度も疑わなかった。

数年後、私は、われわれのウィーン「青年祭」への参画そのものが、CIAの詐欺的な工作活動によるものだったことを知った。彼らはフェスティバルでのわれわれのあらゆる共同事業に、資金を提供していたのだ。植民地主義を批判する私のポスターですらも。国際社会主義青年会議(Socialist Youth International) も、CIAの支払い名簿にのっていた。ウィーンにいたアメリカ人の若者は実在していたが、そうでない残りはいかさまだった。われわれが参加した、世界青年会議（World Assembly of Youth）といったような御大層な名前のついた国際組織は、ソ連が作りだした組織と戦うために作られたものだったのだ。われわれの組織は、ソ連の世界民主青年同盟（World Federation of Democratic Youth）に対抗するものであったし、その他の組織もソ連側の、学生や労働者、法曹関係者らへの働きかけを弱めるために作りだされたものであった。

実際、この国際大会に送り込まれてきた外国代表団は、そのほとんどが政府の役人で、その連中が青年指導者の仮面をかぶって出席していたのだ。だからわれわれは、ＣＩＡという店舗のショーウインドーに、理想の飾り付けを提供する、重要な役割を担うものだったというわけだ。われわれの見せかけの会議は、ソ連側の努力に対抗すべく利用されたものだっただろう。しかしもっと重要なことは、第三世界諸国出身の、真正の青年指導者を欺くものでもあったということである。アメリカの自由主義と反植民地主義的レトリックに魅せられた、それらの青年指導者たちが、だまされて次第にＣＩＡから金銭の支払いを受けるようになっていったということは、十分あり得ることだった。多くの場合こうした国々では、比較的簡単に学生リーダーから政府の大臣になることができるために、ＣＩＡは将来コネが利くようになる重要な人物を、簡単に集めたり育てたりできただろう。それは第三世界の候補者に限られるものではなかった。時が来て私は、多くの英国の組織が、またあらゆる政党の国会議員たちまでもが、同じようにＣＩＡの支払い名簿に名前が載っているのを知ることになる。われわれ西側代表団の、リベラルで社会主義的立場のメンバーは、情報活動の真の課題と、表に出てこない用務である買収工作とを覆い隠す、理想のイチジクの葉っぱだったのだ。

事情が呑み込めるようになるまでに、長い時間を要した。私は、アメリカ政府と結びついているかと思われる、いくつかの保守的な組織の仕事をしてみないかと、誘いを受けたことがあった。そのとき私は憤然と拒絶したのだが、後になってついに、ウィーンでの私の仕事が、同じCIAの財布から支払われていたことを発見したのだった。たしかにわれわれは、ソ連を批判するためにウィーンに行ったのだが、それはソ連の青年組織が政府にコントロールされていたからであり、ソ連社会では多元主義――五〇年代アメリカの聖なる言葉だった――の可能性が、端《はな》から排除されていたからだった。ところが、われわれ自身が賢さに欠けていて、実際の姿よりもはるかにアメリカが多元性に富む社会であることを印象づけようとして、自分たちの政府がわれわれを利用するのを理解できなかったのだ。国連でケネディのキューバ侵攻を隠蔽したアドレイ・スティーブンソン同様、われわれは完全に誠実であったがゆえに、はるかにうまい嘘つきだったのだ。

われわれよりも年配の人や偉い人たちが大勢、同じような手口で、当時CIAに利用されていた。CIAからの資金が出ていた雑誌『エンカウンター』の編集長だった、スティーブン・スペンダーの声明を読んだときは驚きだった。それは、彼らもまた騙されていたという主張だった。信じられない話だった。わが敬愛するノーマン・トーマスでさえも、ハンガリー革命のときに、分かっていてCIAと手を組み、ハンガリー社会党の指導者たちをアメリカに連れてこようとしていたCIAと、共同していたというのだ。イェールでわれわれは、ハンガリー社会党の指導者アンナ・キスレーがソ連による抑圧を非難するのを聞こうとして、広いウルジー講堂を埋め尽くす抗議集会を組織していた。

CIAが左翼やその他の勢力を利用した汚ない話が、一九六〇年代になって、ラディカルな『ランパーツ』誌にそっくり紹介されることになる。その後私が出版した、イギリスの映画制作者フランシス・ストーナー・ソーンダースの『文化冷戦』という本では、微に入り細を穿ち詳しく経緯が明らかにされている。暴露記事の最初のひとつが掲載されたのは、一九六七年三月四日の『ニュー・リパブリック』誌で、その報じるところでは、「一見独立しているかに見える前線組織の背後で、CIAは金銭で大量の情報を入手してきた。ヨーロッパの社会主義者たちを、CIAの〝安全な〟世界的な学生組織に加盟させようとして、おとりとして利用したのが、社会主義ではあるが反共産主義のアメリカ人の小組織、SLID（学生産業民主主義連盟）だった。CIAの資金で作られた青年協議会（Young Adult Council）が、社会主義者たちに、協議会に参加するよう招請すると、SLIDは、現実に政治的突破口を開くことができると考えて、参加することにしたのだ。それ以後、CIAは〝自由な〟アメリカ人社会主義者たちも、事業の一翼を担っていることを示して、ヨーロッパの社会主義者たちに、なぜ情報局が財政支援する世界的な学生組織に加わらないのかと、働きかけることができるようになった」ということだった。しかし実際には、これはケーキの上に薄くまぶす単なる砂糖ごろもにすぎなかった。

『ニュー・リパブリック』誌の指摘によれば、まさに同じ時にCIAは、その基本路線を強力に推し進め、合衆国の影響から逃れて自立しようとする西半球の諸国家に対して、政府転覆の陰謀をめぐらしていたというのだ。たとえばガイアナの独立派の左翼チェディ・ジェーガンに対抗するストライキに対して、資金援助をしていた。それにストライキだけではなかった。『ニュー・リパブリック』が報じたところでは、CIA資金で活動する「政府の建物を爆破した」テロリストグループが、「ジョージタウン港で商船を爆破し、一般市民を襲った。ゼネストが失敗した場合にジョージタウンを支配下におさめるべく、爆発物、銃、弾薬が、六百人の私兵に大量に配られた」。それは言うならば、グァテマラで成功し、中央アメリカのどこででも実行されるであろう、昔ながらのよくあるパターンだった。ごく最近では、ハイチでジャン゠ベルトラン・アリスティードの首をすげ替えようとしてうまく行った例や、うまくいかなかったベネズエラのウーゴ・チャベス政権転覆工作に見られるところである。

あらゆるこうした展開からみて、どんなに間接的な形とはいえ、われわれが政府の外交政策に対して行なった協力は、われわれが国内で及ぼしたかもしれないいかなる害悪よりも、罪が重いと結論づけてまちがいないだろう。外交政策に関して、第二次世界大戦以後、政府への広範な、国をあげての支持がゆらぎ始めるのは、ベトナム戦争がかなり進行してからのことである。わずかに行なわれていた政治的論争といえば、圧倒的に国内問題をめぐってのものであった。そこでは、「東西雪解け」の進行が、大きな影響を及ぼしていた。一九五七年六月にイェールを卒業する頃には、五〇年代初期の恐怖に満ちた雰囲気はほとんど消えていた。われわれの、あるいはその他の左翼組織に加わりたいという人の数は、どんどん増えていった。ずっと沈黙してきた大勢順応の人たちが、姿勢を変え始めていた。

しかし生じつつあった大きな変化は、われわれとはほとんど無関係で、われわれが何の役にも立ちえなかったところで起きていた。一九五五年、モントゴメリーでのバスボイコット事件に端を発した公民権運動が、社会を席巻する変革運動となりつつあった。それまでにもトルーマンが、軍隊での人種差別撤廃を推し進めるうえで一定の重要な役割を果たしていたし、アイゼンハワーでさえもが、たとえしぶしぶであれ、リトル・ロックの学校で差別撤廃に立ちあがった学生たちの安全を護るべく、合衆国の陸軍部隊を派遣せざるを得なくなっていた。歴史がわれわれの手を離れて動き出し、われわれがそれまで可能だと思っていたよりも、ずっと早く物事が動き始めていた。

理念の変質とＳＤＳの創設

イェール大学を卒業するとすぐに私は、メロン・フェローシップによる二年間の生活を始めるべく、イギリスに渡った。アメリカで大学生として政治に関わるのをやめるときが来ていた。しかし、英国にいればより簡単に国際会議に顔を出しつづけることができるだろうし、ついにフェビアン協会への加入がかない、労働党がどうなっているのかを直接目にすることができるだろう。とはいえ、英国へ移ってしまうと、それまでの四年間の活動と切れてしまうことは明らかだった。

ＳＬＩＤに新しく参加してくる若者たちは、頭がよく、人を惹きつけるものをもっていたが、われわれの世代にとっては重要な関心事だった同じ問題に、もはや興味を示すことはなかった。政府に基本的な経済政策を変えさせたり、産業を国有化するといったことはもちろん、福祉国家の拡大といったことさえもが、彼らからするともはや実現不可能なことに思われた。たしかに、産業民主主義を「労働者管理」とか「参加民主主義」とかと言い直して装いを新たにすることも、可能ではあっただろう。しかし誰ひとりとして、労働者が実際に工場を運営できるとは思っていなかったし、ギルド社会主義という名前すら、聞いたことがなくなっていた。

　ＳＬＩＤのイメージを一新するときのように思われた。それで私は、一九五七年に新しい名称をいくつも思いついて、仲間のメンバーに選んでもらおうと、それらの案をハガキに書いて送った。だんぜん人気のあったのが、ＳＤＳ「民主社会のための学生連合」であった。ＳＤＳに新しく入ってきて、その後主導権を握ることになる若者たち――トム・ヘイドンらであり、アル〔アラン〕・ヘイバーらの仲間――は、われわれよりもずっとプラグマティックで、ポピュリスト的だった。また彼らの大半がアメリカ生まれで――ほとんどが移民の出ではなかった――ユダヤ人はごく稀でしかなかった。〔ラディカルといっても〕彼らはより土着アメリカ的であり、アメリカの歴史の中から出てきた、より伝統的で自生型のラディカルであった。私からすると、彼らの政治的立場はより主流派的で、より保守的なものに思えた。

　同様に重要なことだが、大学において状況がそれ以上に急速に変わりつつあった。ＳＤＳの中ですぐにわれわれの後を継いだのは、われわれと考え方をまったく異にする連中だった。ほとんどの場合、こうした新しい指導者たちは、全米学生協会（ＮＳＡ）のように学内政治の中から出てきた者たちだった。はじめ彼らの政治姿勢は、私にはより保守的で、よりアメリカ的なものに思われたが、彼らとすれば、われわれの狭い古臭い手法は捨ててしまおうと意識していたはずだ。彼らの関心は、彼らを同時代の多くの人々と結びつける、より一般的な学内問題にあった。彼らは、いっさい、われわれのようにフェビアン主義に共感を示すこともなければ、社会工学に熱狂することもなかった。彼らの理解では、われわれが抱くような期待は馬鹿げたものだった。大連立などありえないし、組合や大衆からの助力など、期待できないというものだった。しかしその後の展開のなかで、彼らもまた、われわれが期待できそうもないと思っていたところに、新しい仲間を見出すこととなる。

その意味で、トム・ヘイドンの回想を読むとよいだろう。ヘイドンは先輩連中のことなどほとんど眼中になく、SLIDのことを、「三〇年代に活動が盛んだったが、マッカーシズムの時代に下火になった」組織のひとつであり、……メンバーは、「ユダヤ人、移民、ニューヨーク出身という背景を持つ学生にかなり限られていた」と、どこかある種侮蔑的な書き方をしている（Hayden, *Reunion*, Random House, 1988, pp. 29 – 30.）。ヘイドンは、アル・ヘイバーとともに一九六〇年に、「SDSと名称変更をして」新しい組織を立ち上げようと思った、というのだが、彼はわれわれがすでに三年ほど前に具体化させていたこと、またSDSがすでに目覚ましい全国展開をするに至っていたことについては、まったく知らなかったのだ。

しかしヘイドンは、何か新しいことをしようと思っていた点ではまちがっていない。ニューヨークのしょぼくれた移民とは違って、ヘイドンは、後に陽光あふれるカリフォルニアの州議会議員に選出され、そこで長年活躍することとなる。（もちろんジェーン・フォンダとの結婚もそうだが）われわれの誰も、そんなことが可能になるなどと思ってもいなかっただろう。ヘイドンもまた後日、自身の移民としてのルーツを知り、自分の住むロサンゼルスでの活動にとどまらず、アイルランドで戦っている若者たちと精神的共闘をするようになる。最近、私は彼に、そのことをめぐって〔私の創設した〕ニュープレスで本を書くように勧めたところだ。

これに加えて、新しいタイプの文化的異議申し立てがはじまった。ジャック・ケルアックの小説『路上』が出版されると、ビート・ジェネレーションとして知られるようになる動きが、大学のキャンパスや全国の主要都市に新しく誕生したコーヒーハウスで、盛んにもてはやされるようになる。五〇年代の社会全体における、またセックスに関わる画一的な価値観に対して、疑義が呈されるようになったのだ（もっともケルアック自身は、自らのバイセクシュアル性を認めようとはしなかった）。活気のないアイゼンハワー時代の後に、ビート族の若者たちは魅力的で刺激的だった。だが、彼らに政治的に危険なところはなかった。雑誌『ライフ』がまっさきに彼らを称えたが、それは私には、どれほどたいとも簡単に、また早々に彼らが主流文化に取り込まれるかを、認識させるものだった。

一九五七年のＳＤＳ会長としての最後の演説で、私は『ライフ』誌の記事をテーマとして選んで、いかに簡単にアメリカ社会が異議申し立てそのものを吸収し、その活力を奪ってしまいかねないかを論じた（後にトム・フランクが、広告業界が六〇年代のスローガンをどうやって宣伝用のお題目に変えたかを論じた著書『広告の中の革命』（*The Conquest of Cool*, The University of Chiago Press, 1997）のなかで、同様のことを記述している）。私が恐れたのは、新世代左翼に見られる保守性が、甘い言葉にのせられてエスタブリッシュメントと一体になることで、昔からの社会主義者が抱いてきた社会変革への希望が、完全に潰えてしまうことだった。

いずれにしろ、ビート族が登場したにもかかわらず、五〇年代が終わろうとするときになっても、依然アイゼンハワー時代の社会認識が非常に多くの人に共有されていた。アメリカは繁栄していて、終戦後賃金は着実に上昇してきており、また最低水準の仕事からほどほどにいい仕事につく黒人の数がどんどん増加しているというものだ。新旧を問わず、左翼の出る幕はほとんどないようであった。イギリス、そしてヨーロッパが、アメリカとは違った世界の姿を見せてくれることに期待をするしかなかった。

第5章　遥かなるケンブリッジの日々

われわれの手本

イェール大学の学部学生だったころ、英国の古くから誉れ高いオックスフォード大学とケンブリッジ大学は、特別の語調で（思い入れたっぷりに）語られるのが常だった。隔絶した辺境の地にあるピューリタンの居留地にとって、両者は神の王国の象徴だった。物理的にも精神的にも、われわれが手本とした地上の楽園だった。神が人間を自らの姿に似せてつくったと知ることで、神の顕現を思い浮かべようとしたように、われわれは、自分たちの大学を見ることで、ケンブリッジやオックスフォードとはどんなところだろうと想像し、本物の大学の姿を思い描くことができたのだった。

二、三年おきに大学の代表団が聖なる地へ巡礼しては、大学制度や個人指導についての過去の遺産を、押し戴いて持ち帰ってきた。五百年来つづく、なだらかな起伏のキャンパスの、芝生に関する小話などをちりばめながら、演説がなされ、報告書が書かれ、その後、大学図書館を拡張しようとか、選択コースを認めようといった、大学のさまざまな決定がなされた。

一九五七年にイェールを離れたときのことで言えば、大学で使う食器や用箋に使われるようになった大学の紋章をめぐって、たいへんな関心が集まっていたのを思い出す。学寮の入り口ごとに、飾りとしてその大きな紋章を設置することはすでに決まっていたが、数年後にニューヘイブンに戻ってみると、こうした盾形の紋章はすでに大学生活の一部となっていた。時を経て風雪にさらされ、金メッキが剝がれてくすんだ色となり、見事な造りの壮麗な英国御本家のそれに、ずっと近いものになっていた。

これだけ時間が経ってみると、そのまま思い出すことは難しいのだが、四年生のときに、ケンブリッジ大学への交換フェローとして奨学金をもらえると知ったとき、どんなに驚き恐懼し、胸はずむ思いがしたことか。クレア奨学金では、ケンブリッジのクレア・カレッジから二人が選ばれてイェールに来ていて、そのうちの一人は常に、私のいた学寮のバークレー・カレッジに住むことになっていた。そういうわけで時間の経過とともに私は、このおそろしく快活で陽気な連中と知り合いになったのだが、彼らはほとんどが、特に勉学に関心があるというよりは、好奇心旺盛に、精力的にアメリカでの生活がどんなものかを知ろうと努めていた。彼らが他の者と目立って違ったのは、暮らしのペースがゆったりしていて、大胆にも自分たちの部屋に電熱器を持ち込んで、二十四時間いつでもインスタント・コーヒーを飲めるようにしていた点だった（この手の器具の使用は大学の規則で厳しく禁じられていたし、特任の監督が定期的に見回っては摘発していたのだが、いずれにしろ彼らは、おそらく禁制品を置きっぱなしにするその大胆さゆえに、一度も罰せられることはなかった)。

その連中と知りあい、何と言ってもケンブリッジのいろんな写真は年来見ていたわけだから、何をどうしたらよいのか、少しは頭に入っていてもよさそうなものだったが、ケンブリッジがどんな世界か、私にはこれっぽっちも思い浮かばなかった。ミルトンが有益な楽園のイメージを提示できなかったのと同じで、それまでの推量や思い描いてきたイメージは、役に立たなかった。イェールのスターリング中央図書館に駆け込んで、ケンブリッジに関する写真集やスポーツの歴史、大学が出している学寮の歴史など、蔵書を片っ端からあたっていった。ヴァージニア・ウルフの、ケンブリッジを背景とする小説『ジェイコブの部屋』も読んだし、ケンブリッジの学生新聞にも目を通してみたが、役に立つものは何もなかった。

結局、自分が暮らしていく上で必要な、実際上のこまごましたことを知るのはあきらめることにした。イェールの人だがほとんど面識のない、すでにケンブリッジで生活をしている人に手紙を出したところ、シーツ（ただし毛布は不要）と最低限の電気器具を持ってくるようにと教えてくれた。寒いこと、現地の人がよそよそしいこと、自分がおそらく歴史の勉強を続けることになるだろう、ということが分かった。しかし、分かったのはそれだけだった。

母シモーヌを一人残すのはもちろん心配だったが、翌年の夏には金を稼ぐために、また母と一緒に過ごすために、帰ってくるつもりだった。かくて一九五七年の夏、私は、八年前にリバティ船で経験したのよりもほんのちょっとだけ贅沢な、キュナード社の古い定期船モーリタニア号で、大西洋を渡ったのだった。見送りに来てくれたイェールの友人たちに交じって、母の姿もそこにあった。

クレア・カレッジの贅沢な部屋

ロンドンに着くと、翌日はケンブリッジ行きの列車に乗るために朝早く起きた。無駄な時間を過ごしたくない気分で、ロンドン観光のために午前の時間を割く気すら起きなかった。リバプール・ストリート駅に早く着いたので、しばらく外に立って、道行く人々を眺めていた。しばらく見ていると、行き交うどの人もどの人も、あまりに同じ格好をしているので、おかしくなって急に噴き出してしまった。続々と通り過ぎる若者たちはみな山高帽をかぶり、袋に収めた雨傘を手にしていた。若い女性はみな小ざっぱりした仕事着姿だった。白一色で、ニューヨークでみられる多彩な色どりは一切なく、今日の多文化社会ロンドンとは大違いだった。

ロンドンをもっと知りたいという思いも強かったが、私は、ケンブリッジに何日かでも早く着いて、新しい大学や環境に早く溶け込むようにすべきだという気がしていた。自分が周りの人から極端に後れていて、必死で追いつかなければと思いこんでいる、事情のわからない新入生の気分だった。何に追いつくのかが分かっていたわけではないのだが。しかし無駄にする時間、もちろん朝から観光をしている時間などなかった。

列車がケンブリッジに着くまでの時間の、なんと長かったことか。到着までの所要時間は、ちょうどニューヨークからニューヘイヴンまでと同じ、一時間十七分だった。ケンブリッジの駅は一見したところ、どこにでもある小さな町の駅のようだった。ケンブリッジ駅は、当初ケンブリッジの当局が町の神聖性を損なう線路は一本しか認めないとしたために、プラットホームがイギリスでいちばん長いということを、後になって知った。タクシーに乗ると、通り沿いには、駅の近くにある第一次世界大戦記念碑以外、歴史的なものなど何もなく、間もなく着いたところには、人気のない「現代建築の」建物が立ち並んでいた。一九二〇年代に建てられたものだった。片側には、スタンフォードの大学図書館であるフーヴァー研究所にどことなく似た、巨大な工場みたいな高層建築が建っていた。反対側は大きな四階建の灰色石づくりの、中庭を囲むようにして作られた方形の建物で、イェール大学を見慣れた目には、典型的な中西部の大学に、よりふさわしいようなものだった。私はあえて、タクシーの運転手にとんでもない場所違いではないかと聞くことはしなかった。たしかにそこはクレア・カレッジだった。第一次大戦後に、古くからあるクレアの大学棟（オールド・コート）から少し離れた、カム川の川向こうに建てられたメモリアル・コートだった。

用務員詰所に行くと、年配の雑役係の人が出迎えてくれた。見た目は、警察官上がりのイェールの学内巡回員とよく似ていたが、はるかに腰が低かった。それに、確かに私の部屋はいつでも使えるようになっていた。私は少し早く着きすぎたのだが（大学全体の中で私がたった一人だったに違いない）、他の人たちもじきに到着することになっていた。歓迎挨拶の手紙やら、指示書、案内書などをいっぱい渡されるものと思っていたら、受け取ったのは部屋の鍵と部屋の使い方の説明だけだった。分かったのは、自分が入れられたところが、建物の中でもっとも近代的なところだということだった。大学の当局が、感動的な気遣いで、ラテン系、アメリカ人、西インド出身者、アフリカ人、アジア人を皆、セントラル・ヒーティングのきく一角に入れることにしたのだった（もちろんセントラル・ヒーティングは、当時の英国では珍しかった。建物の外の方がおそらくましで暖かったのかもしれないと推測するが、それまでの部屋自体がほとんど暖まらないほど壁の奥深くに設置されたラジエーターに替えるべく、建築家による配管が施されていた)。

自分の部屋が、実際いくつもあるのには圧倒されてしまった。自分だけで使える居間には椅子が、すぐに数えると、なんと七脚もあり、寝室も個室だった。そのほかにキッチンと、(浴槽もある)トイレ付き洗面所が共用で使えるようになっていた。イェールでは、最後の二年ほどは非常に運がよくて一人部屋が当たったが、木製の椅子が最大でも二脚あてがわれただけだった。ケンブリッジの豪華さ、贅沢さは信じられないものだった。布張りの座り心地のいい椅子もあって、私の好みではなかったものの、内装はちょっとしたホテル並みだった。当時はフェスティバル・モダン、すなわち五〇年代英国調の時代で、上流人士の部屋の飾り文字からフェスティバル・ホールのデザインに至るまで、洗練されて慎み深く、また分をわきまえたものだった。ロンドン大空襲を耐え抜いたのだからちょっぴり贅沢してもいいのでは、と思っている英国民の英国民らしさが表われていた。

徐々に気づいたのだが、そうしたことはすべて、非常に入念に計画されたものであった。キッチンがそこにあったのは、自分たちの食事を料理できるようにするため(学寮でいつも堂々と出される、信じられないほどお粗末な食事を食べたくなければ、すぐそうすることになるのだが)ではなく、自分たちで朝食を作ってゲストをもてなす(簡単な炒め物程度は許されていた)ことができるようにするためだった。たしかにイェールでの電熱器禁止も、またよく考えられた措置だった。朝食が出るのは八時二十五分まで。だから八時二十三分までに起きないと、外で高い料金を払って食べなければならないことを、皆知っていた。イェールではこの経済的鞭を使って、然るべき時間に皆が起きるように仕向けていたのだ。

これに対してクレアでは、学寮で朝食を摂らずに、バターや牛乳、包装しないままのイングリッシュ・ブレッド（食パン）を、自分の部屋に配達してもらうことを当然のこととして認め、積極的に人生を楽しむよう奨励していた。同様に、椅子が何脚もあるのは、いつでもゲストをお茶やコーヒー、飲み物で迎えられるようにするためだったし、簡単に食パンやクランペット〔パンケーキの一種〕を焼けるようにと、うれしいセントラル・ヒーティングに加えて、電熱器までもが備え付けられていた。

若者たちの時間

最初の二、三週間が終わる頃になって、状況が呑み込めてきた。物の本にあるような由緒ある英国的な広大な敷地のひとつに建つ、いささか時代錯誤的な二つ星ホテルを思いがけず見つけたりした。客はそうした雰囲気にかなりぴったりの人たちだった。信じられないほど愛想がよかった。そもそも、新しい人に会うつもりでもなければ、行楽地に行く必要などないということなのだろう。傲然としているどころか、お互いにばったり出会うと、コーヒー、紅茶、シェリー酒、食後の飲み物を一緒にいかがと誘い合ったり（飲み物は、学寮が教会の地下礼拝室におあつらえ向きに設けたバーで買い求めることができた）、あるいは、食事のときにはビールやリンゴ酒を、同じ杯から仲よく一緒に飲んだりした。学寮は生ぬるい水を出すだけなので、自ずとそうした酒を買い求めるようになっていた。客たちは皆、国からの奨学金を得て来ている人(九割がそうだった)でも、人を招待したり、お返しに招いたりするだけの金銭的余裕のある人たちだった。

そのホテルではさまざまな、多彩な催しが用意されていた。設備の面ではイェールに及ばなかったかもしれない。バークレーだと、素晴らしい図書館や音楽室の他にもビリヤード室などがあった。しかしクレアはそうした不足を、すばらしい運動計画で補っていた。確かめえた限りでは、利用客は毎日、午後になるとゲームを楽しみ、泥まみれになりながら疲れてティータイムに戻ってくると、そこでお茶を存分に楽しんで、明らかに癒されるのだ。

夕暮れ時の学寮が、どの部屋にも真っ赤になった電熱ヒーターの周りに濡れたユニフォームが干され、お茶やトーストにかぶりつく若者たちの幸せな顔があって華やいでいたのを、私は今でも覚えている。この夕方の一時は、一日の中でも大切な時間だった。大奮闘の後の必要な休憩時間であり、不十分な夕食があまり気にならないですむよう、ここで胃袋が満たされたのだ。夕食の後のコーヒーは、驚くほど(イェールでは経験したことのないほど)たくさん用意された、夜の課外活動が始まる前の時間を埋めるものだった。大学図書館は、あれこれ読みたい本があっても、配慮して夕食前の時間には閉館されていた(図書館内にもティールームはあったのだが)。そうやって夜が過ぎてゆき、そして誰もが十二時よりもずっと早くに就寝していた。

ある夜、何人かのアメリカ人と一緒に、学生新聞の特集号を明け方まで準備していると、定期的に学監(学寮の中に住み込んでいる教員)や用務員、学生たちが、大丈夫だろうか、無謀なことをして健康を害するのではないかと、様子を見に現われるのだった。イェールでは、徹夜は誰もがやるごくあたりまえのことで、いまでも、ケンブリッジから来ていた友人の一人が、昨晩徹夜せざるをえなかったんだと目をはらして、哀れなさまでこぼしていたのを覚えている。

これで分かるように、このスケジュール通りにやっていくと、ほとんど自由な時間は残らなかった。朝食と昼食の間に少しだけ時間があったが、それも、そこに十一時のコーヒー・ブレイクが入っていた。その時間になると、ケンブリッジのどの喫茶店もレストランも、学生でごった返していた（街なかのホテルには、大勢の人が参加する午後のお茶の時間にあわせて、ダンスの集いを組んでいるところもあった。午前のコーヒー・ブレイクにも組まれているのか、だれが出ているのかまでは調べなかったが）。

じっくり計画を立て、またいい自転車があれば、望めば一日に二コマ、たぶん三コマまでは講義を取れたことだろう。講義は、午後に予定されている試合を妨げないように、午前中に按配よく組まれていた。もっとも科学者の友人によれば、実験によっては午後にもしなければならないとのことだった。講義に出席するかどうかはまったく自由だったし、当然、入ったばかりの学生や年度の始めの方が、ずっと出席率がいいのはあたりまえのことだった。

にもかかわらず、この学部の授業で求められる水準はきわめて高かったし、講師陣には、ケンブリッジを有名たらしめている世界的に著名な学者が何人もいた（私の専門分野で言えば、イェールの学部と大学院を併せたよりも、はるかに大勢のヨーロッパ史研究者がいた）。講義に出席するだけでなく、学生は二週間に一度、決められたテーマをめぐって短い論文をあらかじめ書いておき、そのうえで一時間議論をしながら、教師の「直接指導」を受けることになっていた。

イェールで私は、すでにBA（文学士号）を取っていたものの、博士課程に登録する気はなかった。もともと私が受けたスカラシップの目的は、学部レベルでの大学生活を過ごさせるものだった。それで私は、アメリカ人留学生のための、二年間の特別カリキュラムに登録したのだが、それは交換留学でイェールに来る英国人の学生がとる授業よりも、はるかに密度の濃いものだった。それは、アメリカの大学のMA（修士号）に相当する資格が得られるものだった。希望しさえすれば、試験を受ける科目を中心に、どの講義も聞くことができた。私は、二週間に三つの「直接指導」――実質的に、五日ごとに小論文を書いては議論の準備をすることを意味した――を受けることにした。このとき私は、自分がついに、イェールがいつも見習おうとしてきた、ケンブリッジ大学のカリキュラムの核心、その教授陣、そして驚異的な「直接指導」システムを目の当りに経験するのだと実感した。

自分流の勉強法を通す

二、三カ月もしないうちに、私は途方に暮れることとなった。私が受ける「直接指導」のトピックは、五日間ではほとんど歯が立たない途方もなく大きな問題で、ましてやそれについて小論文をまとめることなど、できない話だった。マルクスとヘーゲルの疎外論、フランス革命の経済的原因、イギリスの第一次選挙法改正（一八三二年）の影響について、書かなければいけない期限の二週間めがついに来てしまった。私は立ち往生し、それ以上続けるのをやめてしまった。イェール時代の、本の拾い読みや講義のまる写しよりもひどいことになったのだ。

大学のやり方そのものが、ひどく混乱しているように思われた。講義には忠実に出席していたが、イェールでの講義よりもけっしていいとは思えなかった。「直接指導」も、同じように期待はずれだった。割り当てられる学寮のフェローのなかで、こちらの期待に応えてくれそうな人と出会える見込みはあまりなかった。非常にいい人だが、お互いに相手の時間を無駄にしていると感じることもしばしばだった。ときに「直接指導」が、学部を出たばかりの大学院の学生に委ねられることもあった（あるときなど、土曜日の朝そうした院生の一人の部屋を訪ねたところ、なまめかしいブルネットの女性がパジャマの上から緋色の部屋着をはおって出てきて、丁寧に、「直接指導」を受けにいらっしゃったの、と言って迎えられたことがあった）。

基本的な問題はカリキュラムにあった。私にとって二週間が決定的だったことから分かるように、学生は三年間、猛烈な早さで広い範囲にわたって、ぱっぱっと課題を処理していかなければならなかった。まちがいなく、それは不幸なことだった。マルクスではなく、イギリスの政治哲学者T・H・グリーンについて学ぶのであれば、四日でできたかもしれない。それ以外にも課題がいくつも、しょっちゅう割り当てられたために、指導教官（あるいはフェローの院生）が、どの本を読むかではなく、どの論文を読んだらいいか教えてくれることもあった。しかしこの手のことは皆インチキで、大学が行なうべきことではなかった。

ともかく私は、そうしたことのためにケンブリッジに来たわけではなかったので、その旨を指導教官に申し入れた。私はそもそもすでに学位をとっていたので、MAを取る必要もなかった。カリキュラムから外れて、自分のペースで本を読み、自分のやるべき課題のために、好きなように時間を使いたかったのだ。誰もが賛成してくれて、私は、自分のやりたいことを好きにやれるようになった。

新しく自分の自由が得られるようになったとき、季節も春を迎えた。そのうち私は、時間をかけてイギリスの選挙法改正を調べても、自分のやりたいことにあまり繫がってこないことに気づいた。天気の素晴らしさといったらなかった。ケンブリッジの冬が終わって春になり、陽気がリヴィエラのように暖かく柔らぐとは、思ってもみなかった。クレア・カレッジの見事な庭園には花々が咲きそろい、私は友人たちと、午前中は日向ぼっこと読書をして過ごした。ピクニック籠に入れた食べ物と、瓶詰めの甘いリンゴジュースがあれば、ティータイムが迫るのを忘れるほどだった。ケンブリッジ周辺の田園は当時、驚くほど手つかずの自然のままで、散策するのにもってこいだった。それは、午後の時間を使って探索してみようと思い立ったとしても、どこまでも郊外の道路が続くだけのニューヘイヴンとは、すべてが対照的だった。

そうこうするうちに、あれこれやるべき行動がはっきりしてきた。土曜日の朝はかなり早く起きだして、週一回開かれるタウン・マーケット（朝市）で、古書の露店を見ておかなければと思った。学寮の食事を摂らなくなるにつれて、徐々に私は、家事についても意識するようになっていった。アメリカ人の友人たちと、どうしたら限られた予算の中で壊血病にならずにすむか、どういう注意をしたらよいか、食事に関するやり取りをしたものだ。オレンジは絶対手が出ないほど高かったが、グレープフルーツはそこそこの値段だった。季節にはベルギー産のエンダイブが、決まりきった食事ではいっさい摂れない新鮮な青物野菜の不足を補ってくれた。

私は一カ月間の春休みを、イタリアで過ごした。フィレンツェとローマを初めて訪ね、イタリアの信じ難い魅力と美しさを発見した。ケンブリッジに戻ってみると、大半の学生は実家に帰り、一カ月の間、必死で詰め込み勉強をしていた。ケンブリッジの一学年は二十六週で、イェールより二カ月も短かった。ほとんどの学生が奨学金をもらっていたから、休み中に仕事をする必要もなく、勉強に打ち込むことができたのだ。実家は、ケンブリッジに比べれば明らかに退屈で、他にやることもあまりなかっただろう。

初年度の終わりには、自分自身の、きわめて快適な暮らしのスタイルができあがっていた。他の学寮の学生にも会うようになり、数人の指導教官とも個人的に親しくなった。自分がもっていた冷戦観は、すぐに入会した労働党クラブの他のメンバーから胡散くさい目で見られたが、私はそれを甘んじて受けとめた。イェールでは時間を取れなかったのだが、腰を据えて大量の本を読んだ。家に、あまり楽しくもない手紙を書く時間が短くなり、学部でのいろんな論文を書き上げるのに要する時間が長くなっていった。ケンブリッジの流儀を十分理解したわけではなかったが、その頃になると、居心地悪く感じる部外者的な感覚はなくなっていた。人は人で、私は私なりにやるべきことがあった。二年目になって、自分なりにケンブリッジがどういうところかが分かるようになっていった。

優雅な生活に別れをつげて

私はその夏、仕事をするためにアメリカに戻らなければならず、ニュー・アメリカン・ライブラリー社（NAL）で夏季アルバイトをした。私が初めて出版の仕事をした、ペーパーバック専門の出版社だ。それでニューヨークから戻ると、ケンブリッジが二倍も魅力的に見えた。最終年次だったこともあり、私は、四年生全員に強い親近感を覚えた。振り返って思い出すのは、一年間だけ客員として来ていたアメリカ人の歴史学者が、最後に打ち明けた次の言葉だ。「たしかにある種の学問がここで行なわれているのはまちがいないけれど、それがどんなものか分かったところで何だというのだ」。明らかに、一年では不十分だった。仲間の多くは滞在が一年だけということで来ており、早々と諦めて、自分の部屋に引きこもってしまっていた。

私はクレアで二年目を迎える他のアメリカ人との結束を強めた。普通なら党派的行動には眉をしかめる学寮当局だが、われわれがひたすら生存のための動物的本能からそうした行動に出ていることを、理解したに違いない。二年目には選択権を行使して皆で、セントラル・ヒーティングはないけれども、〔オールド・コートの〕古くからある素晴らしい建物に移ることにした。そしてペリー提督がきっとそうしたであろうように、冬に備えて準備を始めたのだった（ある時、ガス暖房の熱が寝室まで全然来なくなったときに、石油ストーブの使用を認めてほしいと頼み込んだのだが、結局、学寮の木造の内装が火事で全焼しかねないという、非常にもっともな理由で許可されなかった。大学の事務官から「石油ストーブは凄いね。室温を四十度台まですぐに上げてくれるからね」と聞いていたので、ほんの短期間だけ、これで居心地がよくなるかもしれないと期待したときもあったのだが)。

寒さを別にすれば、ケンブリッジでの生活は実に優雅だった。われわれの広い部屋からはクレア・カレッジの中庭を見渡すことができたし、カム川やキングズ教会とともに、キングズ・カレッジも裏側から望むことができた。まるで宮廷に暮らしている感じだった。われわれのピューリタン的残滓は、跡形なく失せてしまった。朝起きると、ゆっくり朝食を摂って「ガーディアン」紙を読み、十時より早い時間の講義は一切取らず、昼食は簡単な軽いものを部屋に戻って摂るか、時にはどこかのパブですませた。外に出られない真夜中にも、自分たちでココアを飲めるよう、また卵を料理して食べられるよう、たくさんストックしておいた（ほとんどの学部の学生がやるように塀をよじのぼって外に出たところで、ケンブリッジではいかなる場合も、夜十一時にはほとんどのドアが閉められてしまうために、夜の遅い時間にはどうしようもなかった）。

夜間に外出する必要はきわめて限られていて、生活は絶望的なまでに修道院的なものとなった。たしかに学内には三つの女子学寮があったが、そこの住人はといえば大半が近寄りがたい人たちだった。ケンブリッジは私が離れた後、しばらくして、デザイナーのマリー・クワントとミニスカートで一躍ファッションの中心になるのだが、われわれがいた頃は、かわいらしい女の子などほとんどいなかった。一握りだけいた可愛い子は、明らかに最初の週から、その後とどまることのない色恋にはまっていった。可愛い裕福な外国人女子に英語を教えていると称する学校がたくさんあったが、そういう所に行ったところで、自分たちにはあまり可能性があるようには思えなかった。たとえスウェーデン語やオランダ語を上手に喋れたところで、基準の緩いケンブリッジのどこかの学寮になんとか入りおおせた、アラブの小首長やイタリア人の亡くなった準男爵などの跡取り息子が乗り回す、ジャガーやMGのスポーツカーなどからくすくす笑う声が聞こえてくるような女の子を、惹きつけることはできなかった。そうした付き合いを求めてもかなわないことが分かってしまえば、競争に加わることはなかったし、付き合いを求めるのであれば、ケンブリッジではごく並の女の子と付き合う以外になかった。

実際のところ、われわれは新しい問題に直面していた。生活があまりにも心地よかったのだ。あらゆることがあまりにも快適すぎて、われわれはそうしたことを楽しみ続けることができなくなってしまったのだ。ミルトンの失楽園におけるアダムとイヴ同様、終日花の下でのんびり横になり、ほかに何もしないでいることもできたであろう。しかしわれわれは、ピューリタン的傾向があまりにも強かった。大きな缶入りのネスカフェをもう一缶買わなければいけない頃だったが、その週になってわれわれは、一日に平均するとコーヒーを十杯、来客に出していることに気づいた。「テルミドールの反動」〔フランス革命が反動に転じる契機となったクーデター〕ともいうべき大きな揺り戻しの時期が来ていた。われわれは部屋のドアを閉ざし、大勢の来客に対して、これからは終日お客を迎え入れないことを宣言した。完全に自由に好き放題にできるがゆえにかえって何もできない最初の状態を、脱し始めていた。

それからというもの、たまの気晴らしは別として、私は本気になって読書にいそしみ始めた。生まれて初めて私は、百パーセント自分の自由な意思で、自分のやりたいことを始めた。成績評価はいっさい関係なかった。自分の思い通りにすればよく、誰かにお金を出してもらえるかどうか、気をもむこともなかった。私は、イェールで行なわれていることがいかに賃労働的で、なんとアメリカ的な努力や報酬のパターンに収まっていることかと思った。イェールでは、私は労働者みたいなものだった。報酬が実際にお金で支払われるという意味ではなく、象徴的な意味でだが。ケンブリッジでは、自分がしたいからということで、したいことをしていればそれでよかった。

『グランタ』の編集者になる

私の一日は、前もってスケジュールを決めておいて、それに沿って運ぶというものではなかった。「直接指導」に備える必要があると思えば、その準備をした。ずっと読まなければと思いながら先延ばしにしていた本を、次々に読んでいった。それまでにすっかり慣れ親しんでいた思想信条である、フェビアン社会主義の根本をなす政治論文はもちろんだが、むしろイギリスの古典小説をたくさん読みあさった。読んでみたくなるような新しい本が出ると必ず読んだし、自分で読むと、他の人にも読むべきだと強く勧め、「指導教官」とも議論をしたりした。当時はイギリスにおける知的大熱狂の時代で、われわれは皆、リチャード・ホガート〔マスコミ・大衆文化分析の先駆者〕やレイモンド・ウィリアムズ〔マルクス主義的立場の批評家・小説家〕の新しい理論、あるいはオックスフォード大学を起点にした刺激的な雑誌『大学と左翼評論』（*Universities and left Review*）や、その後身である『新左翼評論』(*New Left Review*)の寄稿者たちの、新しい理論に席巻されてしまった。ずっと後になってからではあるが、私はこの時の経験が、知識人としての生き方を築き上げるうえで、いかに大きな意味を持つものだったかが分かった。われわれは皆自由だったし、時間があった。指導教官たちも、われわれの議論の輪に加われないほど自分たちの研究や出版に忙しいわけではなかったので、そこに顔を出していた。

最初の年が終わる頃、私は、ケンブリッジから出ている第一級の雑誌『グランタ』の編集責任者にならないかという誘いを受けた。この仕事を任せると言われたのは、アメリカ人としては初めてのことだった。わくわくする思いだった。私はイギリス人の友人二人のほか、アメリカ人の仲間にも二人、参加を要請した。一九五八年の夏、私はニューヨークで仕事をしながらではあったが、さまざまな細かい計画を練り、数限りなく手紙を書き、NALでの時間を使って、毎号の『グランタ』をどうするか計画を立てた。九月にケンブリッジに戻る頃までには、明確なプランができていた。毎号、ある決まったテーマ、たとえばメディア論であるとか、ユートピア論、あるいは新しい小説論などを扱うことにした。

『グランタ』誌はすでに百年以上続いてきた雑誌で、十分な量の安定した広告が確保されていたので、一千部ほどの毎月の印刷代を気にする必要はなかった。いま思い出すのは、いちばん大きな広告がRAF(英国空軍)への入隊勧誘広告で、それ以外は教員組合や国有化された石炭産業委員会などからのごく少数の、それもずっと地味な広告だったことだ。

しかしながら書き手について言えば、地元の人材に不足することはほとんどなかった。マーガレット・ドラブル〔小説家・評論家〕やマイケル・フレイン〔小説家・劇作家・翻訳家〕など、『グランタ』が送り出した大勢の著者は、その後文壇で重要な存在になっていった。ジャーナリストで言えばデイヴィッド・フロスト〔ジャーナリスト、テレビのショー番組司会者。名インタビュワーとしても知られる〕であり、デイヴィッド・リーチ〔「サンデー・タイムズ」で活躍した有名記者・作家〕、ブライアン・ラッピング〔テレビ・ラジオのドキュメンタリー番組制作者〕などがそうだった（イギリスのメディアが長期にわたって変化しはじめたときで、その最初の段階にどんどん若い人たちが起用されていった。いつまでそうした変化が続くのか、また大衆紙がいかにひどいものになるかなど、予想もつかないことだった。「デイリー・ミラー」紙のようなタブロイド新聞が、実際にニュースをしっかりカバーしていたし、まだルパート・マードックが登場しない時代にあって、ジャーナリズムは誉れ高い職業だった）。

政治に関与する人たちもいた。その中には個別指導役のチューターも大勢含まれており、私は彼らと対等の立場で、労働党の政策について議論し合うことができた。彼らは、政治的立場がいまや非常に明確になった雑誌に、よろこんで寄稿しようと言ってくれた。建築批評家のレイナー・バンハム、社会学者のロビン・モリス、経済学者のリチャード・レイヤードといった人たちから、どの全国紙に載せてもいいような原稿をもらうことができた。現に、われわれの雑誌を毎号謹呈していた本格的雑誌から、転載させてほしいという依頼を受けることもあった。ジョナサン・スペンスのE・M・フォースター論は、『ニュー・リパブリック』誌のカバーストーリーになった。スペンスが中国研究を一生の仕事にしようと決断する、はるか以前のことである。失敗といえば、アフリカに関する特集号の編集を、理想主義的に学内少数派のアフリカ人学生に委ねたことだった。このときは、たいして驚くことではないが、イギリス連邦の他の地域の出身者はもとより、アイルランド出身者すらほとんどいないケンブリッジでは、まったく注目を集めることがなかった。

すべて対等の関係で

われわれの作業は、議論するのも、批判するのも、訂正を求めるのも、すべて対等の関係で行なわれた。書き手と読者は、たんに階層化された異質な要素としてではなく、緊密につながりあいながら共同社会を形成するものであると理解されていた。ケンブリッジは階級意識の強いところではあるが、ここにはここだけの同質性があった。教授連も、たんに学部の学生たちが何を考えているのかをしっかり理解するために雑誌を読むというのではなく、実際に面白がって読んでいた。それはチューターたちのなかに、大学内での演劇や政治、あるいはそれ以外の側面に深くかかわる人たちがいたのも同じだった。ケンブリッジでは全体に、こうした活動に対する関心が高かった。国民レベルでも一般にそうだった。ロンドンの批評家たちが芝居を見にやってきたり、国会議員がわれわれの記事に言及したりした。重要なのはわれわれみんなが頑張って、成果が生まれたことだった。おそらくそれこそが、まさに大学の大学たるゆえんだった。

教授陣との関係の核には、伝統的な意味でのアカデミックな関係をはるかに超えるものがあった。二年次の途中で、私は「直接指導」のあり方がいかに変わりうるものかを実感していた。私は教授陣についての知識を十分に得ていたので、誰と一緒に学んだらいいか、そうするために誰の許可を得たらよいかがわかるようになっていた。彼らは私よりもはるかに事情がよく分かっていて、積極的に、正規のカリキュラムを受けずにすむようにしてくれた。おかげで私は、最終試験の一、二カ月前に集中して取り組むことで、受けそこなっていたものを補い、なおかつ誰もがほしがる「最高位の」成績評価を得ることができた。

「直接指導」システムは柔軟に、こちらが望んでいたような対応をしてくれるものになっていた。二週間ごとに、自分が読み終えたばかりの書物をめぐって議論をし、ガイダンスがあり、反論を述べあい、さらなる読書指導があり、まさに字義通りの共感的「直接指導」が行なわれた。あの年私は、アメリカで学部時代を通して学んだよりも、あるいは大学院で学んだであろうよりも、はるかに多くのことを学ぶことができた。

チューターたちとのつきあいも、彼らがこちらの関心事に関与するにとどまらなくなっていた。われわれの方が、彼らの生活に引き入れられていったのだ。もはや「直接指導」の終わりに、形式的にシェリー酒が一杯出されるというようなことではなくなっていた。チューターの方から、一日の仕事が終わったころ、あるいは夜の寮内チューターの仕事がうまくいかなかったりすると、深夜突然に私の部屋に立ち寄っては、思っていることを何でも話していくようになっていた。最新の学内の争いごと、大学の評議員会で決まった措置を受けられるかどうか、教授グループによる問題提起に対する労働党の反応、その年の大学への応募者のレベルが高いか低いか等々。

われわれが籍を置いていた学寮のクレア・カレッジでは、ちょうど新しい学寮長を選任したばかりで、それに伴う変化で活気づいていた。新しい学寮群制度がスタートし、一年生の学力水準が劇的に高まり、学内の雰囲気もずっと洗練されたものになりつつあった。バーバラ・ヘップワース〔現代英国の代表的彫刻家・造形芸術家〕の作品が学寮内の園庭に設置され、大学サッカーチームの連中がどんなに酒に酔っても、そうした雰囲気に水を差すようなことはなくなっていった。クレア・カレッジは、それまでスポーツでは有名でも、知的水準では高い評価を得ていなかったが、徐々に変化してゆき、その後ケンブリッジのなかでも、学問的に一番レベルの高い中心のひとつとなる。

われわれアメリカ人が例外だったのだろうか。先生たちもわれわれがよそ者だということで、より自由につきあえて、おそらく話しやすく、まちがいなくシェリー酒をより楽しむことができたから、やってきたのだろうか。そうしたことを問うのは、今初めてのことである。なぜなら、それはあたりまえのことだったからだ。それに当時は、そんな疑問など思ってもみなかった。同じような議論は、大学中で行なわれていたのだ。

学生たちが先生たちの家を訪ね、先生たちが逆に学生を訪ねていた。それはイェールでは考えられないことだった。夕食も昼食も例外ではなく、例外的な先生方の心のこもった努力があり、そしてチャプレン〔大学所属の聖職者〕や教授の家でのオープンハウスが、時々行なわれていた。いや、これは自然な共同社会における普通の社会生活だった。教師同士はもちろん、教師と学生の間でも自然に仲間意識が形成されていた。私がケンブリッジ時代以来つきあっている古くからのよき友人の中では、おそらく同世代の友人よりもチューターだった人の方が多いはずである。

これは、大学で制度化されていた公的な関係を考えるとき、それだけ際立ったことであった。われわれ学生はあくまでも被保護者の立場だった。教員たちは親代わりとして、その立場をきまじめに受け止めていた。今でも覚えているのは、あるチューターから聞いた、学生が目に入ったごみを取ってほしいと言ってきて、真夜中に起こされた話だ。実際彼はそれを取ってやったし、それで文句を言うこともなかったというのだ。ケンブリッジの町の外に出るとき、あるいは時に外泊する際には、チューターの許可をもらわなければならなかった。親しくなってはいたものの私のチューターも、いちど私の外泊日数が、決められた日数をオーバーしていたために、学期が終わった後も居残るよう指示しなければならなかった。

皮肉なことに、あたりまえの人間的なきずなが、大学を束ねるとされていた伝統的な古いきずなにとってかわっていた。見回してみると、中世的な内規ずくめだった。講義や「直接指導」、あるいは公の行事には、すべてガウンを着用しなければならなかった。それは、おかしな学生が暴れたり街中で大騒ぎをしたりしても、大学の職員が簡単に見分けられるようにという理由でそうなったものらしい。かつては階級による格好の違いで、当局者からすれば外の人が騒いでいるのか中の人が騒いでいるのか、たいがい十分見分けがついたということだったのだろうが、われわれの場合ほとんどの人が、心中ではそうした倫理規定令の残滓を楽しんでいたのではないかと思う。学寮の門限は、おそらく学生に部屋にこもって勉強すべしということを示すべく、深夜十二時となっていたが、パブも地下鉄も、またそれ以外のすべてが十二時よりもかなり早く閉まってしまう国であってみれば、こうした規則自体が無用のもののように見えた。

われわれはもちろんこうした規則について、それらに抵触した時にも達観していたわけではなく、うるさく文句をつけたものだった。学部の学生はもはや子どもではなかったし、出身はかなり裕福な家の出であった。毎年チューターが二人、街なかを見回り、学部学生にガウンを着用するよう指導する必要などなかったはずだ（チューターにとっては、ガウンは嫌で本当はパーティドレスを着たいと思っている女子学生に、声をかける絶好のチャンスだったにせよ）。図書館は、役に立たない図書館で、女性メイドのサービスなどは、大学が金をかける必要のないものだった（われわれの部屋一つに対して、二人のメイドと、重労働をこなす男性が一人いた）。イェールでよりも利用できる新刊書の数ははるかに少なく、サービスといったところで、ほとんど利用できないくらい早い時間に閉まってしまっていた。

ケンブリッジには、こうした昔ながらのばかばかしいところがたくさんあった。われわれはほとんどその影響を受けることはなかったのだが、不満を口にすると、言うことは聞いてもらえた（私が覚えているのは、イェールで大学当局が、大学行政の方針をめぐる学部学生からの質問を回避し、運動選手への奨学金や宗教による入学者数の割当などといった微妙な問題について聞かれると、真っ青な顔でごまかしていたことだ）。ケンブリッジでは、現在の状況がどうなっているかを問いただす、その権利についてとやかく言われることはなかった。われわれはよそ者だったし、こちらの提案はしばしば馬鹿げたものに見えたに違いない。しかしわれわれは、ほかでもない、まさにこの共同体の一員であり、その一員としてのしかるべき権利が認められていた。

それはさておき、意見を聞いてくれた多くの人たちがわれわれの言っていることに、けっこう同意してくれていたのではないかと思う。一つひとつの規制が時代錯誤的だった。オックスフォードとケンブリッジのすべてが、なにがしかそうだった。そうであるからこそ、大学は神聖なところになり、英国流のおかしなところもしっかり守られることになったのだ。部分的に改革しようとすると、全体の構造を変えてしまうことになりかねなかった。ヴェルサイユ宮殿では、異常なことだが、多額の費用をかけて修復されたばかりの金箔の壁紙を、監視人が夜通し見張っていなければならないという話を、案内人から聞いたことがある。張り替える前の壁紙が一カ所が破れてしまったところ、一日のうちに全部剝がれてしまったという話だった。ケンブリッジも、そうした金箔貼りの飾り棚にすぎなかった。ヴェルサイユの話とまったく同じように、簡単に崩れ落ちてしまいかねないものだった。

懐かしいケンブリッジ

一九五九年の夏、私はケンブリッジを後にしたが、早晩変化が起こるであろうことを感じていた。ケンブリッジとオックスフォードは、要するに他の諸大学を犠牲にすることで存続していた。全国でいちばんできのいい学生を、大学進学を認められた比較的少数の若者の中から、不公平な割合で多く入学させてきたのだ。議会は古くからある大学には資金をどんどんつぎ込んできたが、それ以外のところに対する支出といえば、それまではほんとうにけちくさいものでしかなかった。そういうなかで、ようやく新しい大学構想が芽生えつつあった。世論は変化を望んでいたのだ。私の知っ

ケンブリッジ大学で修士号を取得（1960年代初頭）．寮で同室のリチャード・グッダーと．グッダーはその後，終生ケンブリッジ大学で教鞭を執りつづけた．

ているケンブリッジは、明らかに脅威にさらされていた。

しかしそうした最初の嵐も過ぎ去る。大学キャンパスが新しくたくさん作られ、しばらくの間はその中から、サセックス大学のように、オックスブリッジと呼ばれるオックスフォード大学やケンブリッジ大学の向こうを張る魅力ある大学も出てきた。しかしそれも真の脅威とはならなかった。ケンブリッジがどんな影響を被ったかをいくら調べても、たいしたことはなかった。

その後何年も、私は仕事の関係で毎年イギリスに足を運ぶことになるが、旅の最後には必ずケンブリッジに行って、昔の友人やチューター、チューターになろうと残っていた学生連中を訪ねることにしていた。列車が、あの果てしなく長いプラットホームに近づくと、そのたびに最初に到着した時の興奮が思い出された。そして数日、ケンブリッジの変わらぬ静けさと美しさに浸った。たしかに学部の学生は、毎年若くなっているように思えたが、そのことは一度も気にならなかった。

ケンブリッジは、町も学寮も庭園もほとんど変わらず、昔のままだった。同世代の連中もまったく変わりがなかった。昔感じた、違った所に来たのだという感覚が蘇り、ほとんど忘れてしまっていたあの頃の生活のペースが懐かしく感じられた。ケンブリッジは一種の国家的保存地区、卒業生だけではなく大勢の人に関係の深い歴史的遺産となっていた。そのため何千人もの人々が、週末になると車で押しかけてくるのは理解できない話ではなかったが、私は一度も旅行者気分になることはなかった。ロンドンに行くと、小規模ながらそうした学問の府の静謐《せいひつ》さを再現しようとする場所が、あちらこちらに点在している。フリート・ストリートからすぐのところにある法曹学院に行くと、そこに突然、ケンブリッジと同じように静穏な空間が開けてくる。裕福な卒業生たちが、ロンドンの真ん中にある有名なオールバニー・アパートメントに、自分たちだけのオックスブリッジふう中庭を作りたがったというのも、もっともな話だと思う。

ケンブリッジに行くのは、外部世界に悪い影響をおよぼす最強のウィルスに備える、一種の予防接種みたいなものだった。学生にとっては卒業した後、現実を受け止めるのが容易でないことはよく知られていた。ケンブリッジでの最後の数カ月、学生たちはこれから起こることに身を固くして、早くからノスタルジアに浸っていた。私はニューヨークに戻ると、その年の秋からコロンビア大学で大学院生活を始めたのだが、落差の大きさは信じられないほどだった。コロンビアには不安と厳しい雰囲気が充満していた。教授連は、学生とは接触しないという姿勢だった。キャンパスにはまさに階級闘争の雰囲気が漂っていて、最終的には一九六〇年代に紛争というかたちで爆発することになる、肌身で感じられるほど強い緊張感があった。私はその時すでに、大学とはいかなるものとしてあるのか、またそれがいかに学生や教師、あるいは教科というものを超越したものであるかを理解していた。

英国では大学への投資が――クレア・カレッジの庭園をほんの数日彩る新鮮な花々にいたるまで――いかに価値あるものかが理解されており、国は喜んでオックスブリッジに高額の資金を提供し続けるであろうと思われた。オックスブリッジは、あらゆる国会議員が高く評価する価値観を代表するものであったし、二つの政党は、そこに常に、彼らが深く信じているなにものかを見出してきた。

ケンブリッジ大学は大学なりのやり方で、保守党と労働党の双方に、将来の指導者を育てる環境――お互いに相手の同意なしには実現しえないことを経験する、そうした機会を提供する場――を用意してきた。社会において平等主義が徐々に広まる中、オックスフォードとケンブリッジはともに、各界の今日的、将来的な指導者を養成する、国家的支援を受けた学校としての役割を果たしてきた。本当の意味で高貴、かつ物理的な意味でも恵まれた環境で、学生たちは、彼らを大学の外で待ち受けている産業界の狂ったようなテンポを受容することに抗うかのように、ゆったりしたペースで教育を受けた。理科系も文科系も、男も女も、金持ちも貧乏人も、各世代でまさに最良の学生がお互いに知り合い、指導層としての同質的な基盤を形成することになるのだ。金持ち層の子弟も、親がどんなに大金を出そうとも購いようのない、お金に換えられない教育を受けるだろう。貧困層の子弟は、あそこで教育を受けることで、いかなる生活水準をよしとするかの判断基準を得ることだろう。それは、それまでの生育環境を脱するうえで、私などが思いつくいかなる経験よりも、はるかに大きな影響を及ぼしたはずだ。

ここでも相対的には社会主義者が得をしたものは少なかったのだが、それでも得たものは大きかったった。現代産業資本主義の悪しき影響をまったく受けない大学教育を受け、あるいは損得勘定や生産性、論文を書き続けなければポストを得られない「業績ノルマ主義」などとは無縁の、社会的志向を吸収したはずだ。私が在籍していた頃のイェールのように、学生が学生クリーニング店を経営すべく限りない時間を費やすなどという話は、ケンブリッジでは笑い話にもならない異常なことだった。学生新聞などの編集で何千ドルも稼ぐ学生が、大学が提供する他のいかなる機会もほとんど利用することがない、という話も同じだった。

イェールでは、奨学金をもらっている者は誰でも、最初の年は皿洗い、その後はさまざまな別の仕事をしながら、毎週十四時間は大学で働くことになっていた。まちがいなく、大学はそうすることで経費の節約をはかったわけだが、それより何より重要なことは、ピューリタン的教義への服従ということだった。労働するのは当然であり、それによって貧困という不名誉が相殺されるという発想だった。なかでも重視されたのが、学生のうちに、何事もただで手に入るわけではないことを、学ばなければならないということだった。もちろん実際には、イェールの学生は何でも楽々と手に入る特権層だったのだが、何事もただで手に入るものではないというタテマエが、神話として生きていた。イェール時代、私は、自分の食いぶちはなんとか自分の手で稼がなければならない、自分には借りがあって、それを返すべく頑張らなければならないと感じていた。

真の大学とは

それに対してケンブリッジ流の考え方の核心は、すべて対価なしにどれだけたくさんのことを吸収できるかというところにあった。あの贅沢――物理的な環境だけではなく、人と違った生き方を許容し、またそれまで自分がまったく経験したこともないような生き方を学ぶことを大切にする姿勢を含めて――は、実際に購おうとしても、とてもできるものではなかった。何にも拘束されない自由な時間が大事だということに初めて気づかされると、あらゆる問いのなかで最も根源的な、「なぜ働くのか」という問いにぶつかることになる。学生の部屋に椅子が二脚以上、いやそれどころか七脚あってもおかしくないのと同様に、その疑問は、ケンブリッジに行くまでは思ってもみないことだった。もちろん、イェールにも安楽なものがなかったわけではない。フラタニティには古い革張りソファーが置かれて、心地良さそうな雰囲気を醸し出していたし、さまざまな秘密結社には、他では味わえない隠微な満足感が満ちあふれているとのことだった。それは、売春宿が厳格なプロテスタント教会と共存しうるのと同じようなものだった。

そこがケンブリッジのもう一つのポイントで、ケンブリッジでは個は統合された存在としてあった。思ってもみなかったことだが、ケンブリッジでは、自分の生き方が分裂しているとか、疎外されているなどと感じる必要はなかった。仕事は拘束されることのない時間のなかから生まれ、規律もまた自由のなかから生まれた。ヘーゲルのへんてこなパラドクスが、まさに自分の目の前で、現実のものとして繰り広げられている観があった。

　教える側も学ぶ側も、ともにそうだった。はじめて私は、信条のいかんを問わず、独立不羈《ふき》の、ただ自由であるからこそ強い発信力をもつ知識人がいることを知り、彼らと交わるようになった。経済学者であれ批評家であれ歴史学者であれ、皆いちように学問の競争市場から自由であった。皆同じように、何ものにも左右されることのない収入を得て暮らしていた。交付金や基金、あるいは政府に依存する必要はなかった。教授たちは、政府に対しても従属することなく助言をすることができた。彼らは、忠誠度をチェックされたり宣誓させられる心配なしに、あるいはランド研究所（軍事戦略をはじめさまざまな研究課題を扱う、米国最大のシンクタンク）やCIA（中央情報局）で何を言われるかなどまったく気にすることなく、議論をし、相手を言いくるめることもできれば、反対意見を述べることもできた。彼らのいる象牙の塔は、避難所ではなく砦みたいなものだった。

　ケンブリッジのチューターたちは、大学を離れてタンガニーカの憲法を起草することもできた（どこかの国際研究所にではなく、タンガニーカという国に尽くすわけだ）。ギアナの発展計画や、ガーナの税制改革案を立案することもできた。計画がうまく行くこともあれば、そうは行かない場合もあろう。政府と組むこともあれば、反対勢力等々と組むこともあるだろう。彼らは自由だった。彼らは大学全体の共通の利害として、自分たちが、学問的な意味での最強の反対論者とも、緊密に結びついていることを理解していた。たんに彼らが、大学のポストを長期の権利として確保していただけではなく、彼らの属している世界そのものが、長期にわたって特別の権利を保証されていたのだ。

かくて私はケンブリッジで、真の多元主義とは何を問うものなのか――自由な人間がどうやって生きられるのか、またどうやって人と異なる生き方や考え方を具体的に実現できるのか――ということを、最後に教わったのだった。イェールに在籍した最後の年に、大学は社会の小宇宙であるべきかどうかをめぐって、学部学生、教授陣を巻き込んで大激論が交わされた。小宇宙であるべきだとして肯定する意見が大多数であった。年を追うごとに毎年、アメリカの大学はアメリカ社会そのものの似姿になり、社会全体の価値観をそのまま体現するとともに、社会が必要とする中核的人材を養成しつづけてきた。

少なくとも一九六〇年代には、学生たちは自分たちの権利が奪われ、自分たちが行っている大学が、大学のいかんを問わず本当の大学ではないことに気づいて、バークレーを手始めに相次いで反乱を起こした。彼らの本能は健全だった。だがイェールの例で分かるように、本ものでないことが分かったからといって、本ものを発見できるとは限らない。真の大学とは、われわれが築きあげようとしてきたものとは異なるものなのだ。一度そのことに気づけば、あとは簡単に分かるはずだ。本当の大学には物事をひっくり返す力、突き崩す力があり、そうしたものを抱えることは危ないことかもしれない。それればかりではなく、場合によっては非常に高くつくことになるだろう。しかし、誰ひとり本当の自由の価値を知らない社会を作り上げることは、それよりもはるかに大きな危険、大きな犠牲をもたらすことになるのだ。

第6章　出版の新しい可能性を求めて

離れがたいケンブリッジ

ケンブリッジでの体験にもとづいて私が想定したことは、その後ほとんどがそうならなかった。オックスブリッジ、すなわちオックスフォードとケンブリッジの両大学共同体を中心とする学問世界は、マーガレット・サッチャーとトニー・ブレアの二人がかりの積極的働きかけによって、完全に変質させられてしまうことになったのだ。しかしそれについては、後ほど述べることにしよう。いろんな意味で私は、ケンブリッジでの経験によって自分が変わったと感じていた。そこには完璧に居心地のいい、知的、社会的な環境があった。イエールにいたときのように、自分を周辺的な存在だと思うこともなかったし、ことさら論争的である必要もなかった。私はすっかり英国好きになり、イギリスは私の第二の故郷となった。

そこには、第一の避難所が危なくなったとき、それに変わるところを必要とする亡命者の不安心理（子どものとき私は、折りたたみ式の自転車が必要だと感じた）も働いていたかもしれない。マッカーシー時代の経験から、私たちの多くが、アメリカにおける自分たちの将来は確かなものではないと感じていた。イギリスの知的世界で重要な一角を占めた大古典学者モーゼズ・フィンリーもその一人だが、オックスフォードやケンブリッジの著名な教授たちをはじめ大勢の学者や映画人らが、実際にイギリスで安全な場所を見出していた。

知的な意味でケンブリッジは私に、かつて経験したことのない自由を与え、期待した以上にはるかに多くのことを教えてくれた。指導教官である歴史家のジャック・ギャラガーと共に、トクヴィルのフランス革命論を何度も読み返し、ケンブリッジ滞在中に、これで本の読み方を習得したという実感を得たことを思い出す。それ以前は、何が書かれているかを知るために、あるいは宿題をこなすために読書をしていたが、著者が何を意図して書いたのか、そしてどういう問題提起をしたのかを理解できるようになってきていた。書物を新しい文脈で捉えられるようになり、その本が書かれた時点でどういう読まれ方をしたのかが、わかるようになったと感じた。言うなれば、本を歴史家的な視点で読み始めていたのだ。

社会的な交わりの中で、私はケンブリッジで、終生緊密な関係を維持することになる友人グループを得た。信じられないほど簡単に人に会うことができたし、イギリス人たちはこれ以上ないほど友好的だった。友人たちは最初の数週間、私が同じ問題関心を持つ人たちに会えるよう、いくつも会を開いてくれた。ケンブリッジには英国全土から、いつも選りすぐりの学生が集まっていた。マーク・トウェインの至言通り、「卵は全部一つのかごに入れて、そのかご全体を注意して見なさい」ということだった。

一九五〇年代後半、ケンブリッジには、その後まもなく英国の知的・文化的生活に大きな衝撃を与えることになる、輝かしい若い世代が集まっていた。『ビヨンド・ザ・フリンジ』(*Beyond the Fringe*)や『セカンド・シティ』(*The Second City*)といったレヴュー(風刺劇)で、イギリス流ウイットの新しいスタイルを生み出そうとしている、非常に滑稽な若い役者たちのグループがあって、そこにはジョナサン・ミラーもいればピーター・クックも、エレナー・ブロンやジョン・バードなどもいた。私は、後日、出版することになるミラーやマイケル・フレインをはじめ、これから羽ばたこうとしているそうした連中と、何人も親しくなった。

私はまた、アポッスルズ(使徒)というディスカッション・グループに入らないかと誘われていた。後に、その中から有名な美術史家アンソニー・ブラントのような、ソ連のスパイが大勢輩出したことで評判が悪くなった集まりである。もともとは非常に秘密結社的な限られたメンバーだけの集まりだったのだが、グループは何十年もの間、ケンブリッジの知的世界の中心的な位置を占める存在だった。私が加入する頃には、ずっと開かれたものになっていた。とはいえ、キングズ・カレッジの大教室で開かれる、E・M・フォースターによる土曜日夜の集まりは、自慢してはならないものとされていた。フォースター自身は、顔を出すときもあれば出さない時もあったが、出られないときはシェリー酒を一本差し入れるのが常だった。

私が後に、その多くの著書を出版することになる歴史家のエリック・ホブズボームに会ったのも、ノーベル経済学賞を受賞することになるアマルティア・センに会ったのも、この場でのことだった。

一年に一回、ロンドンで夕食会が開かれることになっていて、レナード・ウルフ〔ブルームズベリー・グループの作家・出版人。ヴァージニア・ウルフの夫〕のような古参の会員も顔を見せていた。同じ場に居合わせることで私たちは、自分たちがウルフやフォースター、そして彼らの同輩会員たちが体現する初期のブルームズベリー文化と、繫がっていることを感じていた。

私は自分がイギリス文化の最高の地点、いささか田舎っぽいイェールに比して、はるかに目もくらむような場所にいることを実感していた。オックスブリッジは、まさにイギリスの知的世界への架け橋であり、そこを起点に英国の出版界やアカデミズムに入り込むのはむずかしいことではなかっただろう。実際、大学を離れる以前からすでにそういう話が舞い込んできて、ケンブリッジにそのまま残って、週刊の『ケンブリッジ・レビュー』誌の編集を引き受けないかと誘われたこともあった。ニューヨークに戻る必要、金銭的にも精神的にも母を支える必要があるともっぱら感じていたために、断ったのだが。そのほかにも、イギリスの出版界から仕事をしてみないかという、大いに気をそそられる話が来ていた。

さらに、ケンブリッジから離れがたい思いとして、ケンブリッジでできたガールフレンドのことがあった。

マリア・エレナとともにニューヨークへ

マリア・エレナ・ド・ラ・イグレシアは、名前から分かるように純粋のイギリス人ではなかった。

結婚して間もない頃，マリア・エレナと（1962）．撮影：ジェニファ・フェイ．

両親は、スペイン市民戦争の末期に英国に逃れてきた人たちだった。父親は、共和国軍参謀部の幹部将校の一人だった。一九三九年にマドリッドが陥落すると、国を後にせざるをえず、信じがたい話だが、地理の教師としてダーティントンに落ち着くことになる。ダーティントンというのは、アメリカの百万長者ドロシー・ホイットニー・ストレイトと、彼女のイギリス人の夫でラビンドラ・タゴールの信奉者であるレナード・エルムハーストの資金で作られたユートピア的共同体である。彼らは、サウス・デヴォン州の陰鬱な田舎の生活を活性化させる手助けをしたいと思ったのだ（本書中でタゴールの名前がまったく違う文脈で二度も登場するのは不思議な縁だという気がする）。

マリア・エレナは当時まだ三歳だったが、

この進歩的な共同体の中で、またその実験学校の中で幸せに育った。そこには、ヒトラーの支配を逃れた大勢のヨーロッパの芸術家たちが招聘されて来ていた。彼女は私と同じように、生まれ故郷と英国での新しい生活の両方に繋がりがあったものの、ケンブリッジに入学したころには、正真正銘の英国人のように見えた。

二人が一緒になったのは、必ずしもこのように境遇が似通っていたからではないように思うが、なにがしかそうしたことも影響していたにちがいない。もっともなことだが、エレナにしてみれば、家族から、そして自分が小さいときから育ってきた国を離れるのは、つらいことだった。私は、ニューヨークに行ってうまくいかなかったら、イギリスに戻ってくることもできるし、そうなってもまちがいなくニューヨークでと同じように、仕事を簡単に見つけられると思っていること、またごく自然にイギリスの生活に溶け込むことができるだろう、と言って安心させた。

すでに英国での修士号は取っていたこともあり、博士号を取っておけば役に立つこともあるだろうと思って、一九五九年にニューヨークに戻ると、大学生活を継続すべくすぐにコロンビア大学の大学院に入った。しかしその学費を払い、また母の生活を支えなければならなかった。私はニュー・アメリカン・ライブラリー社（ＮＡＬ）のペーパーバック部門で働くことにし、コロンビアには夕方と夜間に通うことにした。

ＮＡＬでの時間は、出版とは何かを知る上で実りの多い修業となった。ＮＡＬは、アメリカで英国のペンギン・ブックスの仕事を引き継ぎ、硬派の文芸ノンフィクション物を出版するとの使命感を共有していた。「万人のための良書出版」を社是としていた。私は小さい頃から、ＮＡＬが出している本を読んできたこともあり、実際にＮＡＬで仕事をしてみて、書物が不特定多数の読者に新しい考え方を送り届ける、一つの確実な方法であることを感じ取った。それは政治的なことに、また別のかたちで関与できる方法でもあった。

ケンブリッジがあまりにすばらしかったからでもあるが、コロンビアは想像した以上にひどい状態だった。イギリスでの経験がそのまま生かせるようなものではなく、まったく逆だった。コロンビアは、できあがってくる製品の大半を破砕しようとする巨大な流れ作業工場だった。財政上の理由から、大学は適正規模を超えて多数の学生を入学させ、大教室での講義と、試験のための、基本的にすし詰め状態のゼミですませていた（十年後にコロンビアの学生たちが反乱を起こしたとき、私は彼らの嘆きに百パーセント共感した。当時よく使われていたＩＢＭのコンピューター・カードから取られた、「折るな、曲げるな、切るな」という彼らの掲げたスローガンは、その時起こっていた事態を非常に正確に言い表わしていた）。

しかしながら、事実上二つのフルタイムの仕事をこなすと、政治に関わる時間はあまり残っていなかった。私は、『ソーシャリスト・コメンタリー』誌に寄稿し続けることで、英国および労働党とのつながりを保ち続けた。この雑誌は労働党の右派に位置する月刊誌で、アメリカからの寄付とおぼしき――後日そう思うようになったのだが――資金の提供を受けていた。私がニューヨークから書き送った記事は、同誌の論説コラムの左横にぴったり収まっていた。私は、ジョン・Ｆ・ケネディおよび彼の外交内政に関する保守的政策を、限りなく批判し続けた。私の見立てでは、ケネディはあまりにも冷戦体制的であり、またその攻撃的な外交政策と比べると、国内の政治課題はあまりにも軽い扱いでしかなかった。当時ケネディは、アメリカでもイギリスでも非常に人気があったが、私には、ケネディは民主党の国内改革策をすべて放棄し、キューバ侵攻だとかベトナム戦争だとか、共和党の外交政策の最悪の部分を採用しているとしか思えなかった。

政治活動から身を引く

コロンビアでの生活を始めるころには、私は、それまで自分がＳＬＩＤやＳＤＳでやってきたことを、大人の世界でも続けることに意味があるのかどうかを考え始めていた。左翼がイデオロギーの終焉やオートメーションが生活のあらゆる局面で及ぼす利便性を論じる時代に、仲間を見出すことはできるのだろうか、と。一九二〇〜三〇年代の伝統に期待できないことは、すでに分かっていた。多くの左翼知識人たちには、マッカーシー時代の恐怖が刻み込まれていた。組合がわずかながら支援をしてくれていたが、それは過ぎ去りしはるか昔へのオマージュでしかなかった。産業民主主義とは、労働者による職場管理の拡大を遠回しに表現したものであり、当時は多くの組合員がそこに結集していたのだ。

こうした疑念にもかかわらず、私は、ＬＩＤをもう少し現実的なものに、すなわちイギリスにいた時に関わったフェビアン協会に近いものに改変できないかどうか、見守ろうと決断した。当時フェビアン協会の書記長をしていたシャーリー・ウィリアムズと——彼女が中道的な社会民主党を立ち上げるために離任する前のことだ——長いやり取りを始めて、あらゆる類の共同事業を提案したりした。アメリカでフェビアン協会の資料を配布できないだろうか、共同編集で雑誌を出せないだろうか、等々。私は海の向こうに新しい考え方を次々に発信したが、さしたる成果は得られなかった。私は、自分がＬＩＤの出版委員会を率いることを伝えて、尊敬するリチャード・ティトマスほかに、アメリカ国内での彼らの記事やパンフレットの出版を認めてくれるよう依頼をした。少なくともこの点では、何がしかの成果を出すことができた。

しかし今振り返ってみると、私は明らかにこのとき、ＬＩＤを甦らせるというよりは、アメリカで必要とされている思想を、広く伝える道を探ろうとしていたといえるだろう。昼間ニュー・アメリカン・ライブラリー社で、何万、何十万人もの読者の手許に届くペーパーバックの仕事をしていると、フェビアン協会のパンフレットを二百部取り寄せようとしたところで、その影響はごく限定的なものでしかないように感じられた。

こうした青くさい出版的なことをする一方で、私は、数年来衰退しかかっている流れを変えられるような、ＬＩＤの新しい指導者を探し出すにはどうしたらよいかを考え始めていた。可能性のありそうな人に何人も当たり、しばらくの間、ジャーナリストのシドニー・ハーツバーグ（現在『ニューヨーカー』誌の常連ライターであるヘンドリック・ハーツバーグの父）に舵取りをしてくれるよう説得して、成功したと思った。それでしばらくの間、事態は改善した。ＬＩＤのレターヘッドのデザインが一新され、いろんな委員会が発足した。やっとうまく行くかに見えた。しかしすぐに、ハーツバーグは事態が手に負えないほど困難だと判断し、後任を決めることなく辞任してしまう。私の名前を挙げる人たちもいたが、私はそれ以上、泥沼に飛び込む気持ちにはならなかった。一九六一年の早い時期に、あらゆる希望が失せてしまい、ＬＩＤに対して、店じまいする時が来たのではないかと提言し、私もまた身を引くことにした。

左翼ノスタルジア

ケンブリッジからアメリカに戻って以来、私は自分にできる新しい役割があるような気がしていた。レンセラール工芸大学（ニューヨーク州トロイにあるカレッジ）の人たちから、ウィリアム・Ｆ・バックリーとの公開討論に参加してみる気はないかという依頼を受けていた。バックリーはイェール大学批判だけではなく、ジョー・マッカーシー擁護の『マッカーシーとその敵たち』という本を書いて、当時人気絶頂の人物だった。私が選ばれたのは、私がＳＬＩＤ／ＳＤＳのトップだったからだ。だが、世間では基本的に無名だった。レンセラールの関係者の中に、考えかたが極端に違う二人のイェール出身者をぶつけたら面白いのではないか、と考えた人がいたに違いない。

私は討論会のために、バックリーの公刊されたものを読み、彼の見解や論点を注意深くノートにとり、真正面からぶつかっても大丈夫というところまで周到に準備をした。バックリーはいつもと同じように、物腰柔らかで颯爽としていた。私はといえば着古しのさえないダブルを着て、格好が悪かった。しかし壇上で顔を合わせてみると、彼が妙に神経質に見えることに気づいた。おそらく、広いレンセラールの大ホールの数百人もの聴衆の前で、私との討論で負けることは屈辱だったのであろう。そのため、彼は自分のそれまでの見解を述べるのではなく、論点をずらして非本質的な議論をしかけてきた。バックリーの主たる論点――よりによってニューヨーク州トロイで持ち出してきた議論――は、アメリカに貧困問題などないというものだった。中流の聴衆に対して、アメリカ人の生活全体を見てみれば、貧困が依然として大問題なのだと納得させるのは、私の方からするとそう簡単なことではなかった。*

＊ＳＬＩＤは、当時短期間ではあるが外部役員を務めていたガブリエル・コルコによる、収入分布に関する非常に説得力のあるパンフレットを出したばかりだった。彼の調査はその後マイケル・ハリントンに影響を及ぼすことになり、ハリントンが著した『もうひとつのアメリカ』は六〇年代に、リンドン・ジョンソンの貧困撲滅戦争に強い影響を及ぼすほど、大きな力をもつに至った。

バックリーはそうしたほうがいいとなると、ぱっと自分の立場を変えてしまうし、そんなこんなで、準備していたノートはまったく役に立たなかった。私は聴衆に向かって、そういう彼の戦術を指摘したが、討論そのものはどっちが優勢とも言えないまま終わってしまった。

しかしこうした機会は例外的なものだった。外に向かって講演をしたり討論に加わったりするチャンスは、たまにＷＥＶＤ――ニューヨークにあるもっぱらイディッシュ語（中欧・東欧系のユダヤ人が用いてきた民族的言語）で放送する社会民主主義的立場のラジオ局――でしゃべるのを別にすれば、それ以外にはほとんどなかった。このラジオ局は、勇敢な大統領候補ユージン・Ｖ・デブス（Eugene V. Debs）の頭文字をとって、コールサインにしていた。三〇年代にならしたラディカル・ジャーナリスト、ヘイウッド・ブラウンが、毎週の定時番組を担当していた（あるアナウンサーが思い出話として私に語った話だが、ブラウンはよく飲み過ぎて放送もできないほどだったという。

そうすると局に連絡してきて、「番組を聞いてくれているやつが東十丁目にいるんだよ。あいつに電話をして、おれが病気だと言ってくれないか」と言ったそうだ)。

組織への関与ということで言えば、私はSDSのみなし会員として活動するには齢を取り過ぎていると感じたが、新しい支部立ち上げの可能性を調べる大学めぐりの仕事は、喜んで引き受けることにした。東海岸の各地をまわるのは面白い経験だったし、新しいSDSの代表であるアル・ヘイバーといっしょに、ハーバードに組織を作ろうとしていた。大学の中の政治状況は、明らかにその二、三年前とは変わってきていたし、若い後継者たちができるであろうことについては、希望が持てると感じていた。

しかし大人の世界では、状況は依然としてまったく異なっていた。さまざまな会合に、私はLIDの成人代表として出席することもあったが、ほとんどがっかりさせられることばかりだった。一九六二年のキューバ・ミサイル危機に直面させられたとき、最も象徴的な出来事が起こった。ケネディがきわめて危険な対決戦略をとったために、誰もが成り行きを案じつつ息をころして見守っていた。まさに核の衝突がいつ起こってもおかしくないような情勢だった。しかしその時点では、われわれは、キューバ駐在のソ連軍現地司令官に軍事行動の総権限が与えられていたことを、理解すらしていなかった。誰もが爪を噛んでいた。

その頃はまだ、政府の外交政策に対する反対論は非常に弱かったのだが、多くのリベラルな立場の組織が結束して、抗議行動の組織化を相談する関係者会議を共同で開こうという呼びかけがなされた。政治的に、また宗教的に、幅広いさまざまな立場を代表する百人以上の人が、カーネギー・

ビルの大会議室に一堂に会した（なんとＣＩＡ資金によるあの青年会議が開かれた部屋だった）。会が始まってまもなく、ノーマン・トーマスが立ちあがって演説をぶった。かなり年を取っていたにもかかわらず、力強い説教師としての声は依然朗々と響き渡っていた。トーマスは、ケネディの行動がいかに愚かしいことかと非難した。しかし次の演者は、立ち上がると、トーマスがやっていた非難を続けるのではなく、トーマスへの賛辞を述べ始めてしまった。もうそうなると、他の人たちも思い出話をしなければならないと感じたのだろう、自分がいつ最初にトーマスに会ったかとか、彼がいかに自分にとって大きな存在であるかとか、彼がいかに偉大な老人であるかとかを、口々に語り始めたのだった。キューバについての論議は、始まる前に終わってしまい、この左翼ノスタルジアの波にすっかり押し流されてしまった。

眠れない時代の後遺症

一九五〇年代後半からの数年間、多くの左翼が、「旧来の」外交政策と国内問題に関する見解を放棄し、彼らが新しいと思う問題――一九六〇年に出版されたダニエル・ベルの、非常に大きな影響力を及ぼした『イデオロギーの終焉』に象徴される、時代にぴったりの諸問題――へと関心をシフトさせていった。ベルは、古くからの問題は大半解決されたと主張した。新しい問題は、オートメーションがどのような影響をもたらすか、オートメーションの結果として余暇が大幅に増えることにどう対応したらよいのか、ということだった。彼らは、社会的な問題は、これからは専門家によって解決されることになるであろうと感じ取っていた。そして、そうした知識人の多くが、これからは自分たちが、まさにそのテクノクラート的なアドバイザーになるのだと自任していた。イデオロギーの終焉の楽観的考えに立つと、社会的諸問題は時間の経過とともに解決されるはずであった。

だが、こうしたことがすべて現実からいかにかけ離れているか、アメリカの諸問題がいかに何も解決されないままであるか、われわれの社会がいかに依然として不公平であるかを理解しないまま、大勢のれっきとした人たちが、こうした問題をめぐってその後本を書いたりエッセイを書いたりするようになった。

英国の労働党右派の国会議員リチャード・クロスマンが、この新しいアプローチの典型であった。『社会主義の未来』は、一九五六年に出版されて影響力のあった本だが、その中でクロスマンは次のように書いている。「資本主義はもはや見分けがつかないほど変質してしまっている。……オートメーション化することによって、生産量の不足という未解決の諸問題は確実に解決されるものと期待できる。将来を見据えると、現在の成長率から考えて、国民生産は五十年で三倍になるだろう」。しかし、何年も経たないうちに、マーガレット・サッチャーが福祉国家の突き崩し作業を始めている。現に「労働者の下から五分の一を、それ以外の労働者と比較すると、百年前よりも、実際にはいっそう貧困化している」＊のだ。

＊クロスマンを含めて引用は、エリック・ホブズボーム『二〇世紀の歴史——極端な時代』（*The Age of Extremes*, 原書二六八頁、三〇八頁）による。

近年、公式に確認された英国のホームレスの数は四十万人にも上るという。より直近のことで言えば、ハリケーン・カトリーナ〔二〇〇五年〕による大惨害を経験したアメリカでも同様に、半世紀前の幸せな予言にもかかわらず、国内で極端な貧困と不平等が、相当な程度にまで増大していることに気づかされるだろう。

しかしその同じ時期に左翼側の多くは、自分たちの従来からの活動――労働者や貧困層の運命、現代資本主義下での不平等、労働者による管理や共同組合的事業活動の必要性など――を進んで放棄してしまった観がある。五〇年代、左翼が受けたダメージは甚大だった。左翼は冷戦によってずっとやられっぱなしだった。親ソ派だと中傷され、買収され、取り込まれていった。

しかし私は、マッカーシーの時代こそが、より深い活力喪失を引き起こした源であると感じる。上院議員が広く大衆的支持を受けているという信じ込みが、あっという間に広まってしまった。それも、どう考えてもおかしな速さで。マイケル・ローギンの一九六八年の著作『マッカーシーと知識人たち』のような研究が現われて、マッカーシー人気に限度があったことが明らかにされるまでには、何年も待たなければならなかった。あの頃は、まるでポピュリスト型のアメリカ的ファシズムが広がるのは、ごく自然なことであるかのように、マッカーシーの力が無批判に受け入れられていった。

左翼側の多くの人、とくにユダヤ人からすると、ヒトラー経験のゆえに、また攻撃を受けるかもしれないという不安が植えつけられ、右翼の指導者たちによって、自分たちがここでもまた大衆から引き離されてしまうかもしれないと、感じ取っていたように思う。左翼は、労働者階級からの確実な支持を失い、委縮し無力化し、権威を喪失していった。彼らは取引先を求める、ただの知的専門家にすぎなかった。

こうしたことから、多くの者たちが立場を変え始め、今日のネオコン（新保守主義）的な足場を固めていった。まるで「大衆は気まぐれである以上、支えてやるに値しないもの」だ、とでも言うかのように。それに、労働者自身がいかに保守的、俗物的、利己的になり、昔の理想から大きく変わってしまったかは、戦後、賃金が三倍も上がって新しく裕福になった労働者階級を見れば、一目瞭然だった。

共和党は機を見るに敏で、この変化がいかに重大な意味をもつかを察知し、ニクソンの南部戦略やレーガンによるブルーカラー対策によって、労働者階級を切り崩していった。狡猾なやり口ではあるが、しかし持続的に人種差別的な訴えかけをすることによって、今世紀に入ってカール・ローヴ〔ブッシュ政権の政策・戦略担当上級顧問〕とジョージ・W・ブッシュがうまく利用することになる、今ではよく知られた、この左から右へのシフトを実現させたのだった。

一方、大衆の左翼支持が確実なものでなくなってしまえば、旧来のローズヴェルト連合など、なぜ苦労して維持し続けなければならないのか、ということになるだろう。伝統的な左翼路線を維持してきた人たちでさえも、一九五〇年代末から六〇年代初期にかけて広まりつつあった新しい運動の力を、十分認識することができなかった。長年、二大政党による外交政策を支持することがあたりまえだったために、実際、年配者の多くは、ＳＤＳが典型であるが、反戦運動や新しい学生集団に対して懐疑的であった。女性、黒人、環境運動家たちは、既存の集団に参加するよりは、自前の運動を組織する方がうまくやれると感じていた。社会のあらゆる局面に関与しようとする統合的な政党という考え方は、社会主義者の間であれ、あるいは民主党においてさえも、著しく弱まっていた。環境保護活動家と組合との、あるいは流入移民と黒人労働者との、相容れない要求に喜んで対応しようとする組織などなかった。それぞれの新しい組織が、他の組織からすれば脅威と思われるような大義を掲げて、激しく自己主張を始めていた。

アメリカの袋小路

ユートピア的理想主義、あるいは左翼を根底から動かしていた希望もまた、なくなってしまった。私が社会主義者になったのは、たんに公正公平な社会で暮らしたいと願ったからだけでなく、国家の基本的な産業構造や財政構造が変わらなければ、そうした社会は実現できないと認識したからだった。われわれにとって目標は、こうした基本的な条件を変えることだった。たんにカウンターカルチャーや別の制度を作ることではなかった。実際には、ヨーロッパの労働者階級の力も、アメリカの黒人社会の力も、まさにそうした異なる文化を築きあげたところにあったのだが、にもかかわらず社会主義者たちは、鉱山や工場、油田や鉄道といった、基幹産業をどうするかという問題を解決しなければならないのだと信じていた。現に、初期の社会主義者たちの最大関心は、資本主義制度で生じる無駄をどうするかよりも、物事をいかに効率的に運営するか、そしてすべての工場をどうやってフル稼働させられるかにあった。

しかしショッキングだったのは、資本家たちが資本主義の力を保ちつつ、われわれの考え方をどんどん取り入れていったことだ。競争は無駄を生みだすというのが、われわれの主張したことであったが、現に多くの分野で、独占企業は無駄を生む競争をうまく排除してきた。われわれはずっと、国家計画や政府による援助の必要を論じてきたが、フランスの場合、経済のかなりの部分を社会化することで、五カ年計画を非常に効果的に推し進めていた。資本家たちは、自分たちの利益と支配力に影響がない限り、そういう展開にも上手に対応した。実際、日本や広く東南アジアにおいて、民主的な支配や公平な分配を顧慮する必要がない場合、国策的計画が多大な効果を発揮することは明らかだった。しかしアメリカは、大企業のための福祉体制を徐々に築き上げてきており、それが経済のあらゆる局面を左右するようになっていた。社会主義は、マイナスの面ばかりで、そのメリットはなかった。

十九世紀以来アメリカのリベラル派は、政府による規制は競争を保つためであり、国有化は不必要なイデオロギー的関与でしかないと論じてきた。しかしながらわれわれは、グローバル化とともに大企業が、利益減少を賭してでも頑張るのではなく、簡単に事業を閉鎖し、工場や労働者を見捨てて海外移転するのを、目の当たりにしてきた。ド・ゴールでさえそう論じたように、利益の最大化のみを目指すのではない、社会所有による会社の方が、国民経済を維持する上でより良い方法ではなかったかということを、議論してもよいはずだ。またアメリカの健康保険制度が、だんだん機能しなくなってきているのを見れば、医療の社会化をはかる方がはるかに効果的であり、国民全体をカバーする、より安上がりの方法ではないのかということを、論じることもできよう。あるいはまた、治験の多くが納税者の負担で行なわれているにもかかわらず、一般人に途方もない高額の代価を情容赦なく請求してくる製薬会社というものは、国有化した方がいいのかもしれない、と問うてみることもできよう。

おそらくさらに重要なのは、もしも民主的な政治によって大企業をコントロールできないとなると、大企業の方が、政治のあらゆる局面を支配するようになるだろうと考えてみることだった（ブッシュ政権時代は、こうした兆候の行きつく先を示すものだった。それはもはや、国会議員に特定の法案にそのつど投票するよう働きかけるという域を越えていた。ブッシュの手下のカール・ローヴがやったことは、どうすれば大規模にそういうことができるのか、また政権の座につけるよう資金提供してくれた個々の企業からの特定の要求に対して、政権全体がどこまで尽くせるのかを雄弁に物語っている）。

ところで六〇年代というとわれわれに身近な感じがするとはいえ、はじめのうちは五〇年代と、政治的にさほど大きな変化はなかったように思われる。一九六三年の「ニューヨーク・レビュー・オブ・ブックス」の創刊直後に、その閑散とした新しいオフィスを訪ねたことを覚えている。編集者のボブ・シルヴァースは、大胆にもI・F・ストーンに原稿を依頼していて、それが読者にどのような影響を及ぼすかを、真剣に悩んでいた――読者が購読をやめてしまうのではないかとか、共産主義寄りだと思われはしないか、等々。このときすでに、あの恐怖の時代を終わらせたとされる陸軍－マッカーシー公聴会から、ほぼ十年近く経過していたにもかかわらずである。

私もまた、一九六三年にパンセオンの上司たちに、若い自分の凡庸さを少しでも補おうとして、ストーンの本を出し始めてもいいのではないか、と提案したことがある。しかし彼らは、出版をびびってしまった。私が彼の最初の本『アンダーグラウンドからパレスチナへ』をやっと再刊できたのは、結局何年も経ってからだった（そのあと私とストーンは親しくなり、彼の他の本も出せないものかと期待した。しかし、きわめてアメリカ的なアイロニーだが、ストーンはあこぎなまでに儲け主義のエージェントと契約してしまう。彼らは私になんの連絡も寄こさないまま、ストーンの本をほかの買い手のところにもっていってしまった）。

アメリカが政治的に、いささか袋小路にはまりこんでいたこともあり、さまざまな考え方や手がかりを求めて、そして書籍を求めて、ヨーロッパへもう一度目を向けるのは、意味あることだった。アメリカは依然、政治と同じく知的にも、冷戦とマッカーシー時代の影響が絡み合って呻吟していた。その頃著作を発表しなかった著者の、重要著作を見つけ出せるようになるには、もう少し時間が必要だった。

パンセオンで働く

自分がパンセオンで働くことになるとは、思ってもみなかった。父の死以来、パンセオンとの縁は切れてしまっていたし、いずれにせよ、自分が父のあとを継ぐなど、考えてもみないことだった。父には多くの才があったし、多くの言葉ができた。それに父は、早くに亡くなってしまったので、私の中で、自分が張り合おうと思っても決してかなわない、理想のモデルになっていたように思う。

事実、自分が出版の世界に足を踏み入れようとは、夢想だにしなかった。図書館員になる方が、自分の志や可能性により近いような気がしていた。私は自分の思春期にニューヨーク公共図書館が果たしてくれた大きな役割に、強い刺激を受けていた。かつてこの図書館で幸せな時を何時間も過ごしたし、自分では図書館の仕事ができたら楽しいだろうなと思っていた。私が思い描いたのは、図書館であれば読者に出会うことができるし、また父が作っていたような、しかし自分で実際に作れるとは思えない書物の、近くにいられるということだった。

というわけで、一九六二年にジュニア・エディターとしてパンセオンで働かないかという誘いを受けたときには、ただ驚きでしかなかった。パンセオンは、クノップとともにランダムハウスに買収されたばかりで、経営陣がスタッフを強化する必要があると考えていたところだった。最初は、すでに入手ずみの原稿を整理する仕事だったが、徐々に自分で新しい企画を考えるようにもなった。

書籍探しのために国外に出てもいいという許可が出たとき、真っ先に行こうと思ったのはイギリスであり、次にヨーロッパ大陸であった。ケンブリッジ留学の経験から、英国の政治や知的世界は身近なものだったし、そこで行なわれる議論は、ごく自然に理解できる気がしたからだ。それにイギリスには、私が考え方を共有し、アメリカで赤狩り後わずかに存続する言論のはるか先を行く人々が大勢いた。多くの出版社は依然として労働党に肩入れしていたし、その知的伝統はなおも強固だった。

冷戦の影響がなかったわけではないが、英国の左翼はすでに自己革新をとげつつあった。『大学と左翼評論』（後の『新左翼評論』）〔二〇七頁参照〕の周りにいる新しい世代――リチャード・ホガート、エドワード・P・トムソン、レイモンド・ウィリアムズといった書き手が揃っていた――が、刺激的な新しい状況を生みだしていた。すでに私は、このグループの著作を編集した最初の数冊の一冊『政治的無関心からの脱出』（一九六〇）を、『ニュー・リパブリック』誌（当時はまだアメリカ左翼の側に立っていて、経営陣および編集方針が変わる以前は、私に幾度となく執筆機会を与えてくれた）で書評していた。

一九六四年以来、私はパンセオンの仕事でくり返しロンドンに行くことになるが、リチャード・ティトマスのような、かつてLIDで出版しようとした人々に会えるのはわくわくすることだったし、彼らの主要著作をこれから出版できるかと思うと、いっそう興奮を覚えた。出版できて何より嬉しかったのは、『贈与関係』という、ティトマスが献血を社会組織のメタファーとして使って明晰に説明した本だった。血液がイギリスやヨーロッパでは無償で提供されているのに対し、アメリカではしばしば売られていること、アメリカでは、社会全体から自発的な提供を受けるのではなく、自暴自棄になった人たちや酔っ払いから血液を購入すれば、汚染される危険があるにもかかわらず、血液売買が行なわれていることが明らかにされた。これはヨーロッパ的福祉国家と、アメリカ的資本主義経済との著しい違いを示したものだった。

ジョン・レナードが「ニューヨーク・タイムズ・ブック・レビュー」の編集をしていた幸せな時代、ティトマスたちの本は第一面で取り上げられ、年間の最重要図書十選にリストアップされた（そうした判断を下していたせいで、レナードの「ニューヨーク・タイムズ」での任用期間は、まちがいなく短縮されることとなった）。

五〇年代、私の考え方に多大な影響を及ぼしたキリスト教社会主義思想家のR・H・トーニーをはじめ、かねがね尊敬していた著者の本を探し出すのに、なんの苦労もいらなかった。しかしさらに、ケンブリッジの知的世界を大変身させたホガートやウィリアムズたちによる刺激的な大飛躍に続く、社会科学や政治思想の新世代が登場してきていた。雑誌『過去と現在』(*Past and Present*)には、クリストファー・ヒルやエリック・ホブズボームのような、後に私の手で本を出版することになる、優秀なマルキストの歴史家たちが、幾人も名を連ねていた。

私はまた、ヴィクター・ゴランツのような古くからの英国の出版人も訪ねてまわった。ヴィクター・ゴランツは、「左翼書籍クラブ」(Left Book Club)を擁して、三〇年代に左翼出版の中心的存在として活躍した人で、戦後も依然として積極的な活動を行なっていた。

われわれは、こちらがゴランツ書籍のアメリカ版(E・P・トムソンの主著『イングランド労働者階級の形成』など)を出し、ゴランツがパンセオン書籍の英国版(まさに共同出版の第一作グンナー・ミュルダールの『豊かさへの挑戦』など)を出すという、重要な提携関係を結んだ(ミュルダールの本はアメリカ経済を批判したもので、その後リンドン・ジョンソンの「貧困との戦い」計画に影響を及ぼすことになる。ミュルダールは、自分の本がジョンソンの机の上に置かれているのを知り、誇らしげだった)。

ゴランツは、一九三〇年代に入居したコベント・ガーデンの同じビルで、変わらず仕事をしていた。彼のオフィスは、階段をいくつか上がった先にあったが、しかるべく古ぼけていて、床には郵便物や原稿などが積まれていた。今日の英国の出版社のしゃれたオフィスルームとは大違いだった

（ゴランツ自身の暮らし向きがあまりよくなかったわけではない。毎年訪ねて行くと、食べたこともないほどおいしい、サヴォイの豪勢な昼食をご馳走してくれるのが常だった）。

入っているビルのメイン部分は、何階分もの高さのある大きな広々とした倉庫だった。そこにロンドンの小売店の買い付け担当者が出向いて行って、今出ている本の中から仕入れていくことになっていた。あるとき私は隅の方に、古いオレンジ色の「左翼書籍クラブ」版のペーパーバック書籍の山を見つけた。その時そこで発見したオーウェルその他の本は、今でも私の宝物となっている。いずれの本も、古書業者が誰ひとりその隅っこを漁ろうとしなかったのが驚きでしかない、過ぎ去りし過去の貴重な記念品である。

英国の編集者たちとの協働

同じように貴重だったのは、私と政治的な見方を共有し、出版に関わるリスクをすすんで共有できた、ペンギン社をはじめとする英国の出版社の若い編集者たちだった。その頃はまだコングロマリット（複合企業）の支配による苛烈な利益優先主義の圧力がなく、ペンギンその他の編集者たちは、何部売れるかは不確かでも、価値があると信じる本を手がけることができた。イギリスやアメリカと同様に、ヨーロッパでも出版社は、平均で年間三パーセントの利益を取るのが常だった。ランダムハウスの私の上司たちは、損をしなければいい、なんとか最低限の利益さえ出してくれればという姿勢だったし、それは実現可能なことだった。ペンギンの編集者たちは、イギリス連邦内の支社ごとに何部印刷する必要があるかを示す小さな表をいつも持っていたが、その数値は無理のないものであった。

　われわれの誰もが、商業的にもそうだが知的な意味で、あえて挑戦してみようとリスクを冒す力を与えられた感じがしていた。私の年来の願いだった国際的共同作業が、少なくとも出版の世界で可能になったのだ。製作費と前払金を英国の出版社と分担し、かわりに英国版の権利を英国の出版社にわたす（また逆のケースもしかり）というやり方で、かけがえのない著者陣を獲得することが可能になった。

　こうしたチームワークのおかげで、いくつかの目覚ましい発見にいたった。たとえば、歴史や政治関係の書籍とともにペンギンに薦められて引き受けることになった、当時はまだほとんど知られていなかった、ラディカルな精神分析家のR・D・レインのものがそうだ。ペンギンのほうではノーム・チョムスキーのような、われわれの新しい著者に関心を示してきた。チョムスキーのベトナム戦争批判は、あらゆるアメリカの言論のなかで、もっとも重要で辛辣だと思われるものだった。愚かにも私は、戦争は馬鹿げたことであり、おそらく長つづきはしないと昔からの楽観主義で思いこんでいたために、紛争に関する著作の出版を手がけるのがすっかり遅くなってしまった。

　自分がまちがっていることがすぐに明らかになり、「ニューヨーク・レビュー・オブ・ブックス」でチョムスキーの長大な戦争論を読むと、私はすぐにそれを本にして出したい旨の依頼をした。チョムスキーは同意してくれて、アナーキズム哲学擁護論をはじめとする主要な論考を付け加えてくれた。おかげでこの本は、戦争批判という枠を超えてたいへん重要な著作となった。『アメリカン・パワーと新官僚──知識人の責任』は、戦争やアメリカの体制に対する、これ以上のものは考えられない、痛烈な批判であった。

しかし、政治批評家としてのチョムスキーの名声は、ペンギンがこの本をペーパーバックで出してくれたおかげで国際的に一気に高まり、私のヨーロッパの仲間たちも、チョムスキーと足並みをそろえてくれたのだった。多くの人は、言語学者としてしか知らなかった哲学者が、アメリカ政治のもっとも先鋭な批判者になった──今日に至るまで一貫してそうなのだが──ことに、驚きの念を隠さなかった。

世界中ほとんどどこでも受け入れられたもう一人の新しい筆者が、スタッズ・ターケルだ。彼は自分が持っているシカゴのラジオ・インタビュー番組で、人の声を聞く類まれな才能を発揮していた。私はラジオ局が出している雑誌で彼の記事を読み、グンナー・ミュルダールの息子ヤン・ミュルダール──私は彼の『中国の村落からの報告』〔邦題『中国人民の声』〕を出したばかりだった──に続くのは、彼しかいないと確信させられた。私は彼に、ミュルダールの仕事のアメリカ版を書いてもらえないかと依頼した。そこで生まれた『街路で隔てられるアメリカ』(*Division Street, America*)は、まさにミュルダールが中国でやろうとしたことを、アメリカの一般人に対して行なったもので、出版されるや大反響を呼んだ。私は彼の本が、こんなにブームになるとか、彼との共同作業が五十年近くも続くことになろうとは思いもよらなかったが、ターケルはその後も、大恐慌から今日に至るまでの、浩瀚なまぎれもないアメリカの聞き書きをつづけている〔二〇〇八年に死去〕。

ターケルの本が最初にうまく行ったので、その後、世界各地の書き手に依頼して、ターケルと同じ方法で執筆してもらい、この村落シリーズは広く読まれた。私が考えたのは、それまで出版してきた庶民の歴史を叙述する歴史家たち——E・P・トムソンでありエリック・ホブズボームであり、アメリカ側で言えばユージン・ジェノヴェーゼやハーバート・ガットマンなど——の仕事に匹敵するような、日常生活を描き出す作品を集合的に送り出すことだった。シリーズの最終巻は世界中の民話を集めたもので、これはパンセオンで働いていた父の遺産として引き継いだ、グリムとアファナシエフのコレクションの中から再話したものだった。全部で十数冊出して打ち止めにしたが、シリーズは目覚ましい売れ行きで、そこからまた新しく、歴史、聞き書き、大衆文化が三幅対をなして、日常生活のあらゆる側面を多面的に再構成する企画の展望が開けていった。

ヤン・ミュルダールについていえば、私が彼と組んだのは、伝統的な社会民主主義を忠実に守っているスウェーデンに、政治的な希望を抱いていたからだった。私は、彼の父親グンナー・ミュルダールとは、ニューヨークで講演を聞きに行って会っていた。グンナーは、一九四〇年代のアメリカの人種問題をもっとも犀利に分析した『アメリカのジレンマ』の著者で、私の尊敬する一人だった。口説き落として、アメリカの人種問題と経済的不平等がいかに関連しあっているかを論証した、『豊かさへの挑戦』という短い本を書いてもらった。ずけずけと口やかましいことをいう人物として、グンナーのコメントはアメリカの新聞ではほとんど歓迎されなかった。

彼のおかげで私は、スウェーデンについてかぎりなくいろんなことを知ることができたし、その後一年おきにストックホルムを訪ねるようになる。かつてアメリカの出版人にそんな人はほとんどいなかったと思うが、私はスウェーデンの選り抜きの文芸ノンフィクション作家と出会うことができた。スウェーデンにもまた、共同で仕事をしたいという理想に燃えた若い出版人が大勢いて、一緒にやれそうな人たちがかなり広範にみつかった。彼らがアメリカやヨーロッパの書籍を翻訳するかわりに、私の方では、国外では通常登場する機会のないスウェーデンの作家たちのために、外国の出版社を見つけてきた。*

＊ミュルダールの家族について——。私が出したのはグンナーの本にとどまらない。息子ヤンによる多数のアジア関係書籍、大きな反響を呼んだ娘のシセラ・ボクの『嘘と秘密』、妻アルヴァがノーベル平和賞を受賞することになる『正気への道——軍備競争逆転の戦略』（*The Game of Disarmament*）、などを出し続けた。ちなみにグンナーも、一九七四年のノーベル経済学賞を受賞している。

刺激的なフランスの著者たち

まぎれもなくフランスもまた仲間入りしてくれたのだが、フランスの場合、引きつけるものは政治の問題だけではなかった。毎年の訪問は非常に居心地がよく、書き手を発見する楽しみと同時に、そこで共にする昼食や会話は楽しいものだった。自分がみじめなアメリカ人だなどという思いをしたことは一度もないどころか、明らかにフランス側では私のことを、まさに彼らの文化の所産だとみていた。私は自分でも潜在意識的に、そうしたかたちでフランス文化に浸るのを楽しんでいたに違いない。アメリカで出せそうないい本を、できるだけたくさん探すようにつとめた。

しかし私はまだ未熟で、アメリカでは知られていなくても、フランスで成功を収めている筆者の著作であれば、アメリカに持ち帰っても通用するものだと単純に思っていた。私は本が、著者の知名度で売れるほどには、その価値で売れるわけではない、ということを理解していなかった。「ル・モンド」の編集者である二人のフランス人ジャーナリスト、アンドレ・フォンテーンとクロード・ジュリアンは、冷戦やアメリカの外交政策に関する著書があり、アメリカでも読者がつくものと思っていた。しかし大西洋の反対側に行けば、二人は無名だった。その著作がどんなに重要で時宜にかなったものであっても、ごく限られた読者しかつかなかった。

それ以外の知的な状況についても事情は変わらなかった。フランス、イタリアで反精神医学の動きが勢いをましつつあったので、パンセオンでは、オクターヴ・マノーニ、モード・マノーニといった著名な分析家が注釈をつけている、反精神医学的テーマを扱った重要な著作を、何冊も翻訳して出版した。彼らの名声は確立していたが、しかし彼らの本は、アメリカの分析家たちにほとんど何の影響も及ぼさなかった。R・D・レインについても同じだった。レインはヨーロッパの仲間たちの仕事に大きな刺激を受けていて、私はアメリカで彼の本をたくさん出版したが、若い六〇年代世代の間では徐々に人気が高まってきたとはいえ――いやそれゆえにというべきか――、いずれも精神分析の雑誌では、まったく注目されることがなかった。

レインは私同様、フランスの歴史家ミシェル・フーコーに関心を寄せていて、イギリスでフーコーの本を出版する手助けをしていた。フランスでの私のもっとも刺激的な発見は、パリの書店でフーコーの『狂気の歴史』を見つけ出したことだった（私は『狂気と文明』と表題をあらためてしまったのだが、無用のことだった)。フーコーはイギリスで見出していた歴史家たちと同じように、独創的で刺激的だった。しかし、フーコーの本は出版された後何年も、アメリカの大学出版局からは見向きもされなかった。私は、『狂気の歴史』に対する書評が出たとき、なるほどと思った。フーコーのこの本は、ポーランドで教鞭を執っているときに執筆されたものだが、ある著名な歴史家は、原典がきちんと引用されていないとしてフーコーを批判した。ほかの歴史家たちも同じように低い評価だった。明らかに専門家たちは、フーコーのような新しいアプローチを敵視していた。アメリカの大学に働きかけて、フーコーの本を必読書として指定させることはおろか、講演者として招聘するようもっていくだけでもほぼ十年を要した。

しかし私にとってフーコーと語りあうことは、とにかくわくわくするような知的経験だった。毎年パリで昼食を共にし、次の著作の構想をめぐって議論しあった。狂気の歴史から知と権力へ、さらに刑罰と支配へ、最後は性の問題へと繋がってゆく一連の展開はさらに刺激的で、すべてが興味尽きせぬ関連し合う問題であった。二人の会話は、まるで玉を打ちあうテンポがどんどん速くなる卓球の試合のようだった。彼と話しているだけで——といっても私の発言は基本的には質問を差し挟むだけのものだったが——自分がずっと知的になるような気にさせられた。それまでそうした経験は、ノーム・チョムスキーと話をしたとき以外ないことだった。

後日、アメリカの大学でもフーコーの仕事がやっと認められるようになり、彼が講師として招聘されるようになったとき、私たちはニューヨークで再会する。彼の仕事に理解を示していたスーザン・ソンタグをはじめ、アメリカの作家や知識人たちにフーコーを紹介できるのはうれしいことだった。私は冗談で妻のマリア・エレナに言った。このディナー・パーティーに出席している人たちのリストを出版したら、私が書くどんな回想録よりもはるかに興味深いことだろうね、と。

しかし、アドレナリンが流れるのを感じたのは、著者に会っているときだけではなかった。大勢の優秀で刺激的な同業の出版人の存在もあった。スイユ社トップのポール・フラマン、マスペロ社のフランソワ・マスペロ、ミニュイ社のジェローム・リンドンは、アメリカの同業者たちよりも、すでにはるかに大きな仕事を成し遂げた、模範とすべき存在だった。かつてカトリック左派の代表だったフラマンは、スイユを新しい社会思想の中心的出版社に変貌させていた。ミニュイは、もとは戦時中に地下出版社としてスタートしたが、リンドンは、マルグリット・デュラスやクロード・シモンのようなフランスの前衛作家の著作――両者の著作を後日、私はアメリカで出版することになる――だけでなく、大勢の主導的な社会批評家、たとえばピエール・ブルデューや、アルジェリア戦争を批判する批評家たちを、世の中に送りだしていた。マスペロはフランスのラディカリズムの新世代を代表する存在で、アルジェリアその他でのフランスの政策を攻撃する書籍を出版、そのために言論・出版・信教の自由など意に介することなくマスペロの締め出しをはかる政府から、しばしば検閲を受け、差し押さえをくらっていた。彼もまた、チョムスキーやわれわれの新しい歴史学関係の書籍を数多く引き受けてくれた。

フランスに滞在することで私は、新しい作家や歴史家、人類学者についての知識を広めることもできた。多くは、私の政治的な考え方とはあまり関係がなかったが、彼らの仕事は明らかに重要であり、アメリカで紹介する価値のあるものだった。私はまた、おそらく無意識のうちに、自分がフランスの文化や思想と、かつてなく近いところにいると感じていた。

それでパリを発つときはいつも、私は一年分の知的な刺激を一週間で経験したような気分になり、ロンドンなどにいた頃よりも、さらに大きな経験をしているような気がした。主に大学の中でだが、アメリカの思想に強い影響を及ぼすであろう歴史家や社会科学者たちを見出すことができて、私は編集者として、かなり広範な一般読者を意識するようになる。その後、他の出版社が儲けなければいけないプレッシャーから、海外の著者の仕事を引き受けるのに二の足を踏むなかで、私はシモーヌ・ド・ボーヴォワールやデュラスのような著名な人たちの仕事を、アメリカ側で引き受けるようになっていった。クノップ社の編集者たちでさえも、サルトルを続けて出すことに消極的だった。私は彼らの代わりに、自分のところで喜んで出そうという申し入れをした。少しずつパンセオンは、ヨーロッパの出版社が再び向こうから意識して働きかけてくる相手になっていった。そしてそうした書目が急速に増えていった。

ヨーロッパを訪ねる旅の喜びは、逆にこちら側から提案できるアメリカの新しい世代の書き手が成長するにつれて、大きくなっていった。しかしそのペースは、ゆっくりしたものであった。徐々に一九六〇年代が、政治的と同様に知的な熱気によって注目され始める。六〇年代後半になると、歴史家、社会科学者、文芸批評家等々の新世代が登場し、六〇年代後半から七〇年代にかけての大学における議論を、中心的に担うようになっていった。一九六八年、私はさまざまな分野にまたがる若い批判的な人たちを結集して、「反教科書」のシリーズを始めたが、じきに、公民権運動や反戦運動に積極的な連中ばかりではなく、大学問題に積極的に関われる学生たちを育てる力をもった、目的意識のはっきりした研究者が、世代的に固まって存在することが分かってきた。

一九六八年

一九六八年の春、パリで反乱の嵐〔いわゆる五月革命〕が吹き荒れたとき、私はニューヨークにいたが、数カ月後に毎年恒例のパリ訪問で滞在したときに、革命的たらんとした行動の残滓を目の当たりにすることができた。壁にはポスターが貼られたままで、黒焦げになった自動車の残骸を目にすることもあった。フランス人は、強固な十九世紀的構造の中で、大きな変革を成しとげられると思っていたのだ。反乱が起こったのは、ド・ゴールの政策に対してばかりではなかった。フランスの大学や専門職における階層序列的前提を覆したいとする願望が働いていた。若いスタッフが上げた業績を、組織のトップが自分の手柄にしてしまい、若手の将来を、何の配慮もせずにかってに決めていたのだ。

しかし抗議運動や言論アピールにもかかわらず、実際に達成された成果はごくわずかなものでしかなかった。たしかに政治的には、一九六八年、フランス左翼による第三世界の革命への関与や、アメリカのベトナム戦争への反対、ラテンアメリカにおけるカストロとチェ・ゲバラのゲリラ戦支援などが確認されることはあったが、学生を大学の理事会に参加させるといった学生向けの対応の多くは、現実的なものというよりは象徴的なものでしかなかった。

例年ならば、落ち着いた雰囲気の取引の場であるフランクフルト・ブックフェア〔国際書籍市〕

も、あの年は革命的な興奮に包まれていて、「赤いダニエル」と呼ばれたダニエル・コーン・バンディットらの話を聞こうとする地元の学生たちに合流した、ラディカル派の出版人たちがいて、果てしなくミーティングが続いた。みなフランクフルトの街をあまり知らなかったので、知っている限られた場所に集まった。ふだんは静かな高級ホテルが、要求に折れてロビーで大衆集会を開くのを認めてくれた。ホテルの職員たちは後ろに退いて、地元の学生たちがホテルの豪華な調度を台無しにしないことを願っていた。

どこの出版社も、これから何か新しい変化が起こるかもしれない、革命さえ起きるかもしれないと予想して、一九六八年に起こった出来事に夢中になった。アメリカの同業者たちは、それまでよりもずっと思いきった出版活動をするようになり、ハーパー&ロウのような堅実な老舗出版社でさえもが、ずっと過激な出版物を出し始めるといった具合だった。おそらくアメリカの歴史上はじめて、出版人が一緒になって行動しつつあった。象徴的な抗議行動を行なう「平和のための出版人」という会が組織され、たとえば、リンカーン・センターで開かれた全米図書賞では、運の悪いヒューバート・ハンフリー〔ジョンソン政権下の副大統領〕が演説を始めると、会場から退席して抗議の意思表示をした。またニューヨーク公共図書館の前では、ベトナム戦争反対の大衆集会を催した。

後年、子どもに説得されて、自分のＦＢＩ資料を「情報の自由令」に基づいて請求したとき、びっくりしたのはＦＢＩから送られてきたものの大半が、こうした毒にも薬にもならない活動を報じる新聞記事の、切り抜きの束だったことだ。私のヨーロッパ左翼との接触をリストアップし、徹底的に精査したメモもたくさんあった。いずれも新聞記事から、あるいは私を尾行して作成されたものであろう。しかし奇妙なことにキューバを訪れたときの写真は、一九六八年にメキシコシティの飛行場で、どうだと言わんばかりに写真を撮らせたというのに、一枚もなかった。地元の撮影者に誰のために撮影しているのかと聞くと、すなおに「政府だよ」という答えが返ってきた。さらに「どの政府か」と問い詰めると、ただ笑って肩をすくめるだけということがあった。*

*国務省による妨害工作がたくさんあったが、なんとか私はキューバ入りを果たすことができた。キューバの社会が発展しているのは印象的だったが、同時にまたそれとは違うところで気がかりなことがあった。書籍および新聞に対する新しい検閲の波が、キューバ中を席巻していた。翻訳するといい歴史の本が一冊あったのだが、彼らはアメリカからもたらされるものはいっさい引き受けたがらなかった。その後八〇年代に再び訪ねる機会があり、そのときには検閲制度が恒久化されていて、キューバにアメリカ的な思想をもちこむ努力をしても無駄だと知った。

当時のパンセオンのどの出版目録にも、時代的な新しい希望や新しいやり方が反映されていた。そうした流れは、ジョンソンがニクソンと交代し、ベトナム戦争が悲劇的な経緯をたどるなかで数年間続いた。しばらくするとサッチャーとレーガンが相次いで就任し、潮の流れが変わり始めた。

また六〇年代後半になると、ＣＩＡの多くの政治的・文化的活動が白日の下に晒されるようになる。私はＣＩＡが、私が学生として参加したウィーン会議事業を支援していると知ったときから、ＣＩＡの悪辣なやり口を広く人々に伝えようとしてきたが、なかなか理解してもらうことはできなかった。英国の友人たちには雑誌『エンカウンター』の、フランスの仲間たちには雑誌『プルーヴ』の背後で動いている資金について警告したのだが、しかし誰も私の言うことに耳を貸さないか、意に介さなかった。

アメリカの雑誌『ランパーツ』などでこの問題が公けになり、フランク・チャーチ上院議員による調査やその他の抗議運動が、一時影響を及ぼすかに見えた。しかしＣＩＡはしたたかで、そうした規制の網を逃れて、自分たちの方策を継続する新たな道を見出していく。米国民主基金（*National Endowment for Democracy* ＝ NED）が作られて、それまでのＣＩＡによる海外資金提供事業のかなりの部分が継続されることになったのだ。たしかに論理としてはガラス張りになったが、活動そのものは政治やジャーナリズムの監督をほとんど受けることなく、すぐにＣＩＡに委ねられてしまった。

最近の「ニューヨーク・タイムズ」の記事は貴重で、ハイチにおけるＮＥＤの活動に関して伝えている。ハイチでは共和協会（Republican Institute）が以前のＣＩＡとまったく同じ活動を展開し、地元の反対勢力を後押しするとともに暴力集団に資金提供をして、ジャン＝ベルトラン・アリスティード大統領の追放につながる無秩序状態を発生させたというのだ。それは、アイゼンハワーのとき以来、ＣＩＡが中央アメリカでやってきたこととそっくりな計画だった。しかし今回は、ＣＩＡによる直接的活動ではないところで行なわれたものだった。

さらに重要なのは、外国の政党への資金援助だ。それは戦後、ヨーロッパのあちこちで実践されてきたもので、私はイギリスでそれに気づいたが、いまや急増しつつあるやり口だった。一例を紹介しておこう。一九七七年に夫婦でスペインの休暇を楽しんでいたときのことだ。社会党が、フランコ以来初めて、国会議員選挙に候補者を擁立した。滞在先にも、小さな町だというのにおびただしい数のポスターが貼られていて、いったいどうしたのだろうと不思議に思った。新しく合法化されたばかりの政党なのに、なぜこんなに資金が潤沢なのか。後にヘンリー・キッシンジャーは回想録のなかで、ドイツの社会民主党を通して、どうやってスペインとポルトガルの社会主義政党に影響を及ぼすべく秘密資金を渡したかを、自慢げに語っている。

その二、三年後、私はドイツ社会民主党の指導者ウィリー・ブラントの本を出版した折に、わが家で共にしたディナーの席で、キッシンジャーの話の信憑性について確かめておきたいと思った。ブラントは笑って言った。「ヘンリーらしい話さ。あれはわれわれが考えついたことなんだよ。だけど彼は自分の手柄話にしたんだ」。ドイツの社会主義者と非合法化されていたスペイン社会党（PSOE）との連帯として始まったものが、たぶん、徐々にアメリカの外交政策の有効な手立てに組み込まれていったのだろう。社会党員のフェリペ・ゴンサーレスは、所属する社会党が厳しく反対していたスペインのNATO加盟を政策として打ち出したにもかかわらず、首相に選ばれている。そして時間の経過とともに、キッシンジャーの賢い投資が勝利を収め、スペイン社会党の強硬な反対にもかかわらずゴンサーレスは、スペインを大西洋同盟に加盟させることに成功する。

しかし六〇年代後半の昂揚した雰囲気のなかで、誰ひとり反動的な反革命が起こりうるとは考えなかった。その手の動きがいかに強力かを理解するには、二、三年待たなければならなかった。われわれは出版界、あるいは世論の場で生じつつあった変化に満足していた。しばらくの間われわれは、七〇年代の前半にかけて政治が実際に変わったと感じたし、またベトナム戦争反対は成功するであろう、アメリカの長い苦痛に満ちた人種差別の歴史において、真の変革が起こるであろうと感じていた。

ＳＤＳの新しい指導者たちはすぐに、一九六二年の有名なポート・ヒューロン宣言〔人種差別・人権侵害および冷戦体制・核の脅威を批判したＳＤＳ最初の公式文書〕をはじめとする文書を、新たに発表した。新しい呼び名がついてはいたものの、これはいろんな意味で、われわれがかつて提起した産業民主主義論、すなわち労働者による管理という考え方に啓発されたものであった。しかし、実際に変革の原動力となったのは学生ではなく、公民権運動である。

一九六三年にはワシントン大行進が行なわれた。南部における座り込みその他の抗議運動は全国に衝撃を与えたが、それは思いがけずも、左翼に決定的に欠けていたもの、すなわち、明確な目標と、幅広く誰もが参加できる大衆性を付与した。学生たちは引っ張られるというよりは、それについていったのだが、ここには、アメリカ中から非常に広範に集団を動員する、何か真なるものがあった。

アメリカの反体制運動

学生たちが公民権運動に加わったとき、彼らはそれまでとはまったく異質のアメリカ、頭の中でしか知らなかった現実に初めて触れることになった。それは、南部に行って攻撃を受け、逮捕された経験を経て得たものだった。一九六八年に活動の場が北部に移り、彼ら自身の大学に焦点が当たるようになったとき、彼らはベトナム戦争の複雑な問題よりも、さらに多くの問題があることに気づいた。しばしば自分たちの直接の教授や大学当局が、彼らの敵となった。その昔左翼に属していた教師のうちには、学生の中にかつての自分たちの新しい姿を認める人もいたが、それだけではなく、西洋文明の基盤そのものをも破壊しようとする、不気味な毛沢東主義者を見る人たちもいた。学生たちの指導者の中には、ハーバート・マルクーゼのようにヨーロッパからの亡命者たちもいたが、中には学生たちに、ナチ・ドイツで起こったことの恐るべき引き写しを認める人たちもいた。学生たちが教師を敬おうとしなかったのはたしかだが、教授たちの目にも彼らは、恐怖と感じずにいられないほど非合理的な存在に映ったのだった。より安全な聖域——授業で学生からの異論にさらされることのない場——を求めて、なんとイェールのような反逆的な大学（！）は辞めたと、自慢げに語る研究者に一度ならず会った。

公民権運動と並んで、戦争そのものが重要な要素だった。朝鮮戦争はアメリカでは反対運動に会うこともなく、あまり注目されないまま進行した。メディアも部分的にしか報じなかった。しかし今回、ベトナム戦争では、どのチャンネルを見ても戦争が映し出され、ほとんどのアメリカ人がかつて想像もしえなかった、おそろしい光景を紹介していた。徴兵されるかもしれないという強迫観念とともに、戦争が家庭に——学生であることで徴兵猶予の恩恵を受けていた家庭にまで——持ち込まれた。戦争に直接巻き込まれる恐怖は、学生が戦争に反対する一つの主要な、いや恐らく最たる理由だった。そしてこのことが国防総省に、今日の戦争体制を整える上での教訓を与えた。徴兵制が廃止されたのはまちがいなく、ほかの何よりも、六〇年代に戦争反対の気運が高まったからだった。

ベトナムの村落が破壊されただけではなかった。アメリカの民主主義の前提そのものが破壊されてしまったのだ。いったいなぜ、アメリカ社会の指導者たち、有名な「ベスト・アンド・ブライテスト」たちは、起こっている出来事をコントロールできなかったのか。なぜ彼らは、機能するはずのあらゆる民主的な力に応えようとしなかったのか。学生たちは、仲間となる市民の数がどんどん増えていくなかで、だんだん民主主義への信頼を失い、議会外での行動——デモ、座り込み、その他の市民的不服従を示す行為——に走るようになっていった。

政治が信頼できない以上、われわれが提唱してきた改革などで頭を悩ませて何になろうか。われわれはいわば、経済という「瞰制高地《かんせいこうち》」（基幹部分）のありようを変えることに腐心したのだが、新しい世代は異なる別の制度やカウンターカルチャー〔対抗文化〕、また既存のものにとって替わる自分たちの社会を創出することしか眼中になかった。ある意味でこれは、われわれが思い描いていた行動計画よりも、はるかに現実的ではあっても、より保守的な姿勢であった。政治や企業行動の目標を修正することに関心を寄せ、利益優先主義ではない長期的な社会計画を構想しようとする者はいなくなってしまった。学生たちは、自分たちの新聞やラジオ局を大きくすることで頭がいっぱいだった。自分たちの手で、代わりの大学を新しく作ろうとする者たちさえいた。けっして（保守的な教授陣が非難したように）大学という概念を破壊しようなどと思ったわけではなく、彼らが欲したのは、よりましで自由な大学だった。

一九六八年、蒸し暑いコロンビア大学の講堂で、私は数百人の聴衆とともに、エドワード・トムソンがウィリアム・ブレイクについて講演するのを聞いた。トムソンは嬉々として学生に語りかけ、彼らの反乱が知的なものへの反対運動ではなく、むしろカリキュラムの幅を広げ、大学側がなかなか認めたがらない新しい意見を取り入れようとするものであることを、分からせようとしていた。徐々に新しい世代の大学院生や若手の教員たちが声をあげて、今でも右翼が恐れをなすやり方でカリキュラムを変え始めた。パンセオンの「反教科書」シリーズは幅広く使われたが、さらに重要なことは、そこに登場した新世代のラディカルな学究たちが、活躍しはじめたことだ。まったく新しい学問分野が切り開かれた。たとえば黒人史や女性学研究といった分野が登場し、急速に広まっていった。あの頃私にとってなんと言っても面白かったのは、そうしたさまざまな分野で生まれてくる新しい原稿を読むことであり、それらが時代の知的熱狂を大いにかき立てるのを、目の当たりにすることであった。

しかし知的な議論というものは、きわめて実際的な文脈において存在するものであり、そのため、アメリカの政治が変質するにつれて、われわれは徐々に受け身の立場に置かれるようになっていった。ニクソンの、さらにはレーガンによる政策の影響を受けて、左翼は、国内の状況を良くするよりもむしろ、海外で最悪の事態が起こらないようにするというところへ追い込まれていった。

第7章　変質する出版界
―七〇年代以後―

チョムスキーの見立て

過去を振り返るとき歴史家は、西側世界の衰退、戦後の景気拡大――フランス人が言うところの「輝ける三十年間」――の終焉が、西側経済全体を痛めつけた石油危機に端を発していたと指摘できるだろう。失業が急増し、それ以後、有権者は直面する問題を解決すべく、どんどん右寄りになっていった。

しかしその時点で、そうした長期の変化に気づいていたという言いかたをするのは不正確だろう。エリック・ホブズボームが『極端な時代』で書いているように、「一九七三年以後、二十年間のうちに、世界は方向性を見失い、知らぬうちに不安定で危機的な状態に陥ってしまっていた。しかし一九八〇年代までは、それがどれほど取り返しのつかないものか、明確ではなかった。一九九〇年代の初頭にいたって、初めてわれわれは、現在の経済問題が事実上、一九三〇年代のそれよりも深刻であることに気づかされることとなる」(*The Age of Extremes*, p. 387.)。

アメリカ人の生活は、国内問題というよりも、むしろ外交政策に関わって生じた一連の危機に大きく左右されるようになった。一九七五年に終結するまで、ベトナム戦争がアメリカの中心的関心事であり、熱っぽく論じられるテーマだった。しだいにアメリカ人の思考や出版物はベトナム戦争一色になっていった。政権を守るためだけではなく、大統領権限に対する憲法上の制約を何としてでもかいくぐろうとして、ニクソンが次第に不正な行為に走ったのも、戦争反対の抗議運動があったからだった。ニクソン批判は政治と法律のふたつの前線で繰り広げられたが、ジョージ・W・ブッシュ政権が崩壊する以前のいかなる時期とくらべても、争点は明白だった。

パンセオンでは次々にベトナム戦争論やニクソン論を出版していったが、私は依然、ニクソンの妄想的な想いこみから生じた一時的な危機を扱っているように感じていた。ノーム・チョムスキーの本を数多く出版できるのはたいへん誇りだったが、私は自分の古くからの改良主義的本能から、アメリカそのものが帝国主義の砦、それもデモや部分的改良などで変えられない類のものに変質してしまったというチョムスキーの見解を、完全に受け入れるまでには至っていなかった。しかし時の経過とともに、チョムスキーの見立てがどんどん説得力を増していくようだった。

フォード政権、カーター政権と続いたしばしの小休止の後、レーガン時代を迎えると、社会状況は一変し、激変に見舞われることになる。私たちは、アメリカのこれからを問う新しい考え方を出版するどころか、レーガンの決断によってもたらされた、いつ終わるとも知れない危機的状況に再び対応を迫られることとなった。レーガンは脱ベトナム戦争的徴候、帝国主義的政策の泥沼はもうご免だとするアメリカ人一般の気分を、断固打ち破ろうとした。レーガンはそうした政策を徐々に、しかしばかばかしいとしか言いようがないほどに推進しはじめた。最初は小さな島国グレナダへの侵攻だったが、ほどなく次々にラテンアメリカへ拡大していった。しかも馬鹿げたことに、残忍きわまりないコントラ〔一九八〇年代のニカラグァ内戦において、レーガン政権の資金で、革命政権に対する抵抗運動を展開した反政府ゲリラ〕を抵抗の戦士扱いしていった。あげくにイラン＝コントラ・スキャンダル〔レーガン政権がイランへの武器禁輸を極秘裏に解除し、その武器売却代金をコントラに不正に流していた事件。一九八六年発覚〕が引き起こされたのだった。ホワイトハウスに連なる山師たちが、後になって初期のアルツハイマー病だったと言い訳をするような大統領から、フリーハンドの権限を与えられて引き起こした大事件だ。

しかしそうした政策がいかに常軌を逸したものであれ、彼らが国家の戦略を決めている以上、われわれとしてもどんな本を出版しなければならないかが、自ずと定まった。ラテンアメリカ関連書、アメリカ帝国主義復活論、ニューディール遺産の無効化をはかるさまざまな国内政策の批判などを、次々に出版していった。

サッチャーとブレアの悲惨なイギリス

イギリスでは、戦後、労働党によってもたらされた福祉国家政策に厳しい制限をもうけようとするマーガレット・サッチャーが、さらに目ざましい「成果」を収めていた。サッチャーは有名になった、「社会」などというものは存在しないという言い方で、社会主義的な考え方の土台そのものを掘り崩そうとしていた。欲望は美徳であり、自分のことだけをしっかり考えていればいい、とされた。労働者は、（個々人の能力や業績にたいして上司が酬いてくれると期待するのではなく）労働者同士が行動を共にすることでもっとも進歩しうるとする考え方に立つ組合やその種の組織から、離脱するよう奨励された。公共サービスは減らされ、企業は私有化された。イギリスを、刺激に富む暮らしやすいところにしていた多くの制度が、つき崩されていった。

あの頃ロンドンに戻ると、サッチャー政策の影響がしだいに目につくようになっていた。都市関連予算が大幅にカットされたために、道路はかつてなく不衛生になり、物乞いやホームレスの数がどんどん増大していった。あれは英国から永遠に消え失せたと思っていた光景だった。その間、イギリスの文化的な状況もまた、たとえばロンドンの劇場がブロードウェー的商業主義の附属物と化するように、変質しつつあった（ナショナル・シアター（国立劇場）のような数少ない重要な例外は別だが）。

私の知る限り、英国の出版社の変化はさらにひどいものだった。編集者に途方もない利益目標を押しつけるコングロマリットによって買収される出版社が、どんどん増加していった。私と同世代の編集者の多くが首になり、サッチャー主義の目標を内面化し、それ以外のさまざまな価値があることをまったく知らない若者、そして自分たちこそが規範だと思い込んでいる若者にすげ替えられていった。年々、私の住所録は記載抹消した良き友人や仲間たち、また文字通り消滅してしまった何十もの出版社の名前だらけになっていった。

かつて数多くの小さな出版社を訪ねたときと違って、出版社はごく限られた数の新しいぴかぴかのオフィスビルに入っているために、すべてのアポイントは短期間にこなすことができた。輝かしい歴史をもつ古くからの著名な出版社も、コングロマリットの新しい本部ビルの一フロア——あるいは単に机ひとつだけという場合すらあった——に収まっていた。D・H・ロレンスやジョージ・オーウェルの本がぎっしり並んだ、悲しい間に合わせの本棚は、そこがかつては活気に満ちた熱血編集者たちの集団だったことを示すもの、いや彼らの墓碑というべきものだった。

大学への影響も同じく惨憺たるものだった。教員にたいしても生産割当が定められ、教員たちが、教育にかけるのとほとんど同じ時間を、お役所仕事的な書類書きに充てなければならなくなったとこぼすほどになった。トニー・ブレアの下で、とうとう自由な高等教育という考え方は根元から崩されてしまい、どんどん法外な授業料が課せられるようになっていった。理論的には支払い能力のある家計を対象にしてということだったが、徐々に、アメリカと同じように、借金をしなければならない学生に対しても、同じように授業料が課せられるようになった。このことの予測できる、そして疑いなく意図された結果として、卒業生は借金を返すべく、より給料の高い企業に就職するようになった。公務員になろうとする者はいなくなり、基幹的な民間会社へ移ってしまった。私のケンブリッジ時代の同級生は大勢、進んで学校の先生になったのだが、それも今は昔の話だ。ロンドンのシティに人が集まるようになり、イギリスは、さまざまな商品や新しい考えを生みだす所ではなく、マネー作りのための金融センターとなってしまった。

イギリスのマスメディアもまた変質した。最初は印刷メディアから始まり、次にテレビがとどまることを知らないまでに低俗化し、政治的には極端かつ無茶苦茶なものになってしまった。かつては抑制が利き、有益な情報を提供していたタブロイド紙も、スキャンダルを追っかけ、ピンナップ写真を掲載し、ほとんど反動的な政治新聞と化した。そうした変化をもたらしたのがルパート・マードックだ。彼の率いるニューズ・コーポレーションは、イギリスのいくつかの主要な新聞を支配下におさめることに成功する。中には、もっとも人気の高いタブロイド紙「ザ・サン」や、かつて体制側の最重要オピニオン紙だった「タイムズ」も含まれていた。「タイムズ」は内容も組み方も変わってしまった。

国内の政治やモラルに対するマードックの影響は広範囲に及び、ブレアはすぐに、支持率確保のためにはマードックと取引しなければならないことに気づく。マードック系の各新聞は、ブレアが最終的に勝利を収める選挙では、「彼をやっつけるのは我々だ」という有名な、欺瞞的なまでに大衆政治風の見出しを掲げて、大々的に労働党敗北をぶち上げていた。首相に最終的に選出されるや、ブレアはただちに行動を起こしてイタリアに飛び、イタリアのシルヴィオ・ベルルスコーニに働きかけて、マードックのスカイ・テレビジョンのイタリアにおける放送権を認めるよう要請している。

最初はおそるおそる始まったご都合主義のようにしか見えなかったのだが、それは後に、ブレアとベルルスコーニ、マードックとが一緒になって、ジョージ・W・ブッシュのイラク政策への支持を打ち出したとき、新しい永続的な関係であったことが明白になった（マードックの発言でよく引用されるのは、イラク侵攻の折に言った次のセリフだ。「いま撤退したら、われわれは中東を放棄してサダム・フセインの手に委ねることになるだろう。それはできない話だ。ブッシュは非常に道義にかなったやり方で行動している。……世界経済にとって最も望ましいのは、一バレル二〇ドルの石油価格だ。それはいかなる国にとっても、いかなる減税よりも望ましいことだろう」（雑誌『ブレティン』、オーストラリア、二〇〇三年二月号）。周知のように、原油価格は最近一バレルあたり八〇ドルに達している）。

マードックが、英国とオーストラリアの大衆紙にどんな影響を及ぼしたかを確認することによって、われわれはアメリカにおける彼の危険性を見ておくべきだった（今世紀に入り、マードック帝国下の複数の英国メディアが、大規模盗聴を含む違法取材を長年続けてきた大スキャンダルが発覚。アメリカにも波紋が広がりつつある）。あっという間にマードックは、合衆国内で政治的影響力を行使し、いかなる会社も同一都市内でテレビ局と新聞社を所有することはできないと定めたＦＣＣ（連邦通信委員会）規定の、除外措置の獲得に成功する（以前に出た伝記によれば、マードックはジミー・カーターに、航空会社の買収計画についても同意してくれるならば、伝統的に民主党支持の「ニューヨーク・ポスト」紙によるカーター支持を約束したという）（トーマス・キールナン著『市民マードック』、ニューヨーク、ドッド・ミード社、一九八六）。マードックのアメリカにおける系列社である「ニューヨーク・ポスト」とフォックス・テレビは、ハースト〔ウィリアム・ランドルフ・ハースト〕系新聞による最悪だった時代以来の、極端な右翼ポピュリズムの強力な喧伝者となった。

われわれ出版業に携わるものが、自分たちを取り巻く政治的な危険に重大な関心を寄せていながら、まさに自分たちの分野においても、これと同じ現象がすぐにも起こるであろうことを予測しそこなったのは、皮肉なことである。

ベネット・サーフのランダムハウス

一九六一年にパンセオンを傘下に収めたランダムハウスは、その頃までアメリカにおける旧来型の出版路線を続けていた。創業以来、ベネット・サーフとドナルド・クロップファーが会社を保有しており、自分たちで好きなように活動を続けていた。まだ比較的小さな出版社で、主に、人気のあるアメリカ人の著作を出していた。彼らが出していた書目には、ウィリアム・フォークナー、ジョン・オハラ、ジェイムズ・ミッチェナーといった、アメリカ文学の主要な作家の名前があった。ボブ・ハースが一九三六年に加わり、アイザック・ディネーセンやアンドレ・マルローといった、ヨーロッパの著名な作家の名前が加わる。

しかしもっとも名だたるアメリカ人の書き手がランダムハウスに名を連ねることになるのは、一九六〇年のクノップの吸収合併以後だった。パンセオンが加わることで、ヨーロッパで出ている、同様によく知られた書目、例えば出たばかりで大成功を収めていた『ドクトル・ジバゴ』や、ジュゼッペ・ディ・ランペドゥーザの『山猫』などが付け加わった。ランダムハウスには、クノップの名を知らしめていた海外物の出版を手がけられる若手の編集者たちも入ってきた。クノップには、海外物を扱えて、創業以来の経営者ブランチ・クノップ、アルフレッド・クノップと関心を共有するような人材が、誰もいなくなってしまった。

クノップ夫妻は、私が自分たちの後を継いでくれるかもしれないと考えたのだろう。ブランチは非常に誠実な人で、私を昼食に招いてくれた。見るとそのとき、彼女はすでにびっくりするほどガリガリにやせ細っていて、レタスの葉をちょっとかじっては、私が彼らの跡取りとなる気がないかを、それとなく探ろうとするふうだった（危ないポストであることは有名な話で、絶対に二、三年以上は持ちそうにない仕事だった）。私自身の関心が、パンセオンで父が力を尽くしていた企画を続け守っていくことにあるとわかって、夫妻は期待していますよと言ってくれた。

ほとんど議論されていないアメリカ法の一面であるが、アメリカの制度は、明らかに家族経営ではなく会社制度を対象として作られたものである。会社は永続的に存続するものであり、家族は消えゆく運命にあるのだ。アルフレッド・クノップは不可避の相続税支払いを免れようと、会社を売却してしまった。

巨大エレクトロニクス企業の出版社買収

数年もしないうちにベネット・サーフたちも同じジレンマに直面し、エレクトロニクスの巨大企業RCAに、新しく大きくしたグループごと身売りせざるをえなくなる。『ランダム・ハウス物語』（早川書房、一九八九）（*At Random*, 1977）のなかで、サーフは、そうすることで自分の好きな本を出し続けられると思っていたと語っている。企業による所有ということに対してうぶで、甘い見通ししかなかったことが分かるが、それが当時の出版人の間での、ごく普通の受け止め方だった。

RCAが支配権を握ったとき、彼らがもちこんだものは、がちがちの企業経営方針だった。毎四半期ごとに利益が増大し、年々成長することが期待された。ランダムハウス傘下の各出版社――社の各部門――は、求められている結果を出せる能力いかんによって評価され、利益を生み出す中核とならなければならなかった。もっとも重要なのは、社が目指すものそのものが変質してしまったことだった。利益が唯一の目標となった。ランダムハウスがどんな本を出すかは、どうでもいいことだった。企業全体の収益構造のなかで、どれだけ貢献できるかが問題だった。

ＲＣＡの期待は、出版界ではランダムハウスの最大の弱点として広く知られていた教科書部門が、ＲＣＡの新しい「ティーチング・マシーン」（初期のコンピューター応用教育機器）と結びつくことで、ウォールストリートの新しい流行語であるシナジー効果（相乗効果）が生まれることであった。しかし二、三年も経たないうちにティーチング・マシーンは、あまりにも魅力に欠けるものだったために終わりを迎える。何にせよランダムハウスの不十分な教材は、独占禁止法によってティーチング・マシーンとの抱き合わせ販売を制限されてしまった。かくして社は、弱みを広くさらけ出す屈辱を味わわずにすんだのだった。

こうしたことがあってＲＣＡは、ランダムハウスを二、三年のうちに手放してしまうのだが（それは、意気込んで出版社を取得した他の巨大電子機器企業についても同じことだった）、しかし、ＲＣＡがランダムハウスに押しつけた構造そのものは、変わらずそのまま残ってしまった。ベネット・サーフの跡を継いだボブ・バーンスタインは、可能な限りわれわれをＲＣＡの不合理な要請から守ってくれたのだが、彼自身が古くからのランダムハウスを変えるよう強いられていた。

彼とはよく出勤の途中、セントラル・パークを歩いていて一緒になることがあったが、パンセオンが今や稼ぎ頭だと聞かされたことを覚えている。その時はそれがどういうことなのか明確にはわからなかったのだが、ほどなく何とも悲惨な事態を迎えることとなる。自分たちの力だけでやってきたパンセオンは、内部の小さな諸部門全体から上がる収益で生き残ってきた会社だった。たとえば、『ドクトル・ジバゴ』のように大ベストセラーとなって大当たりするものが出てくる前は、児童書部門が非常にうまくいっており、会社運営の上で大きな力になっていた。父がもともと手がけていた書目もそうだが、アルベール・カミュの『異邦人』など、多くの本が大学の授業でも使われていた。

ＮＡＬで経験を積んだ後、そのままパンセオンで仕事をするようになったとき、私が最初に手がけたのがペーパーバック路線の開拓だった。これは大成功だった。ギュンター・グラスの『ブリキの太鼓』や、アン・モロー・リンドバーグの大ベストセラーとなった内省の書『海からの贈りもの』など、いずれも最初は自分のところでハードカバーで出したものだった。しかるに新しい体制は、こうしたわれわれの財産をすべて剝ぎ取りはじめたのだ。児童書がまず手始めで、クノップに吸収されてしまった。パンセオンのペーパーバックはヴィンテージの一部門になってしまった。こうしたことが相次いでおこった。

ペーパーバックからの利益を確保しようとする闘いは、私が離れるまで続いたが、結末はその他の部門の運命をも決するものだった。ランダムハウス社ベストセラー書部門の非常に有能なトップだったアン・ゴドッフが、二、三年後、部門の利益が不十分だという理由で不名誉にも首にされてしまう。しかしペーパーバック部門の収益は、まさに彼女の功績以外のなにものでもなく、彼女は、ランダムハウスの新しい親会社であるベルテルスマン・コーポレーションが、それ以上期待しようのない貴重な存在だったはずだ。

そんなこんなで、会社の新しい方針は、知的な出版活動を続ける上では危険な、実際しばしば命取りとなるものだった。執筆に何年も要するような本は、四半期ごとの売り上げ拡大を目指す路線にはうまく収まらなくなった。ＲＣＡに対してバーンスタインは、こうした事情を懸命に説明したのだが、新しく所有者となったコングロマリットの歓心を買おうとして、出版全体として不合理な決定がどんどんなされていった。クリスマスものの書籍がなんと八月に、その期の売り上げ目標を達成するために出版されるといった始末だった。書籍の出版だけでは成長路線の目標を達成することが困難なために、いかに不適切なものであろうと、しばしば他の会社を買収することで達成がはかられた。

中でも重要なのは、たんに会社の利益拡大だけでなく、しだいに他の持株会社――映画会社やテレビ局、新聞社などのより儲かっている部門――の利益水準に近づくよう期待されたことだった。アメリカやヨーロッパでは、この百年ほどの間、出版業界全体で年間の利益は三、四パーセントというのが普通だったが、ウォールストリートが期待していたのは、一〇パーセントから二〇パーセントの利益だった。明らかに立場の異なる業界は相交わることがなく、期待されたシナジー効果さえ生まなかった。そのために、出版業界における吸収合併の第一波は急速に終わりを迎えた。

サイ・ニューハウスの利潤第一主義

一九八〇年にRCAがランダムハウスを見限って、会社がS・I・ニューハウスと彼のメディア・コングロマリットであるコンデ・ナストによって買収されたとき、ランダムハウスの誰もが大喜びした。ニューハウスは会社に乗り込んできたとき、全員に約束した。自分はランダムハウスの皆が出版しているものを信頼しており、作る本についても社の構造についても、何一つ変えるつもりはない、と。ニューハウスは、現代美術の素晴らしいコレクションと、夫人が自分でやっている建築史関連出版の小さな独立事業への積極的な資金援助で知られていた。そのため最初のうちは、開明的な資本家の典型例と思われていた。誰も、彼がよそでどういう方針をもっていたかを調べてみようと思わなかったし、RCAの支配から解放されたことでほっとしていた。

しかしじきに、コンデ・ナスト・グループがさらに大きな利潤を期待していること、ランダムハウスをしだいに変えようとしていることが明らかになる。ニューハウス——サイ（Si）と呼ばれていた——は、あっという間にランダムハウスの学校・大学教育部門を売却してしまい、かわってクラウン出版の大衆部門を買収する。だがそれは、買収額にまったく見合わない買い物だった。そして大学教育部門を失うことで、クノップおよびパンセオンは、自分たちの書籍を大学に販売することがきわめて難しくなってしまった。

この時点で私は、パンセオンが長くは立ち行かないことを理解すべきだったのだ。たしかにボブ・バーンスタインが、よく私に対して大丈夫だよと言っていたように、ランダムハウスのせいでわれわれが損失を被ることはなかったが、われわれがニューハウスに最大の利益を上げさせることなど、できそうにないのも明らかだった。パンセオンもまた、ニューハウスが新しく傘下に収めた別会社の雑誌『ニューヨーカー』がたどったのと同じ運命を、遠からずたどることになる。

ニューハウスの基本計画の一環として、バーンスタインは首になり、代わってアルベルト・ヴィターレという無能な元銀行家が、その位置に就いた。忙しすぎて本なんか読んだことがないよと、あたりかまわず自慢するような男だった。彼の部屋は衛生的といえば衛生的で、臭いがしたり埃がたまったりするようなものは何一つ置かれておらず、目立ったものといえばヨットの写真だけだった。ヴィターレはニューハウスに、本を読むような煩わしいことはいっさいしないけれども、自分の経営術で新しく大儲けしてみせようと約束したのだった。二、三年もしないうちにニューハウスは気づかされる。ヴィターレが社のさらなる大衆化路線を推し進めて、社員にやる気をなくさせてしまい、彼のきわめて乱暴なやり方ではまったく儲からないこと、ランダムハウスの利益がかつてない低レベルにまで落ち込んでしまうことに。ヴィターレも首になったとき、ランダムハウスの儲けは、彼が約束した百分の一――ヴィターレがニューハウスに、自分がやればどんなに少なくともこれだけは儲けてみせると約束した一〇パーセントではなく、〇・一パーセント――になっていた。

しかし儲けを出さなければならないという圧力の影響は、ヴィターレが就任する以前からすでに出はじめていた。パンセオンは大儲けすることは期待されていなかったにしても、知的な書籍を出版することで被る損失をカバーするベストセラーものなどを、ほどほどの割合で出していくよう意

パンセオン社から『核の迷妄』を出版したジョージ・ケナンと談笑する著者．フランクフルト・ブックフェアにて（1982）．

識していなければならなかった。

幸運にも私は、マルグリット・デュラスからアニタ・ブルックナーにいたるまで、ベストセラー・リストの中位につくような、尊敬する大勢の作家の作品を出すことができた。また幸いなことに、ジョージ・ケナンの後期の非常に重要な著作は、いずれも出せばベストセラーになった。スタッズ・ターケルの以前と変わらぬ協力も、同じく欠かせないものだった。ターケルの本は年々驚くほどよく売れ、ハードカバーもペーパーバックもベストセラーとなった。彼の『仕事！』はさまざまな版が出ているが、一〇〇万部を超える売り上げを記録した。

六〇年代から七〇年代はじめにかけては、われわれが出す政治関係の本にも大勢の読者がついていた。リチャード・クロワード〔コロンビア大学教授。社会学者、社会運動家〕やフランシス・フォックス・ピヴン〔ニューヨーク市立大学教授。政治学・社会学者。クロワードの妻〕といった人たちの本は、五十万部をはるかに超えて売れたし、ノーム・チョムスキーの本もまた大勢の読者に迎えられた。彼らの本が成功を収める余地があるのは嬉しいことであったが、私の理解では、それは時代の徴候であり、大学や政治組織が、政治により大きく関わるようになってきていることを示すものであった。書籍はいわば代理投票として、とくに主要政党の綱領では追いつかない考え方が求められるときに、しばしば利用されるようになってきたのだと思われた。

七〇年代後半から八〇年代にかけて政治的傾向が変化したように、そうした著作家の本の売れ方もまた変化した。書籍の売れ行きは、巧まずして世論のありようをみごとに示すものであった。アメリカの政治的変化が、われわれが出版しなければならないと思っているものに、影響を及ぼしてはならないという思いを強くする一方で、私は、社の財政収支のバランスがとれるようにするために、前にもまして時間をかけなければならなかった。

排除されるパンセオン

簡単な話ではなかったのだが、こうした両面作戦も、われわれの左翼的立場をおおむね共有していたボブ・バーンスタインが責任者でいてくれた間は、なんとか貫くことができた。ボブはヒューマン・ライツ・ウォッチ（世界的な人権問題ＮＧＯ）――当初は、現在のような大きな組織ではなく、はるかに小さな団体で、ランダムハウスの会議室で毎月会合を開いていた――の立ち上げにも深く関与していた。

しかししだいに分かってきたことだが、サイ・ニューハウスは、ボブがソ連の反体制派アンドレイ・サハロフのような著者に肩入れすることも、私がアメリカの批評家に肩入れすることも、よしとしなかった。代わりに、はるかに保守的なニューハウスがランダムハウスに連れてきたのは、ジヨー・マッカーシーの右腕だったロイ・コーンや、後には、投機的資本家のドナルド・トランプのような人物だった。

こうして一九八九年暮れ、あれよあれよという間に重大局面を迎えることとなった。バーンスタインがヴィターレと交代させられてしまえば、パンセオンの排除はただ時間の問題だった。論理的に言って、私のデカルト的な合理思考からすると、それはありえないことだった。パンセオンの出版物はますます充実し、売り上げも年間二千万ドルに近づきつつあった。もちろんランダムハウス全体の総売り上げの中では、確かにごくわずかなものでしかなかったが、ランダムハウスに買収されたときの年間百万ドルと比べれば、はるかに大きな額になっていた。

われわれの最後の目録は、私がかつて作った中でも、おそらくいちばんよくできたものだった。皮肉なことに、バート・シンプソン・シリーズ（テレビ化されたマット・グレイニングの人気アニメ）の最初の本の契約を結んだばかりのところだった。それまでにも、私がすごく滑稽な漫画本『地獄の生活』を出していたので、マット・グレイニングは、この最新作をパンセオンから出してもいいと言ってくれたのだった。社を離れる数週間前に、テレビ・シリーズの最初の数回分を見る機会があり、まちがいなくわれわれは、巨大な成功を手中に収めるはずだということを確信した。われわれの売り上げは、いかなる株主が買い求めてもおかしくないほど急速に伸びていたし、今後数年間売れ続ける在庫目録を作り上げようとしていた。

しかしこうした書目の成功など、もはや大したことではなかった。求められたのは、まったく異なる、しかし決定的な二つの事柄だった。ヴィターレの要求は、どの書目も儲けを出すことだった。

しかし私が主張したのは、あまり儲からない本の分をうまくいった本で補填するという、古典的な出版の考え方だった。後に、ヴィターレは新聞のインタビューで、こうした哲学は排除されなければならないと説明している。パンセオンでこれをやりとげられれば、他でも、同じことができると思う者が出てくるだろう、と。ヴィターレが考えた方法は、私に新刊案内の三分の二を削除させることだった。残りの三分の一がもっとも利益が大きいと考えてのことだった。この考え方の背後には、従業員の三分の二もまた整理するという考えがあった。

しかしニューハウスは、また別の計画案をもっていた。それはヴィターレの入れ知恵によるものだったが、左翼の本ばかりを出して、なぜ右翼のものは出さないのかというのだ。ヴィターレは後日、自分はそんなことは言っていないと否定しているが、これがまちがいなく主たる要求だった。*

＊その後もう一つの大コングロマリットもまた、右翼的な出版社を立ち上げていた。今やルパート・マードックのハーパー・コリンズやペンギンのようにさまざまな出版社が、積極的に自分たちの右翼的政治信条を押し広げる、そしてレーガン＝ブッシュ時代にあって実際にそれで儲かるような書籍を出版するようになっている。

私は、自分が折り合いのつけようもないイデオロギーを相手にしているとは思ってもいなかった。バーンスタインが首になった後、われわれの周りをあらゆる噂が駆け巡ったが、私はパンセオンの終わりが近いことを思い描くことができないでいた。それだけでなく、どの程度会計処理上のペテンが行なわれているかも、理解できずにいた。会社の財務諸表に接する機会もなかったので、私は、自分たちと関係のない他部署の支出の分までわれわれの方にまわされているとか、自分たちにまったくなんの関わりもない件での請求がなされているなどとは、思ってもみなかった。たとえば、私は一度も運転を習ったことがないのに、私が自動車を買ったことにされているという具合だった。何よりも重要なのは、われわれが出してきた書目の多くが価値がないものとされ、会計士によって今後の売り上げを見込めないとして抹消されたことだ。それは、儲けを出すうえであてにしている書目のほとんどに、影響を及ぼすものであった。

この不当な操作はパンセオンだけを対象に行なわれたもので、ランダムハウスの他の部署は対象外だった。それはパンセオンが、パンセオンだけが、何百万ドルもの損失を出しているということを示すために、ヴィタ－レが弄した策だった。彼はランダムハウスの社員と、その後は新聞社に対して、パンセオンが、維持していくには高くつきすぎることを納得させようとして、さまざまな数字を利用したのだ。

私が会計士との闘いや、ヴィタ－レの要求には応じられないことへの説明で多忙をきわめている間に、一九六八年の政治状況の中で学んだ若い同僚たちが、毎晩それ以外のことをしてくれていた。彼らは、われわれの関係する著者全員をはじめ大勢の人たちに手紙を出し、何が起こっているかを伝えてくれた。それがきっかけとなって抗議の輪がどんどん広がり、われわれを支援する全頁広告が〔新聞に〕出たり、ついには東五十丁目にあるランダムハウスのビル前に、数百人が集結するまでになった。デモには、シカゴから飛行機で飛んできたスタッズ・タ－ケルをはじめ、社と関係の深い著者がおおぜい加わっていたが、カ－ト・ヴォネガットのように、他の出版社で本を出しているる著者の姿も何人もあった。彼らは、危機的事態が何を意味するのかを理解していたのだ。しかる

パンセオン社閉鎖に対する抗議運動（1990年1月）．左からカート・ヴォネガット，歴史家のアーノ・メイヤー，スタッズ・ターケル．（写真提供：AP Images /Lederhadler）

に参加者全員の写真が、ランダムハウスの広報部によって隠し撮りされていた。

出版業界誌の『パブリッシャーズ・ウィークリー』も、われわれに同情的な記事と論説を掲載した。しかし、ヴィターレから今後いっさい広告を出さないと脅され、そこで終わりになったという。これは後日、信頼できる筋から聞いて知ったことだ。パンセオンの編集者全員が、結束して社を辞めるという結論を出した。私もその決定に加わっていたが、その影響は劇的だった。普通ならば残留して、少なくとも当座は籍を置いたまま、新しい経営のなかでの居場所を探ろうとするものだ。こうした大量離脱は、出版界では前代未聞のことであり、ヴィターレのしたことが何だったかを、明白かつ劇的に示すものだった。

ヨーロッパの出版人たちも、われわれを擁護しようと立ち上がり、まとまって手紙や請願書を出してくれた。私がパンセオンを離れた後、スペインの出版人たちは皆で一緒に私をバルセロナまで招待し、私のためにお祭り的な晩餐会を開いてくれた。そして、パンセオンがヨーロッパの書き手や問題を重要視していたことが、彼らにとっていかに大きな意味をもっていたかを、態度で示してくれた。それは、ランダムハウスの同僚たちの振舞いとは感動的なまでに対照的であった。

私に社員の三分の二を首にさせることこそが、会社側の事実上目指したことだった。私は、ランダムハウスやクノップの同僚もまた、彼らの出版の全一性（あるべき健全性）が同じように脅威にさらされていることを理解し、連帯してわれわれを擁護してくれるものと思っていた。しかし、事の次第が明らかになった数週間のうちに、ランダムハウスとクノップの編集者で、実際何が起こっているのかを、私のところに個人的に聞きに来た者は一人としていなかった。思うに、私のところには行かないようにという、強い働きかけがあったのだろう。クノップの勇気ある二人の編集者を除く全員が、もっとも公然たる反パンセオン的な二人の編集者が起案した一種の誓約書にサインしている。それは、明らかにヴィターレがバックアップしたもので、質と利益は密接に関連するものであると謳っていた。しかし二、三年のうちに、そこに署名した者の多くもまた、同じように脅され退職することとなった。

何のための出版社買収

新聞が問題の全体を公正に扱ってくれるものと期待した私は、自分が抱いていた多くの改良主義的期待の根本にある無知を、またまたさらけだしてしまった。メディアは、多くの政治問題の報道の仕方では公正でないことがあっても、こと文化の多様性や報道の自由という問題をめぐっては、こちらの議論に好意的ではないにせよ、まちがいなく公平なのではないか、と。なんと言っても、われわれの出している本はよく知られていたし、しばしば主要紙に好意的に受け止められてきたからだ。

しかし、内部の人から聞いた話では、われわれの話を記事にするよう担当させられた「ニューヨーク・タイムズ」の記者は、「シフリンは不相応に理想化されている」と言われ、批判的な論調で書くように指示されたということだった。当然、「ニューヨーク・タイムズ」などどこもが、ランダムハウス側の、出版は非常に重要な産業であり、それを知識人たちの手に委ねるわけにはいかないとする言い分を受け入れてしまった。ビジネスマンとしてめざましい成功を収めてきた人物であるにもかかわらず、ボブ・バーンスタインもまた、それと同じ論調で悪く言われる始末だった。新聞はランダムハウス広報部が用意した筋書き通りに、いまや「産業」と呼ばれる出版事業を経営していくためには、アルベルト・ヴィターレのようなタフなビジネスマンが必要なのだと報じた。

新聞の扱いはほとんどがその調子だったが、それだけではなかった。ランダムハウス最大の人気作家ジェイムズ・ミッチェナー〔『アンダルシア物語』『宇宙への旅立ち』など〕がこの問題をめぐって、今後ランダムハウスとは仕事をしないかもしれないと語ったニュースは、ニューヨーク港を出港する貨物船リストの脇の、「ニューヨーク・タイムズ」の運輸欄に掲載される始末だった。ミッチェナーが説得されて、引き続きランダムハウスとの仕事を継続するとなると、こんどは読書面で報じられるという具合だった。

あるとき私は仲間に、冗談のように言った。「まるでニカラグァ人のような扱いだね」〔レーガン政権は革命政府を敵視していた〕。われわれは社会の敵であり、いかなるかたちであれ企業支配の体制に異を唱えることは、社会を転覆させることに等しいとされた。現にどこであれ、私には仕事をさせまいとするような話ばかりだった。ハーバード大学出版会の理事が、私に後任として働く気がないかと聞いてきたときも、ランダムハウスは私への話が具体化しないよう、大々的な働きかけを行なっている。大学の人事委員会の人たちから聞いた話だが、ハーバードとつながりのあるランダムハウスの編集者たちから連絡が入り、シフリンに仕事をさせるのは出版会の自殺行為だとか、ヴィターレの広報担当者たちの作り話である、大赤字に陥ることになるだろうと示唆されたというのだ。パンセオンを辞めた翌年、一つだけ非常におずおずとだが、仕事をしてみないかという誘いがあった。それは昔の仲間からの話だったが、彼のいるベーシック・ブックスもまた、その後すぐに、パンセオンでわれわれが経験したのと同じ大きな変質をたどった。

そうこうするうち、パンセオンを離れてほどなく、パンセオンで最後に出した本のなかの二冊がピュリッツァー賞を受賞することになり、受賞を祝う二通の手紙を、サイ・ニューハウスから受け取った。デール・マハリッジの『そして彼らの子どもたちは』(*And Their Children After Them*)(ジェイムズ・エイジーの『名高き人をほめたたえん』の続編)と、アート・スピーゲルマンのコミック『マウス――アウシュヴィッツを生きのびた父親の物語』(*Maus*)で、『マウス』はその後、何百万部という売り上げを達成する。

マッカーシーの時代は終わったはずなのに、利潤の最大化という新しいイデオロギーに対する闘い、どんな本もすぐに利益を出さなければならないとする主張との闘いは、新しい形の転覆行為だとみなされ、マッカーシー時代と同じように攻撃され、多くの中傷や圧力にさらされた。かつての仲間たちは、五〇年代だったら受けていたであろうような、文字通りの脅迫を受けたわけではない。しかし、会社のいいなりになるよう求められていたのは明らかだった（会社の忠誠宣誓書に署名することを拒んだ編集者が二人いたが、その一人は、なんとマッカーシー時代にひどい目にあった著名なハリウッド関係者の娘だった）。

資本主義を、共産主義からではなく、利潤の最大化を正当な目標ではないと主張する内なる敵から守らなければならないというわけだ。そうした主張をする「知識人」たちは、利潤以外にも価値があるばかりでなく、それが重要かもしれないと示唆する、危険思想をばらまく連中であると、産業界だけでなく一般大衆に対しても喧伝された。われわれは連邦議会の公聴会で脅されたわけではない。だが企業や新聞は、われわれが無能なだけではなく、雇うと危険だと印象づけることに成功する。新しいイデオロギーは、昔の冷戦期の世論がそうであったように、強力に防衛されなければならなかった。

二、三年後、ニューハウスがボブ・ゴットリーブを首にすると決めたとき、再び同じシナリオが繰り返されることになる。ゴットリーブは、私がランダムハウスに籍を置いていたその大半の期間、クノップの責任者を務めていた人物だ。彼はコンデ・ナスト体制下で『ニューヨーカー』の編集長に任命されたのだが、期待された売り上げを達成できなかったために首にされてしまう。ニューハウスの宣伝機関は、私たちを攻撃したときと同じような理由をもちだしている。曰く、ゴットリーブは輝ける前任者ウィリアム・ショーンの編集方針に忠実すぎて、その路線をただ踏襲しているにすぎない、と。

『ニューヨーカー』がジョン・ハーシーの『ヒロシマ』や、環境論の古典となったレイチェル・カーソンの『沈黙の春』、ジョナサン・シェルのベトナム関係の著作を出して儲かっていた時代は、逸脱していたのだという説明がなされた。『ニューヨーカー』本来のあり方は、雑誌最初期の軽薄なゴシップ路線にこそ求められるのだと。首をすげかえ、新しい編集責任者のティナ・ブラウンの手に、古い価値の再構築と広告収入の増大が委ねられることとなる。ニューハウスには、彼女の在任中、雑誌ジャーナリズムとしての本格路線などどうでもいいことだった。

私は、自分が昔から持っていた社会民主主義的な改良主義的発想のゆえに、個人企業を過大に信頼してきたのかもしれないと、ときどき思うことがある。しかしまた、自分が変わったというよりも、むしろ資本主義そのものが変質してしまった、というほうが納得がいく。ベネット・サーフ以来私たちは、企業のオーナーが誰になろうと、皆同じように楽観主義的な考え方をしてきた。オーナーは代わっても、経営者は変わらないものだと信じていた。A・A・バーリーとG・C・ミーンズの二人による研究をはじめとする古典的な研究によれば、会社を運営するのは経営者ではなかったのか。決定的な判断を下すのは経営者ではなかったのか。

しかしサーフは、RCAが以前と同様に、出したい本の出版を認めてくれるだろうと思った点で、われわれと同じく、資本主義がいかに変質してしまったかを読みまちがえたのだ。買収をするとき買う側は、それまでその会社が何を作ってきたかなどはまったくどうでもよく、買収することで（しばしば買収したものの一部を売却したり、「もはや必要のない」大勢の従業員を首にすることで）儲かるからこそ買収したのだ。出版社が他の出版社を買収するのも、ほんとうに新しく傘下に収める必然性があってのことではなく、求められている年間売り上げを達成するためにはそうせざるをえないからなのだ。他社を買収すれば、その在庫書目を自分たちのものに組み入れることができるし、全員ではないにせよ大勢のスタッフを首にできるというわけだ。ニューハウスによるランダムハウスの整理は、全世界的に経済社会全体で大規模に進行しつつあることの、どうということもない一例に過ぎなかった。

出したい本、価値ある本は出せない

出版界だけではなく、自由業とかつて呼ばれた他の業界にも影響が及んできていた。今や弁護士あるいは医師として活躍しているイエール時代の同級生たちが、私によくこぼすようになったのも、彼らの仕事も同じように変質してきているということだった。弁護士に期待されているのは、「ブローカー的やり手」となって払いのいい依頼人を連れてくることで、法律事務所が、いま信じられないくらい儲かるようになっているというのだ。医師もまた、患者の健康ではなく、もっぱらカネにしか関心がない保険会社や病院経営者たちの指示に沿うかたちで、医学的判断をせざるをえなくなっている。報酬はうなぎ上りによくなったが、彼らは自由もまた失ってしまったのだ。

私が出版の仕事を始めた頃、多くの企業で給与は大学のそれと似たりよったりのものだった。ベテラン編集者の給与が大学教授のそれとほぼ同じで、駆け出し編集者の場合も大学で職に就いたばかりの人とたいして変わらなかった。私が最初にイギリスに行ったとき、英国出版界での最高給与は悪評ふんぷんの一万ポンド〔当時の円換算で約一千万円〕だった。しかし一九九〇年代の半ばになると、企業化した出版社の場合、百万ドル〔当時の円換算で一億円以上〕の給与はざらだったし、多くの編集者の給与は、どれだけ儲かったかという結果と密接に連動するようになっていた。それは逆に言えば、作った本がどれだけ儲かっているかを示す損益計算書が、編集者ごとに作成されるようになったということだ。

仕事を始めるそのスタートから、編集者は自分の将来が担当した本の質ではなく、収益性にかかっていることを意識させられるようになった。本を出すかどうかの最終判断は、しだいに営業や財務関係者に委ねられるようになった。そのため、編集者が編集者本来の仕事をしようとしても、しばしば待ったがかかった。収益性という鉄の仮面が、かつてなら冒険をしたり新しい才能を発見したりすることのできた、編集という専門職の上にかぶせられてしまったのだ。歴史上はじめて、思想がその重要性ではなく、潜在的収益性によって審判されることとなった。

あっという間にアメリカおよび英国の出版社の性格は——今や多くが株式会社化しており——見る影もなく変質してしまった。ハーパー・コリンズ〔マードック傘下ニューズ・コーポレーションの子会社〕の書目などには、かつては神学から美術史にいたるまで、知のあらゆる古典的な分野が豊かに揃っていたが、儲からない分野はほどなくふるい落とされていった。代わりに出版社は「娯楽産業」の一部であると自己規定をし、テレビや映画とタイアップしたものを大量に出すようになった。たまに、まじめな歴史や社会学の本が出版されると、それはほとんどの場合、なんとか企画解消されずにすんだ、数年前に契約を交わしていた本であることが判明する。

パンセオンを離れたとき私は、自分が過去三十年間にわたって成しとげてきたことを、パンセオンでもういちど実現できるチャンスなど、ほとんどないことを実感していた。大出版社が、われわれがそれまでやって来たのと同じことを、私にやらせてくれる可能性はまずありえないと思われたし、大コングロマリット傘下で生き残っていた数少ない知的出版部門、例えばハーパー・コリンズのベーシック・ブックスや、サイモン&シュスター〔複合情報企業CBSコーポレーション傘下の出版社〕のフリー・プレス（いわばパンセオンに匹敵する右翼寄りの出版部門）なども、まさにヴィターレがパンセオンでやろうとしたのと同じで、それまでよりもずっと商業主義的な出版路線へと、時を経ずして変質していった。たしかに大学出版局の中に、こうした空隙を埋めようとして頑張るところもあったが、そういうところもまた高まる圧力を受けていた。大学出版局も、儲かることを期待されるところがどんどん増えていった。

既存の制度の中には、これという解決策はないように思われた。何年にもわたって私は、大学という後ろ盾をもたない大学出版、一冊一冊の本にどちらかと言えば保守的な判断をくだす教授会決定を必要としない大学出版のようなものは、ありえないだろうかと思っていた。私の認識するところでは、過去何年にもわたってわれわれが出してきた、知的にもっとも刺激的な本は、その多くが大学から断られたものだった。大学はたいていの場合、既存の体制の要塞と化していた。ハーバー

ニュープレスに移ってからの，スタッズ・ターケルの第一作『人種問題』の原稿打合せは自宅で行なった．向かって左は，当時私のアシスタントで，現在ハーパー・コリンズの編集者となったドーン・デイヴィス．

ド大学出版局の仕事をしないかという話があったとき、将来の出版の方向性について自分の考え方をしたためた意見書を再度読み返し、私は、そのとき書いたものが、儲け主義に走らない自立した出版社、株主からの利潤志向圧力に左右されない出版社の枠組たりうるのではないか、と思い始めた。

ニュープレスを立ち上げる

パンセオンでの最後の数週間、私は財団——商業ラジオや商業テレビだけでは不十分で、PBS（パブリック・ブロードキャスティング・システム）やNPR（ナショナル・パブリック・ラジオ）のような、非営利の放送局が必要であることに理解のある——からの支援を仰ぐのに必要な趣意書の執筆に取りかかった。同じように、ほとんどすべてのクラシック音楽や演劇の多くも、利潤志向ではない形で演じられていた。同様のことは、独立した出版のためにもありうることではない

創業間もない頃のニュープレスのメンバー（1994）．『パブリッシャーズ・ウィークリー』誌は，出版の仕事において多様な人種構成が可能であることを示すものとしてこの写真を掲載した．私の右隣に立つダイアン・ワクテルは現在，ニュープレス社の代表取締役を務める．（写真提供：『パブリッシャーズ・ウィークリー』）

か。パンセオンをめぐる闘いを通して誰もが、少なくとも基本的な問題点に気がついていることはまちがいなかったし、中道左派的な本格的出版社が少なくとも一社は必要だということは、進歩的な財団にはいくらかは理解してもらえるだろう。私は主だった財団に、自分の考え方を提示する作業を始めた。

何よりも大きかったのは、われわれと関係の深かった著者たちが信じられないほど協力的だったことだ。ランダムハウス側についたのは二人だけだった。スタッズ・ターケルのような人たちは、他社から高額の支払いを提示されたにもかかわらず、われわれの新しい会社といっしょにやっていくことを約束してくれた。とはいえ、私には昔の同僚のほとんど全員を引き留めておくだけの資金はなかったので、彼らには一緒に仕事をした著者を連れて行ってもよいことを積極的に伝えた。* しかし、新しい出版社――ニュープレスという何のそっけもない名前だが――の中核を作り上げるだけは揃った。

＊その一人は、パンセオンを私が辞めたときに、それまで一緒に仕事をしてきた、マット・グレイニングの漫画「シンプソン家の人々」の編集者ウェンディ・ウルフだった。もしもグレイニングがウェンディといっしょに他社に移っていなかったら、一連の「シンプソン家の人々」は何百万部も売れて、しばらくの間パンセオンを、ランダムハウス内でもっとも儲かっている部局にしたことだろう。もうひとりのベテラン編集者サラ・バーシュテルは、その後メトロポリタン・ブックスで、かつてわれわれがパンセオンで出していたものに、きわめて近い性格の書籍出版を実現していった。パンセオンでサラがともに仕事をした著者のなかでは、バーバラ・エーレンライクはたいへんな成功をおさめ、ベストセラーとなった著書『ニッケル・アンド・ダイムド』（*Nickel and Dimed*, 2002）〔東洋経済新報社、二〇〇六〕は百万部以上売れた。

生来の楽観主義とアメリカへの信頼から、私はなんとかやりおおせるだろうと確信していた。自分がティーンエイジャーだったころ、社会主義がもっとも理にかなっていることを、他の人たちも理解してくれるだろうと感じていたのと同じように、この構想はしごくまともなものだと思えて、この時も私は、他の人たちがまちがいなく理解してくれると信じていた。数年後のことだが、もっとも近しい友人でさえ、われわれがやり抜くことができるとは思ってもいなかったと認めた。しかし、実在しない組織を自分の居間で立ち上げなければならない困難、そしてわれわれに対する財団の支援可否決定を、いつまでも待ち続けなければならない辛さにもかかわらず、以前秘書をしてくれていたダイアン・ワクテルと私はついに、パンセオンを離れてほぼ一年後、出版工房をようやく立ち上げることができた。

その後の数年間の話については、私はすでに他のところで語っている。十七年が経過し、この著作をしたためている今この時も、ニュープレスが活動を継続し、年間八十冊ほどの本を出版し続けていること、パンセオンがかつて果たしていたのと同じ役割を果たしていることを、申し述べておけば十分であろう。当然ながらわれわれには、かつてランダムハウス時代に使えたような潤沢な資金はない。しかし、ひとつパンセオンでの経験から言える皮肉な話は、われわれがニューハウスの何十億ドルもの資本を必要とすることはほとんどなかったということだ。ほとんどの場合、出したいと思う本は、巨額の前払い金を必要とするものではなかった。

その後もわれわれの状況に変わりはないし、最近増えてきた新しい小さな、自分たちだけでやっている会社の場合も同様だ。自分で新しく事業を始めてみて嬉しく思うことのひとつは、大出版社がやらないといって見向きもしなかったさまざまな分野の仕事を引き受ける、小さな出版社がどんどん増えるのを見ることだ。今やそうした小出版社こそが、詩や翻訳もの、新しい文芸ものの主要な提供者となった。そのほとんどは、商業出版の変質を目の当たりにし、自分でやった方がいいと思い定めて始めた若い人たちだ。

しかし、いくつか越えなければならない大きなハードルがあった。たとえば、小売書店との関係がおそろしく限定されている上に、金のかかる長期企画を依頼するための資金的余裕など誰ひとりなかった。にもかかわらず小出版社は、アメリカにおいても外国においても、いまや重要なもう一つの柱になっているのだ。

武器製造業者が出版界を牛耳る

二、三年前、こうした展開を、伝統的なやり方を守り続けていたヨーロッパの出版界と比較したことがあった。当時フランスでは、出版界の三分の二が、二つの巨大コングロマリットに支配されてはいたものの、自立した一流の出版社も依然存続していた。彼らのお陰で出版界の雰囲気が保たれ、コングロマリットも、アメリカやイギリスからはほとんど姿を消したまともな本の出版を続けざるをえないような状況にあった。それで私は二〇〇三年、意を決して一年間フランスで仕事をすることを思いたった。

しかしショックだったのは、アメリカ式のやり方が模倣されていただけでなく、むしろ勝《まさ》っていたことだ。支配的な二つのコングロマリットのうち、ヴィヴァンディは、あまりにもアメリカ流にやり過ぎてしまい、度を超えた価格で数多くのメディア企業を買収したために、あっという間に破産の危機に直面する。フランス政府は、ヴィヴァンディの各部門を数社の異なる買い手に切り売りするのではなく、国内の別のコングロマリットであるアシェットが、ライバル社を買収するよう後押しした。その結果巨大コングロマリットが誕生し、フランス出版界の三分の二の支配権を握る事態となる。教科書や参考書、流通といったいくつか基幹的な分野で、支配権はほとんどすべて独占状態にまで達してしまった。

フランスの新聞でこの吸収合併に関する記事を読んだとき、驚いたのは、それがなんの反対もなく進行しつつあることだった。関係者の誰ひとりとして――出版社も新聞も著者も――フランスの知的部門の大半を、基本的には武器製造を生業とする組織の手に委ねるような合併を、問題視していなかった。やっとフランスの書籍小売業者たちが、こうした独占が販売条件に悪影響を及ぼしかねないことに気づき、ブリュッセルにある欧州連合の反トラスト委員会に不服申し立てをした。一年間の慎重な審査を経て委員会は、ヴィヴァンディの完全接収は認められないとする決定を下したが、しかしアシェットが旧ライバル社の、なんと四二パーセントを買収することは承認したのだった。

その間にも、主要な独立系出版社の数は急速に減少していった。フランスのもっともすぐれた出版社のひとつスイユは、絵本の出版社であるマルティニエールが率いる、また別のコングロマリットに買収されてしまう。マルティニエールは、この買収のために、シャネルやヴェルテメール、シカゴ・トリビューンなど、さまざまな出資者から資金を調達している。スイユの事業は古典的な資本主義的変容をこうむり、編集者たちは、いかなる書籍も利潤を出さなければならないと申し渡された。

新社主とのラジオ討論番組で私が、惨憺たる結果を招くであろうこうした政策を本気で推し進めるつもりなのかと聞いたとき、はっきりと、それが競争原理というものだという返事が返ってきた。「フランスだけは例外」ということが伝統的に強調されるにもかかわらず、フランスもまたグローバル化した先例の後を追って、急速に変わっていった。

こうしたコングロマリットによる支配が行なわれるようになった結果として、フランスでも、チョムスキーのような著者の本を、さらにはホブズボームのような著者の本まで出そうとする、独立系の小出版社がまたたく間に増大する。パンセオンで仕事を始めたとき私は、ヨーロッパの大きな出版社にいる若い編集者たちと協力しあえる関係を築いたのだが、今度はそうした小さな出版社のなかに、ニュープレスと志を同じくする新しい世代の仲間を見出すことができた。

こうした新しい波は勇気づけられるものではあったが、しかしそれは不幸なことに、グローバル化が、他のあらゆるものと同様に、世界中の出版界を飲み込んでしまった結果だった。ヨーロッパ文化の砦は、新しい国際資本主義の力に圧倒されつつあり、そこには嬉々として協力する出版事業者のみならず、メディアの存在があった。同じように二〇〇三年には、悪い話ではないとでもいうかのように、新聞社が買収されてしまい、フランス全国の新聞雑誌の三分の二が、フランス政府を主たる取引先とする武器製造会社の支配下に置かれてしまった。ここでもまた、強大な力を持つメディア・コングロマリットのアシェットが、軍用機メーカーのダッソー社ともどもそうした集中の中核にあった。ダッソーの社主は、自分の意見を表明できる新聞を持つべく、由緒ある日刊紙「フィガロ」を買収したと広言してはばからなかった。

コングロマリットがメディアを動かす

アメリカでは、コングロマリットによるメディアの所有はさらに危険な様相を呈していた。報道機関はだいたい共和党支持者が所有していたが、それでも、一定の独立性を保ち、政府批判もいとわないこと――有名なウォーターゲート事件のように政権を引きずり下ろしさえもすること――を誇りにしていた。しかし９・11同時多発テロ事件が起こったあと、恐るべき、自己検閲の新しい時代が始まった。その多くは攻撃を受けたことのショックと、その後の愛国主義の高まりによるものだった。

しかしブッシュ政権はそれ以上のことを要求し、どうしたらそれが実現できるかを知悉していた。アフガニスタン攻撃をまだ始めていない段階だったにもかかわらず、当時ブッシュ政権の国家安全保障アドバイザーだったコンドリーザ・ライスは、全テレビ放送網のトップを執務室に呼びつけて、政府としては、民間人負傷者の姿がテレビで映し出されるのを好まない旨伝えている。ブッシュは、テレビがベトナム戦争を終わらせる上でいかに一役買ったかに気づいており、またその後のイラク侵攻をおそらく意識していたのであろう、報道機関を確実に意のままに動くようしておきたかったのだ。ジャーナリストたちは、取材対象である部隊と「同衾」させられた。

つづいて二〇〇三年には、ブッシュ政権はＦＣＣ（連邦通信委員会）によるクロス・メディア規制（新聞と放送など異なるメディアを同一主体が保有することの制限を定めた規定）の空前の緩和――それは、肥大し続けるメディア・コングロマリットにとって何十億ドルもの価値ある措置だった――を実現させることによって、メディア操作を確実なものにした。ＦＣＣに対して規制緩和を請願した中には、ルパート・マードックと「ニューヨーク・タイムズ」の名前があった（「ニューヨーク・タイムズ」は、新聞社に対して歴史的な優遇を認めることになるＦＣＣ公聴会について、せいぜいお徴し程度に伝えただけで、それ以上に報道することはなかった)。

しかも偶然の一致というべきか、戦争の決定的に重要な最初の二年間に、大量破壊兵器をめぐる政府の嘘に対して、明白かつ重大な疑義を提起した報道機関は、事実上一社もなかった。悪名高い記者会見でブッシュは、サダム・フセインとアル・カイーダとの間に繋がりがあるのはすでに明らかだと、会見中八度にわたって主張しているが、その場に居合わせたジャーナリストの誰ひとりとして、その点を問いただすことはなかった。結果的に、ブッシュ再選の際にブッシュに一票を投じた八〇パーセント近い人たちが、イラクには実際に大量破壊兵器があると信じ込まされることになった。

たしかに過去、報道機関が外交政策をめぐって政府方針に追随するのはいつものことだった。だが書籍の出版社は、少なくとも近年にかぎっていえば、より自立的だった。ベトナム戦争中は、最大手を含むほとんどどの出版社も、膨大な数の政府批判の書を世の中に送りだした。しかしイラクでの戦争の場合、大手出版社で、重大な最初の二年間にブッシュによる戦争を批判する本を出したところは、一社もなかった。私はこの事実に驚愕し、『パブリッシャーズ・ウィークリー』の編集者に、自分が見逃したのかと思って確認すると、一冊も出ていないというはっきりした返事だった。

こうしたことが商業的な判断によってなされたというのは、まずあり得ないことだ。そもそも国の半数以上がブッシュに反対票を投じていたわけであり、また戦争反対の運動には大勢の人たちが参加し、明確な意思表示をしていたのだ。しかし出版された本はといえば、小さな独立系の出版社からのものばかりだった。二〇〇一年の9・11事件から間もなく、ニューヨークのセブン・ストーリーズ・プレスがノーム・チョムスキーの『9／11』という本を出版すると、たちまち十万部が売れた。それは批判的な本の読者が潜在的に存在することを示すものだった。しかし大手出版社は、他にも政府からの恩恵に浴するメディア持株会社を保有するコングロマリット（大半のコングロマリットがそうだった）に属していた。こうした形の明白な自己検閲は、主要新聞でさえもが戦争報道の姿勢は極端なまでに慎重なまま、その過ちを認めざるをえなくなるまで続いた。

その一方で、フランスの保守系新聞によるアフガニスタン・イラク報道と、アメリカの新聞のそれとを比較してみれば、両大陸で違いがあるというよりは、まったく別世界だということがわかる。フランスの報道は当然、政府の外交政策を反映し、ヨーロッパが依然ブッシュのアメリカと、いかに距離があるかが歴然としている。ジャン＝ベルトラン・アリスティード政権を転覆させる際に最近ハイチで取った行動のように、フランスとアメリカの立場が一致するときには、報道の仕方も一致する。この間「フィガロ」のハイチ記事は、「ニューヨーク・タイムズ」のそれと見まがうほど、非常に似通ったものだった。

新聞が本当の独立を保つ上で大きいのが、この二、三年みてきたように、新聞がコングロマリットの支配から自由であることだ。これはイギリスで明らかになってきたことであり、その事例はいくらでもあげることができる。イギリスではマードック支配下の新聞がこぞって、イラク戦争反対派を一貫して攻撃し続け、唯々諾々と上からの指示に従い続けた。そして現に起こっていることにはまったく目を向けようとしなかった。対照的に「ガーディアン」はトニー・ブレアを、イラク問題に限らず国内問題でも同じように、これでもかこれでもかと批判し続けた。その明白な違いは、

「ガーディアン」とその日曜版の「オブザーバー」が、編集権の完全な独立を認めるスコット・トラスト財団に属していたことによるところが大きい。しかし両紙が、商業的な圧力から完全に無縁だったわけではない。よく知られているように、「フィナンシャル・タイムズ」は別として、イギリスの他のすべての新聞はかなり大衆的になっており、両紙の場合もそれは同じだったが、言論機関としての良心が保たれていたのだ。両紙は高まる反ブレアの動きを糾合する上で、重要な役割を果たした。

しかしアメリカの読者には、これまでのところそうした頼れる新聞は存在しない。代わってアメリカではウェブが、メインストリームのメディアに欠落している情報——外国情報の多くは「ガーディアン」をはじめとする外国の新聞に基づくものだが——を広める上で、きわめて重要な役割を果たしてきた。とはいえ、ウェブはたしかに重要な役割を果たしてはいるが、そうした独立サイトは、実際に起こっていることを自分たちで調べるべく、記者を派遣する力は持ち合わせていない。彼らは、記者を派遣する余裕のある外国の新聞に頼らざるをえないのである。

これまで見てきたように出版そのものが、コングロマリットに所有されることの制約を大きく受けているのだ。ようやく大手の出版社がブッシュ政権による欺瞞のあらましを伝えるようになるのは——そしてその多くがベストセラーになったのだが——なんと二年も経ってからのことだった。私は確信している。もしもメディアや出版社が9・11のその日からそうしたものを出していたならば、ブッシュであっても、国全体をイラクでの悲惨な戦争へと駆り立てることはできなかったであろう、と。新聞や放送メディアがより重要な役割を果たすのはたしかだが、書籍出版もまた決定的な役割を担っている。書籍は執筆者に、緻密な議論を展開する時間と空間を提供することができる。また他のメディアに対しても、より深く突っ込んだ新しい情報を提供することができる。書籍はもっとも広範囲に一般の人々に対して、主流のメディア自体からは生まれてこない、違った考え方や反対意見を届ける理想の手段なのだ。

いま一度確認しておかなければならないが、重要なのはコングロマリット支配の網の目にからめ取られない立ち位置を確保することだ。コングロマリットの支配が及ばないその外部の領域で、かつては小さな家族経営の出版社が事業を行なっていた。だがいまや、その大半は姿を消してしまった。

今日、希望の星は、会社としての正式な手続きを踏んでいるかどうかはともかく、新興の、概して利潤追求を旨としない小さな独立系出版社である。セブン・ストーリーズ、ヘイ・マーケット、あるいは本書の出版社（メルヴィル・ハウス）のような会社が果たす役割は、もちろん大きな会社のような資金力はないものの、論争を可能にするという意味で、ますます大きなものとなっている。

変容する資本主義

しかし小さな独立系出版社が増えるその一方で、アメリカにおいてもヨーロッパにおいても、いま「市民社会」と称されるものの一部をなす出版社の数が、著しく減ってしまった。かつて教会や組合、政党などは、皆それぞれ大事な事業として出版活動を行なっていた。ベトナム戦争時には、そうして出される出版物が決定的に重要な役割をはたした。アメリカでは、ユニテリアン派教会が保有するビーコン・プレスが、そうした中で今も存続しているごく少数の出版社のひとつである。

皮肉なことにヨーロッパでは、労働組合も生活協同組合も、自分たちの出版活動は十分な利益が出ないとして、資金をもっと儲かる他の部門に投入する方がましだと判断した。こうした近視眼的な考え方の帰結として、労働運動とも結びついていた大事な新聞が消滅してしまう事態となった。新聞の名前は残っていても、彼らの政治への関わり方は変質し、しばしば右傾化してしまった。組合や組合員が結果として被った損失は、彼らが自分たちのメディアにつぎ込んだ投資額よりも、はるかに大きなものだった。

この過去二、三年の経験を通して、人々がメディアの独立性の重要性を理解するようになることを期待するのみだ。全米ライフル協会のような極右の組織でさえもが、ジョージ・ブッシュが大メディア・コングロマリットに対して取る計画的な優遇政策に、積極的に反対にまわった。FCC（連邦通信委員会）によるクロス・メディア所有の規制緩和に抗議すべく、米国議会に送付された三百万通にも上る抗議の手紙やeメールは、左翼の側からのみならず、メディアにおけるある種の多様性や、メディアに対する地域レベルでの規制を維持することの重要性を理解する、幅広い人々から寄せられたものだった。

ここ数カ月のなかで一つ期待できる兆候がみられる。こういうことだ。ナイト・リダー系列の新聞グループが最近、年間一九パーセントの利益しか上げていないという理由で身売りされるということがあった。明らかに、今日の資本主義においては、いかに利益があがろうとも企業のオーナーを満足させるに十分ではない。それは、自分が受け取ってしかるべきと思う経営者の報酬に限度がないのとまったく同じだ。ナイト・リダー・グループの売却は、必然的に採算性のもっとも低い多くの新聞社――おそらくそういった社でも不採算に陥ることなくやっていくだけの事業展開をしていたはずだ――の閉鎖を伴うものであった。

しかし、危機に陥っている新聞社で働くジャーナリストたちの中から、財団の援助を得て、自分たちの手で新聞社を買い取り、場合によっては利潤が出なくても、維持していこうとする動きが出てきた。こうした動きは、新聞が、信頼できる仲間とともに始められた時代への健全な回帰を意味するものであろう。新聞は大金をかけなければ始められないものではないし、また大儲けをする必要もない。最近オスロの街を訪ねたときのことだ。人口は百万人よりもかなり少ないはずだが、オスロには、アナキスト系から保守系にいたるまで十四もの日刊紙があった。新聞は出版と同じで、大金を必要とする資本集約的な事業である必要はない。コングロマリット的な投資や支配をしなくても、ニュースや意見を広く伝えることは、ラジオの場合と同じく可能なのだ。

ニュープレスでの経験から言えることは、そこそこの資金があれば（われわれが受けた助成金は最初の年、全部併せても百万ドルに達しなかった）、かつてアメリカやイギリスに存在していたような、誰の支配も受けることのない独立した出版事業を、再び始められるということだ。同様の実験的試みが、新聞や他のメディアでもうまくいけば、どんなに面白いことか。とはいえ、ナイト・リダー系新聞の新しい所有形態をどうするかが議論されたこと自体、望みのもてる話である。それは、労働者による管理とか、資本家によらない所有といった、昔からの社会主義的な考え方が、理論的に興味深いだけでなく、現代経済システムが生み出す多くの問題に対する有効な解決策たりうることを示している。

フェリックス・ロハティンは、著名なリベラルな考え方の投資家で、駐仏アメリカ大使を務めた人物だが、最近「インターナショナル・ヘラルド・トリビューン」紙上で、企業には自社の株価や利益がどうかといったことを超える発想が必要だ、という趣旨のことを書いている。ステークホールダー（企業と利害関係を有するすべての当事者）論という、新しいはやりの考え方を駆使して彼が論じたのは、会社は意思決定をするにあたって、「従業員、コミュニティ、顧客および納入業者」のことを考慮しなければならないということである。ウォルマートのような巨大グローバル企業が、ロハティンが挙げた多くの人々の権利を踏みにじっているとき、その指摘は傾聴に値する。しかし私は、改革的な考え方を好む以上、そうした会社のシェアがどうなるかは問わなければならない。まちがいなくウォールストリートは、投資家に対して、利潤の最大化を第一目標に掲げないところには関わらないよう、かねがね主張してきた。

ビジネス界はこの間、政府による規制がしだいにうまく働かなくなるほど効果的に、自分たちの活動の妨げとなるものの基盤を切り崩してきた。こうした社会的傾向が極端なまでに顕在化してきたからこそ、社会的保有を求める昔ながらの議論が、しだいに意味をもってきているのだ。西側諸国が自分たちのあらゆる製造業を大切にしようと望むのであれば、社会的な保有こそがそれに対する明白な解答である。第二次世界大戦後、ルノーやフォルクスワーゲンといった多くの大企業が国有化されたときに、右翼は主張した、まさに国有化された企業が成功を収めているがゆえに、それらを再び私的所有に転換することも簡単にできるはずだ、と。しかし現在の問題は、単に利益が出せているかどうかということではない。問題は市民に対して仕事の機会と収入を提供できるかどうかなのだ。欧州の自動車メーカーは現在、労働賃金が西ヨーロッパに比して四分の一にすぎないスロヴァキアに工場を移転することで、より多くの利益を上げている。かくてスロヴァキアは今や、ヨーロッパの他のどの国よりも、一人当たりの自動車生産量が高くなっている。しかしこのことは、人的にまた財政的に、他の国々の失業率が高くなること、またそれに伴ってあらゆるもののコストが高くなることに繋がる。長期的に見るとき、企業を公的に保有するかたちにして利益優先主義でないものにすれば、製造業だけではなくサービス業でさえもが、信じられない割合で海外移転しつつある現在の状況よりはうまくいくはずである。

そうした意見は純粋に実利的な意味からの提起である。そのことで平等や公正性という、常に社会主義的問題の根底をなし、また左翼の多くにもかつて受容されていた根本的な問題が解決されるわけではない。不幸なことに、そうした論議は一度としてアメリカではなされたことがない。どんなに適切であろうと、社会主義的な見方について議論されることはなかった。政治は七〇年代以降ひどく右傾化してしまい、民主党が福祉政策あるいは不公平税制のほんのわずかの改善案を提起しても、共和党は民主党を社会主義あるいは共産主義だと非難するしまつだ。また民主党自体も、同じ巨大企業から資金提供を受けているために、近年、意味のある代案を提起できなくなってしまった。たとえ勝ち目はほとんどないにせよ、社会主義的な議論を自分たちの左側に保っておくことは、少なくとも議論全体を、真正の代案をもってする、より現実的な対決へと立ち返らせる上で有効なはずである。

たしかにここ二十年ほどの間、どんなに広く社会的に議論を喚起しようする著作を出版しても、なかなかうまくいかなかった。しかし資本主義の現実が、増大しつつある貧困層についてはもちろん、中産階級層にとってもかつてなく極端かつ危ういものになるにつれ、例えばロハティンの主張のように、少し前なら見向きもされなかった議論をよりオープンに受けとめ、考えてみようと思う人が、もっと増えてくることだろう。

幸い、アメリカ以外のところでは、状況は大きく異なっている。徐々に各国が、世界中で資源の多くを民営化させようとしてきたアメリカの外交政策に、抵抗するようになってきている。世界銀行を利用しながらアメリカは、世界各国が緊急の国際援助を受けるのであれば、その見返りとして主要資源の支配権を――水資源についてさえも――放棄するよう主張してきた。そうした政策の帰結はあまりにも惨憺たるものであり、それゆえ反旗を翻す国が、とくにラテンアメリカで続出している。

世界中多くのところで、天然資源は国民全体のものだとする古くからの社会主義的仮定は、当然のこととして受け止められてきた。自国の石油などを掘りだしている外国企業が、自分たちに雀の涙ほどの代価しか支払っていないことを、各国が次々に理解するようになってきた。ボリビアの現在の石油利権比率は一八パーセントで（エボ・モラーレス大統領による）、皮肉なことにこれは、ブリティッシュ・ペトローリアム（ＢＰ）が一九五〇年代にイラン側に対して支払っていた割合、すなわち権益維持のためにわれわれが据えた傀儡政権の転覆に繋がった条件と同じである。

モラーレスやベネズエラのウーゴ・チャベスは、たしかにワシントンの悩みの種だが、アメリカではこれまで、誰ひとりとして、「なぜ彼らが自分たちで自分たちの富を管理してはならないのか」という自明のことを、疑問として問おうとはしなかった。メキシコ、ベネズエラ、ノルウェーでは、さらには一時的にせよカナダのサスカチュワン州でさえもが、石油資源をすべて国有化している。問うべきは、「なぜこれらの国々は国有化をしたのか」ではなく、「アメリカではなぜ、そうした別の道がありうることを考えてこなかったのか」ということなのだ。

破壊されたアメリカは変わりうるか

そうした問いを発して、アメリカが世界の他の国々と同じ輪に加わると想定するのは、まちがいなく夢物語だ。また冷戦終了後、多くの人が期待した平和の配当が、なぜいまだに具体化されないのかについても同じだ。現政権もそうだが、圧倒的な国防予算のゆえに、軍事力でアメリカのあらゆる問題は解決できる――イラクでの大失敗を目の当たりにしながら、なお行なわれている議論だ――と思っている人々に歯止めをかけるのは、並大抵のことではない。海外で起こっている変化に対して反応する、そのときの思考枠組からアメリカがどうすれば脱することができるかが、いま一人ひとりに問われている。

いま行なわれている、何千人にものぼるイスラム系アメリカ人の大量不当検挙は、過去一世紀にわたるアメリカの歴史と軌を一にするものである。ロシア革命が起こったときアメリカが即座に見せた反応は、アメリカとしてボルシェヴィキ革命そのものを阻止する手立てがほとんどないために、国内の過激派を徹底的に取り締まることだった。第一次世界大戦後に行なわれた悪名高いパーマー・レイド〔司法長官ミッチェル・パーマーの指示で行なわれた左翼狩り〕では、左翼と目された人物ともども、何千人ものボルシェヴィキのシンパとおぼしき人物がまたたく間に逮捕され、強制的に国外追放されてしまった。ブッシュの最初の司法長官ジョン・アシュクロフトが何十年も後に、これとよく似たことを実行した際にも、法の適正な手続きが忘れ去られ、市民的自由が蹂躙された。

マッカーシーの時代、海外で生起している変化が自分たちの思うようにならないと分かったとき、同様の反応がみられた。アメリカが戦争に勝利したにもかかわらず、共産勢力がどんどん世界各国で権力を奪い取りつつあった。民主党のせいで中国を「失った」とするマッカーシーの批判は、右翼が今日、「失われた」中東は奪回することができると感じているのと、同じ考え方に立っていた。要するに中東の国々はアメリカの影響下に置かれるべきであって、共産主義やイスラム原理主義が影響力を及ぼしたり支配してはならないというわけだ。

こうした事例に明らかなように、アメリカは全能の国でなければならないとされた。そうならないのは、国内に裏切り者や転覆をはかる者たちがいるからに違いなかった。「裏切りの二十年」という、ジョー・マッカーシーによるローズヴェルトやトルーマンに対する糾弾は、そういう考え方——共産主義勢力が勝利したのは、戦後あるいは中国革命後の変革勢力が強かったからではなく、民主党の弱腰のゆえだとする考え方——を率直に表現したものだった。それはブッシュ政権において、今なお続く考え方である。

理性的な論議としっかりした歴史的分析をもってすれば、こうした強い勢力を排することができるだろうというのは、過大な思い込みだ。しかし、もう少しこの手の問いかけ、そういう考え方について論じ合う、何らかの全国的な議論があってもよかったのではないか。近年困ったことに、そのような問題意識をもつ出版活動はほとんどされなくなっており、また実際に議論が提起されても、まず注目されなくなってしまった。われわれが出版した数十冊の本も、書評ではほとんど取り上げられなかった。イラク戦争に疑問を呈することはしないという新聞の自己検閲は、広く思想界にも広がってしまった。

アメリカはこれまで、一九二〇年代であれ五〇年代であれ、過去の抑圧の時代から立ち上がってきた。これからも少しずつ、ブッシュ時代の抑圧の経験を克服していくことであろう。それは、グアンタナモ基地問題〔テロ容疑者に対する暴行、非人道的人権抑圧〕に関する最近の最高裁判所の判断や、二〇〇六年の下院選挙の結果に示された通りである。少なくとも私自身は、生来の改良主義的楽観論から、そうなるであろうと信じている。

しかし心配なのは、われわれの城壁である民主主義の構造が損傷されてしまったことだ。過去の歴史ではいずれの時期にも、裁判所とメディアとが標的とされた。明らかにブッシュも、こうした自分の権力や思想の制約となるものの重要さを認識していた。ブッシュは自分の権限でできるあらゆる手を打ったが、反対勢力を抑え込むために、憲法上の大統領権限規定を超えて多くのことを実行した。独立メディアの力もまた厳しく制限されており、破壊されてしまったものを再建するのは、もはや不可能なことかもしれない。これが、今後われわれが直面しなければならない最大の問題である。

第8章　活路はどこに

歴史を見る眼

学生のときも、また編集者になってからも、歴史はいつも私にとっていちばん関心あるテーマだった。したがって自分の経験を、時代の文脈に即して眺めてみるのはごく自然なことではないかと思う。ティーンエイジャーのころ、たしかに私は過度に楽観的だったが、戦後すぐの頃というのは、大半ではないにせよ多くのアメリカ人が、同じように、万事これからはずっとよくなるだろうと思っていた時代だった。人々は戦争によってなにもかもが破壊されてしまったあと、よりよい世界を再建しなければという気分だった。なにをおいても再建ということが重視された。再建は、いま生きている者全員が、亡くなった人々すべてに対して負っている一種の負債だとされた。

しかしまた分かっていたのは、戦争のおかげでアメリカの可能性が最大限に発揮されることになったということだった。アメリカの生産性はうなぎ上りに上昇した。左翼年来の資本主義批判である「生産力不活用」の問題は、過去のものとなった。誰もが、女性や黒人でさえもが、雇用された。経済計画が慎重に策定された。それは社会主義的なものではないにせよ、もはや大企業が経済のあり方を左右するのではなく、政府が計画を策定することで、いかに多くのことを達成できるかを示していた。

大恐慌時代の記憶は、その頃もなお色濃く残っていた。コミックを卒業した私が、四〇年代末に欠かさず読んでいた「サタデー・イーブニングポスト」掲載の時事漫画では、裏口で物乞いをする浮浪者が描かれていた。アメリカ中部をあちらこちらへと移動する何千人もの失業者のイメージは、当時もなおアメリカ社会の記憶としてずっと生き続けていた。完全雇用をもたらしたのが戦争であるという理解は、二度と暗黒の三〇年代に戻らないという決意同様、誰もが共有するところだった。

私には、ヴェルナー・ゾンバルトが一九〇六年に書いた古典的著作『なぜアメリカには社会主義がないのか』を読むはるか以前から、自分の夢が実現されないであろうことは分かっていた。しかし私は改革志向だったたし、トルーマンのフェアディールは、とりあえずの政策として受け入れられるものだった。ニューディールの継続を望んだのは、私一人ではなかった。どう考えてもニューディールの復活しかないように思われた。論理的に考える私の発想からすると、進歩が継続しない理由が見当たらなかった。

社会主義者であれ資本家であれ、植民地主義の苛酷な支配が終わった後どうなるかを予見できる者は、誰ひとりいなかった。五〇年代に社会主義インターナショナルが言いだしたことといえば、せいぜい、信じられないほど口先だけの「従属的人民の自由の日」なるものを作って、祝おうということぐらいであった。しかしそこには旧植民地諸国のための計画づくりも、健全な経済発展のために必要となる援助の提供も、あるいはベルギー領コンゴで現に起こったことだが、そうした国々が以前と同じように搾取的な民間企業の支配下に落ちないようにする支援活動も、含まれていなかった。腐敗、私兵、民族紛争が必ずついてまわり、ヨーロッパへ不法移民がとめどもなく流入することになった。それはメキシコの貧困が、アメリカへの同様の移民を生んだのと同じことであった。

移民の流入によってもたらされるダメージを、政策的に抑えることができないわけではない。スウェーデン社会党は早くから、移民してきた者は皆、労働組合に加入しなければならないと定めることで、「不法雇用」が生じないようにし、また不当に安い賃金で働く移民労働者と、地元の労働者との間に争いが生じないよう対策を講じている。それは北欧諸国の中でスウェーデンが、右翼の国粋主義、反移民の政党を生まなかった唯一の国であることと、無縁ではあるまい。

どの国においても相次いで、経済競争のゆえに人種差別的な感情が生まれたり復活したりしてきており、ヨーロッパでもアメリカでも、そこに右翼がつけこんでいる状況がある。「民主党員のレーガン大統領支持」現象は、アメリカに限られるものではない。豊かになるにつれ、どこに行っても労働者たちが保守化してきたのだ。アメリカでは、民主党が所得格差の拡大を問題にすると、いまや共和党から階級闘争を煽るものだとして批判される状況にある。

アメリカの労働者の給与は今や、一九七〇年代前半の水準を一〇パーセントも下回っている。その一方で、最上位一パーセントが総国民所得の五分の一を手にし、富の三分の一近くを所有している。上位五パーセントで全米の富のほぼ半分を所有している。当然のことながら、ブッシュ減税の恩恵を最も受けているのはこの層である（この数値は「ニューヨーク・タイムズ」二〇〇六年十月十五日付による）。

ヨーロッパでは世論として、今も社会主義的な価値観がなにがしか保たれていて、公平性と一定の最低賃金を保証すべきであるとの主張がなされている。サッチャーとブレアのイギリスを別にすれば、貧富の差はどこもアメリカほど大きくはない。もっとも東ヨーロッパやロシアなどの新興資本主義国は、必死になってアメリカの後を追いかけているのだが。

不平等を拡大させるこうした経済上の変化は、レーガン時代以降いっそう著しくなった。だがそれ以前にも、冷戦の進行とその国内政策への影響によって、経済の変化は進んでいた。五〇年代、リベラル派や、まだ少数残っていた社会主義者たちは皆、冷戦が、われわれが抱く改革主義的な期待だけではなく、アメリカの民主主義の風土そのものに及ぼすであろう影響力を、過小評価していた。

振り返ってみると、国内政策が左に展開しそうになるたびに、海外での戦争によって政策にストップがかけられていることがわかる。朝鮮戦争によって、トルーマンがフェアディールに託した希望は潰えてしまった。ベトナム戦争によって、ジョンソン大統領の野心的な「貧困との戦争」計画に終止符が打たれたのも、それと同じである。ソ連の共産主義体制が崩壊したあとの「平和の配当」への希望は、何ら議論されることもないまま雲散霧消してしまった。経済的繁栄のなかでジョージ・W・ブッシュが大統領に選出されると、ブッシュ政権は9・11でついに敵がみつかるまで、必死になって新しい敵を探しつづけた。もう忘れ去られてしまったが、就任後の最初の数年間、いかに露骨にブッシュが中国を新しい脅威に仕立て上げようとしたことか。そして、オサマ・ビン・ラディンの登場で棚上げにするまで、北京に対してとどまることを知らぬ挑発を続けたことか。

私が生きてきた数十年間というのは、政治的には幸せな時期ではなかった。いまや第二次世界大戦後の輝ける三十年と回想されるよき時代を経験したとはいえ、ヨーロッパもまた、果てしなく続く植民地戦争に苦しめられてきた。アメリカは自前の植民地をほとんど有していなかったために、ベトナムからイラクにいたるまで、守るべき対象としてヨーロッパの旧植民地をいくつか借り受けなければならなかった。アメリカは自分の裏庭〔中南米〕については、アイゼンハワーの頃から今日に至るまで、あらゆる手段を講じてきた。今われわれはイラクにおける市民の死者数が十万人の大台を突破したのを知っているが、その二倍もの人数が、アメリカが小国グアテマラに押しつけた内戦で殺されたことは、忘れてしまっている。

というわけで、これまでの六十年間は、大きな社会改革を期待できるような理想の時代ではなかった。しかもアメリカの資本主義の本質が劇的に変化することなど、想定しようもないことだった。大企業がどんどん肥大化するばかりではなく、投資会社が、基本的には企業の資産を剝ぎ取るために企業買収を行なうような、まったく新しい形態の資本主義が展開することとなった。儲からない部門は売却されるか閉鎖され、財務欄に、何千人もの労働者を人員整理することで得られた「内部留保」について、得意気に記載がなされるようになった。「敵対的買収」という言葉が、アメリカ社会の語彙の一部となった。

高校時代に八丁目書店で夜遅くアルバイトをしていたとき、この店が、そしてニューヨークの九〇パーセントの書店が破綻するなど、思ってもみないことだった。そうなりはじめたのは、いまや忘れ去られて久しいが、コルヴェッツのような新しいディスカウント・ストアが、時に客を店内に誘い込む目玉商品として、破格の安値で書籍の値引き販売を始めたときからだった。それは、新興の書籍チェーン店が完成させ、拡大させた商法だった。

こうした展開は不可避のものだったかというと、そうではない。フランスやドイツなどヨーロッパの多くの国々では、政府が値引き販売に対して厳しい制約を設けているからだ。いまパリには、一九四五年の時点でニューヨークにあった小売書店よりも、はるかに多くの店が存在している。私は習慣として本屋巡りを、生きているかぎり続けるだろうが、私の住んでいる近隣には全部は回りきれないほどたくさんの店がある。

これから出版社をやることの意味

同じことは私自身の職業についても言えるだろう。とどまるところを知らない出版社の買収も、不変のものというわけではない——たしかに、相続法が旧来の家族経営的な会社をつぶす上で大きな役割を果たしたのだが。いまだに生き残っている数少ない重要な独立出版社のひとつ、W・W・ノートンがあれでやってこられたのは、経営交代があっても代々、経営者が自分たちで会社の株式を保有してきたからである。これは他の出版社でも取りえた解決方法かもしれない。たしかにアメリカでもどこでも、小さな独立出版社があちこちで起こってきているが、これまで述べてきたよう

ライフワークとしての出版活動を顕彰して，イタリアで毎年，出版人に与えられるグリンザーネ・カヴール・ボラーティ出版賞を受賞した折に，ミラノで撮影（2002）．第1回目の賞はドイツ人のハンス・マグヌス・エンツェンスベルガーに与えられ，私は第2回目の受賞だった．第3回目は，ガストン・ガリマールの孫にあたるアントワーヌ・ガリマールが受賞している．

に、そうしたところはきわめて限られた資本しかなく、ベストセラー中心のチェーンの小売店が支配する世界で、競争に伍していくのは徐々に難しくなっている。

こういうことを言うと悲観的過ぎるとして、よく批判を受けることがある。もし私が絶望的なまでに落ち込んでいたら、五十歳代半ばにして新しい出版社を立ち上げてはいなかっただろう。しかし、われわれは実際的でなければならないし、新しい独自の思想を伝達する仕事が徐々に困難になってきていることも、認識しておかなければならない。不可能になったと言っているわけではない。しかし、過去においてそうであった以上に、これからは強い気持ちと想像力が求められることになるのだ。

私は出版についてしか語ることができないが、刺激的な、これまでにない新しい実験が行なわれていることを知っている。私の知るスウェーデンのオルトフロント社は、およそ三万人ほどの会員からなる読者生協として創設された出版社である。どんなに手間暇かけた本づくりをしても、オルトフロントが作る本を、会員の十分の一の人が購読してくれさえすれば、経済的になんとかやっていけるという。われわれのところの著者である、フランスの中心的社会学者ピエール・ブルデューは、自分のコレージュ・ド・フランスの研究室内に小さな出版社をつくり、フランスのあらゆる既成出版社が左翼的政治批評の読者なんてもはや存在しないと言った、その誤りをみごとに立証した。彼が出した書目には、たしかに彼自身が執筆した二、三冊も含めて、何十万部も売れたものがいくつかあって、大きな出版社に出版方針の再考を迫ることとなった。

ニュープレスを立ち上げたとき、ヨーロッパの仲間たちから聞いた話では、ランダムハウスの連中がしょっちゅう、「ニュープレスなんてすぐ失敗するさ、あそこに原稿を渡すなんてどうかしてるよ」と言っていたという。十七年経って今われわれは、大きな出版社が「もはや出そうにも出せない」――彼らはそのヨーロッパの仲間たちに、そして自分のところの著者にもそう説明しているという――本を、毎年数十冊も出し続けられるという、普通では考えられないような位置にある。

しかしこうした小規模の独立出版社が今なお存続しえているとしても、全体状況が深刻なことに目をつぶってはならない。多くの人が言うように、大手がやらなくなった詩やフィクション、翻訳もの、先鋭的な政治論は、小さい出版社が今でも出版できるのだから、コングロマリットが出版界をほとんどすべて支配しているとしても、たいして悪い状況ではないという言い方は、あまりにも能天気すぎる。どの年度をとっても、われわれのような小さいところの販売部数は、全部併せても全体の一パーセントにはとうてい届かないし、百以上ある大学出版会の販売部数にしても一パーセントでしかない。たしかにこの二パーセントはきわめて重要なのだが、だからといって、かつてほとんどすべての大手出版社がこの手の本を出版していたときの、大きな流れに代わるものを作り出すことはできないのだ。近年の傾向からして、政府に対して、そもそもコングロマリットの誕生を阻むべきなのにそれを許してしまった反トラスト法を、行使するよう期待してもむだだ。

しかし、だからといって、ここ二、三十年間、アメリカの知的生活を支配している状況を、仕方のないものとして受けとめるべきだと言おうとしているわけではない。そうした傾向に対して、批評家や小売書店、とりわけ著者から、それでよいのかという精神的かつ実践的な異議申し立てが、まだ十分可能なはずだ。スタッズ・ターケルの、パンセオンからニュープレスへの移籍決断や、カート・ヴォネガットの、ベルテルスマンから小さな独立出版社セブン・ストーリーズ・プレスへの移籍の決断は、関係する出版社の生き残りに、決定的な意味をもつものであった。

　現在の状況が、私たちが生きている間ずっと変わらないまま続くのを私が受け入れられないのは、生来の改革主義的本能のせいだと思う。冷静に考えれば、これまでのところ状況は実際なにも変わらないままだ。しかし、出版についていえば、うまく行く見込みがあまりないにせよ、私のそうしたデカルト的な認識に逆らってでも、何らかの抵抗の動きが今後持続的に行なわれることを期待する以外にない。自分自身の最近の経験や仲間の経験から間違いなく言えるのは、鯨に呑み込まれるよりも鯨の外にいるほうがはるかにましであり、幸せに生きられるということだ。

終章　パリで暮らして

ニューヨークを離れたい

ニュープレス社をはじめて十数年経ったころ、私は、社が当面は安泰で、自分がいなくても若い同僚たちが日常の仕事を十分こなしてくれるように思われたので、それまでまったく考えてもみなかった決断をした。妻といっしょにニューヨークを一年間離れて、違った暮らしをしてみたらどうかと思ったのだ。二〇〇三年に、まずパリに一年間戻ってみようと思ったのだが、それは、自分のルーツみたいなところに帰らねばならない特段の必要があったからというわけではなかった。パリは、四十年以上にわたって毎年訪れ、年に一度のフランクフルト・ブックフェアに出かける前に、二週間を過ごすことにしていた。そうやって行くのは楽しみだったし、パリのことは比較的よくわかっているつもりだった。それでも、居心地がいいといったところで、やはり気分はいつも、アメリカ人観光客と同じだった。

行こうと思い立ったのはむしろ、六十年以上暮らしてきて知りすぎたと思うニューヨークという町での生活に、単純に疲れた気がしていたからだった。やることがあまりにも決まりきっていて、日々の生活で次に何をするかは、しないうちから分かっていた。大勢の同じ年齢の人と同じように、私もまた、今までと違った暮らし方ができないものか、試してみる必要があるように思ったのだ。

日々の生活の論理に問題を感じるようになったのは、ちょっとしたきっかけだった。始まりは、職場で隣部屋の同僚が、私にeメールをくれるようになったことだ。私はeメールが嫌いだったし、かつて仲間内で交わしていた楽しい会話が、いまやeメールに取って代わられつつあるのに気づいて、ニューヨークの仕事場は快適ではあっても、自分がなぜその場に居続けているのだろうと思い始めたのだ。その気になりさえすれば、もっとはるかに楽しい他の所に行けるのに。翌年一年間をパリで過ごすのはどうだろうと、マリア・エレナにもちかけると、彼女は私よりもはるかに積極的だった。私は出版社の職場で四十二年間も過ごしてきており、マンハッタンでの生活はあまり魅力的ではなくなっていた。パリは少なくとも違っていそうに思えた。

子どもたちと連絡を取り合うことだけが問題だった。下の娘のナターリアは、すでに長いこと英国人の夫と三人の子どもとともに、ロンドンで暮らしていた。だから、皆に会うのはパリから三時間とかからない電車に乗りさえすればいいので、ずっと簡単になるはずだ。上の娘のアーニャは、わが家から数ブロックと離れていないアッパー・ウェストサイドに住んでいたが、娘夫婦はしょっちゅう世界旅行に出かけているので、今までと変わらずに会えるだろう。娘たちにも、われわれと同じように、パリでの暮らしぶりを見るのを楽しみにしてもらいたいと思った。

最近の家族写真．長女アーニャ（後列中央）と次女ナターリア（同右端）．アーニャの夫ジョセフ・スティグリッツ（後列中央）と，ナターリアの夫フィリップ・サンズ（同左端）．前列はナターリアの子どもたち．左からカーチャ，レオ，ララ．〔シフリンの長女アーニャは、元は経済ジャーナリストで、現在コロンビア大学国際関係・公共政策大学院で教鞭をとる。夫はノーベル経済学賞受賞者のジョセフ・スティグリッツ。次女ナターリアは弁護士で、夫フィリップ・サンズはロンドン大学教授を務める国際法の専門家である。〕

事はその後、信じられないくらい簡単に運んだ。パリの賃貸用アパルトマンはたくさんあって、部屋代も高くなかった。ウェブで調べてみると、パリ中心部の家具付き二寝室で、ニューヨークのわれわれのアパートよりもはるかに安かった。実際にどんなものかはほとんど見当がつかなかったが、友人を介して、すぐに良さそうな物件が見つかった。唯一の問題点は、パリで滞在許可と労働許可が得られるかどうかだったが、その点でも運が良かった。妻はスペイン人だから、ヨーロッパのどこでも住みたいところに居住することを認める、EECルールの恩恵を受けられるということだった。それに私自身が、その時でもフランス市民と考えられていたのだ。一九四一年にドイツの占領から逃れたときに、フランスのパスポートを持って出国したので、フランス政府の扱いとしては、かつてフランス人であった以上、変わらずフランス人として遇するということだった。

しかし昔、私たちがフランスを離れなければならなくなったとき、いくつもの恐ろしい困難を経験したために、私の中には、フランスのお役所的手続きに対する深い不信感が残っていた。それで最悪のことを心配しながら、ニューヨークの領事館に出向いたのだが、すぐに気づかされたのは、フランスがいかに大きく変わったかということだった。まちがいなく、私の古い一九四〇年のパスポートは館員の興味をたちまちそそり、それを見ようとする人がわれもわれもと集まってきた。彼らは、そんな大昔の公的記録など目にしたこともなかったのだ。その手書きの証書は、まぎれもなく「ノアの洪水以前」のものだった。新しい証書がほんの二、三分のうちにコンピューターで打ち出され、私は一時間もしないうちに、有権者カードと身分証明書を手にしていた。フランスでの医療保険カードが揃わないだけだった（それは同じように簡単にパリで受け取ることになった）。すべての手続きが、アメリカのパスポートの更新よりもはるかに簡単だった。

パリ転居にあたってマリアと私は、気がかりな点をリストにして書き出してみたが、しかし書き出したものは、おおむねどれも同じように杞憂に終わった。私たちは、パリの日々の暮らしは厄介だと不必要に思い込んでいたようだった——たとえば買い物が面倒だろうとか、配達をしてもらえないのではないかとか、フランス語の発音がおかしいといってフランス人から直されるだろうとか、仕事のこと等々。

パリの快適さと大勢順応

しかしまさに第一日目から分かったのだが、パリでの暮らしは、ニューヨークのアッパー・ウェストサイドでの暮らしよりも、はるかに楽だった。肉屋が三軒、パン屋、菓子屋が五軒、魚屋が一軒あり、それに週三回市が開かれることになっていて、私たちを喜ばせるに十分だった。こちらが選べる肉や、欲しくなる食べ物は無限にあって、ニューヨークよりもずっと安く、種類も変化に富んでいた。魚屋のおかみさんは、毎朝四時にノルマンディーのホンフルールの港を発って、その日獲れたての魚を運んできた。今まで食べたどれよりも新鮮なものだった。

何十軒も立ち並ぶフランス人の店に飽きたとしても、アラブやカリブの珍味をそろえている店もあり、また通りには、ニューヨークの九番街で出会うどこよりも豪華で豊富な品ぞろえの、イタリア料理やギリシア料理の食品店も店を構えていた。露店主たちは素晴らしく親切で、その多くはよそからフランスにやってきた連中だった。アフリカ人であり、アラブ人やベトナム人であり、カリブ出身者だった。それに五十万人近い中国人が、クイーンズやブルックリンと同じように広く伸びる中国人・ベトナム人地区に住んでいて、パリはニューヨークとほとんど同じくらい多文化社会になっていた。

そうした状況であったから、パリでは外国人であることが何も珍しいことではなく、アメリカ人だからといって非難されることもなければ、不愉快な嫌味を言われることもなかった。パリ市民と同じように私たちも、反ブッシュだと思われていた。また実際、イラク戦争に関する非常に詳細な報道記事を読むと、変わることなく提供され続けるその手の分析に接していたら、アメリカのメディアによってブッシュを支持するよう思い込まされてきたアメリカ人でも、考え方を変えるだろうと感じずにはいられなかった。

毎日「ル・モンド」を読み、ときに「リベラシオン」や「フィガロ」を読んでいると、目から鱗が落ちるようだった。各紙とも政治的立場に関係なく、こぞってブッシュのとる政策に反対していた。報道は徹底していて理にかなったものだった。アメリカの新聞に見られるような自己検閲や言い訳などいっさいなかった。ロンドン・スクール・オブ・エコノミックスのフランス版である、パリ政治学院の大学院でメディア論を教えていたとき、学生たちは配られたその日の「USAトゥデイ」や「ウォールストリート・ジャーナル」を見て、あるいは「ヘラルド・トリビューン」でさえも、書かれていることが信じられず、あいた口がふさがらないというふうだった。

しかしフランスの新聞も、フランスの政治となるとずっとおとなしくなってしまい、政府批判の姿勢が鈍り、フランスの政治や社会における多岐にわたる問題領域については、掘り下げがなされることはなかった。激しい論議の的となるであろうと思う問題についてもまず論じられることがなく、地殻変動的な権力の移行があっても、ほとんどなんの異論が出されることもないのだ。フランスのメディアは追えば追うほど、その沈黙や欠陥が印象的だった。アルジェリアをはじめとする旧フランス領植民地との多くの腐敗した取引についても、論じられることはほとんどなかった。フランス国内ですでに第二世代、第三世代になっている旧植民地からの流入移民がどうなっているかも、論じられることはなかった。新聞社にはそうした移民出身の記者はいなかったのだ。二〇〇五年にパリおよび周辺各地で起こった暴動が、寝耳に水のことだったなどとは、ありうべからざることだ。そうした出来事を分析できる、事情通のジャーナリストがいなかったことについても同じだ（「ル・モンド」はリヨン支局から北アフリカ出身の記者を呼び寄せてかろうじてしのいだが、他はもっとお粗末だった）。

こうしてフランス流の大勢順応ということがだんだんわかってきたのだが、それは最大の驚きだった。知的議論で知られる国にあって、まさかそれは思ってもみないことだった。出版の仕事の関係で毎年訪れていたときに、そうした徴候があることに気づいてはいたが、全体の雰囲気がこれほど盲従的だとは思ってもみないことだった。われわれには、チョムスキーやホブズボームといった関わりの深い大著者が大勢いたが、どんなに国際的に有名であっても、フランスでは彼らの本を出してくれる出版社を見つけることはできなかった（最終的にはフランス語で二人とも読めるようになるのだが、それはなんとベルギーの小さな出版社からだった）。

つきあいのある出版社から、パリ滞在中の新発見をテーマに、『理想なき出版』の続編を書いて見ないかという依頼があった。前著が出版された後の書評はおおむね好意的だったが、フランスのメディアに対する私の批判については、いっさい言及がなかった。それは私の論点を、そうあってほしくないかたちで立証するものだった。『理想なき出版』のフランス語版が五年ほど前に出版されたとき、書評者たちは皆あきらかに、アメリカ、イギリスで起きたすさまじい事態をみごとに描いたものとして、肯定的に評価するその一方で、フランスではそこで書かれているようなコングロマリットによる支配は起こり得ないということで、一致していた。しかし皮肉なことに、私がパリにいたその年に、フランスのメディア界では、アメリカやヨーロッパ諸国（ベルルスコーニのイタリアは別として）で見てきたよりもはるかに上をいく集中が、進むこととなった。

美しい街の明と暗

社会全体ではそうした弱点を抱えていたものの、しかしフランス人の一人ひとりについて言えばまったくそうではなかった。一緒に会ったり仕事をしたりした人たちは皆気さくで、すばらしく友好的だった。私の批判にもしっかり耳を傾け、ときには賛意を示してくれたのではないかと思う。語らうことは、今でもフランス人の最大の楽しみの一つなのだ。人がいないところでは、とくにメディアの中にいる人から、批判的な言辞を聞くことはいくらでもあった。だが明らかに、メディアのシラク政権との親密な関係は、一種のコーポラティズム〔協調組合主義〕的な居心地の良さを生みだしていたのであり、それは今日、協調路線とはこういうものだろうと思うよりもはるかに、一九三〇年代の腐敗したフランス政治を想起させるものである。

ほとんどのフランス人にとって、日常の生活はあまりにも快適なものである。それゆえ、フランスでの生活、とくにパリ暮らしの快楽に簡単に逃避してしまえるところにも、問題があるのではないかと思う。一週三十五時間労働に加えて、七週間の休暇を取ることができる人がほとんどだろう。そのために生活のテンポは実にのんびりしたものになり、パリのほとんどが閉まってしまう八月に経験することだが、アメリカ人には時に、あまりにも間延びしたものに感じられてしまうだろう。

フランス人の食へのこだわりは理解できることだが、それがこの快適な暮らしに結びついているのだ。コーネル大学の歴史学教授スティーブン・I・カプランは、パリ市内にあるパン屋の、驚くほど詳細で非常に有用なガイドブックを書いたことで大著名人になった（パリに行った最初の年、カプランは私たちが、パリにある二つの最高のパン屋の中間に住んでいるのだと教えてくれた。どこに行けば日々食べるおいしいパンが手に入るのかを探す喜びがあるからこそ、生活の質も高まるのだ）。

パリに行った人なら誰でも知っていることだが、パリには通りを歩くだけでも限りない驚きと喜びがある。変化に富むビル、贅沢な庭園、歴史の中でできあがった迷路のような路地など、パリでは見るものすべてが限りない喜びを与えてくれるのだ。フランス人たちはそのことをよく知っていて、努めてそうなるように心がけてきた。街は申し分なく清潔で、毎年何千本もの樹木が植えられ、広々とした庭園が新たに作られている。マーガレット・サッチャーの下で、英国人はあらゆる公共サービスともども街路清掃費を削減してしまったが、フランス人はその費用を増やしてきた（言うまでもないことだが、パリで地下鉄に乗ると、運賃はロンドンの地下鉄の四分の一しかかからないし、それに混み具合もずっと穏やかだ）。このように都市の魅力というのは、行き届いた社会設計の賜物なのだ。たんに建築物の保存再生対策が講じられているだけではなく、庭園を手入れしたり緑地を広げたりする、たゆまぬ心遣いの成果なのだ。

私たちはリュクサンブール公園の近くに住んでいたので、樹木や草花の一本一本を驚くほど手厚く養生するのを毎日目にしていた。どんなに熱心な庭造り愛好者も、パリの公園関係者があの公共空間で費やしている時間に比べたら比較にはならない。大半のパリのアパルトマンはさほど広くないが、どんなに狭かろうが、家の外に出たそのときから、ヴェルサイユ宮殿に住んでいるかのような気分に浸れるのだ。

街の過去の栄光に満足するのではなく、パリ市の社会党市長は、パリをいっそう楽しめる場にしようと構想した実験的な試みを、次々に推進している。きっとそういう「盛りあげ」担当の助役がいて、どうすればパリの街の新しい魅力を切り開いていけるかだけを、考えているに違いない。夏のセーヌ河岸のことはこれまでにもたくさん書かれているが、真夏になるとそこに砂を運び込んで、デッキ・チェアを置いたりヤシの木を植えたりすることで、毎年三百万人もの人が訪れている。私自身あそこに行くたびにすごいと思うのは、人々がただひたすら楽しんでいることだ。寝られるよう設営された一画でまどろむのも勝手、フランスのポピュラー音楽を歌う合唱の輪に加わるのも勝手という具合に。

都市が、わざとらしくなく上手に、こうしたなんでもない楽しみ方を計画することができるという発想は感動的だった。交通の流れや都市としての品格といったことよりも何よりも、面白さにこそ重きが置かれていた。市庁舎のすぐ前には、野外映画上映のスクリーンとあわせて、バレーボールのコートが作られていた。意味するところは明らかで、誰もが楽しんでいた。あまり語られていないことだが、主だった大通りをローラーブレードで滑走できるようにする決定がなされた。週に一度だが、金曜日の夜になると、文字通り何万人もの若者たちがビュンビュン走り回っているのを、目にすることができるだろう。

一年に一度、「ニュイ・ブランシュ」（白夜）には、市の公共施設がイルミネーションで飾られ、終夜解放されることになっている。誰もがその夜は、入ったことのない建物の中にも入ることができるし、最後は市庁舎前でクロワッサンやコーヒーに与かることもできるのだ。その夜は、通りは恐いどころかまさに人々のもの、楽しみの場となる。こうした新しい試みをするのに金はほとんどかからないし、むしろパリ市民に、パリは自分たちのものなのだという特別の思いを抱かせることになる。パリ流の楽しみ方の多くは、同じようには実現できないかもしれないが、こういう考え方はまちがいなく、よそでもやろうと思えばできることだ。

しかしこういう書き方をしたのでは、ニューヨークを叙述するのにセントラル・パークのことだけを書いて、ハーレムやブロンクスについては触れないのと同じようなことになる。というのは、パリの中心地区はいまやしだいに金持の街になりつつあるからだ。最近の人口統計の指摘によると、パリ市民の八人に一人が貧困線以下の暮らしをしているという。その多くが十八区、十九区、二十区といった北部の区に住み、住民の多くは移民や北アフリカ系の子孫からなる。

しかし貧困層の大半がおおぜい暮らしているのはパリ市外の外縁地域であり、そこにパリを取り囲むように立つ、アメリカのゲットー化した地域にあるのとよく似た公設団地がある。そうした外周部はだんだん窮乏化が進み、危険地帯になってきている。フランス人のおよそ一割が、今やアラブ系であり、この人たちを統合できていないことが、いまや最大の危機となっている。五〇パーセントにも上る若者の失業率と闘うなどと、大臣たちは口にしたりするが、問題の解決には、現在の保守党政権がつぎ込もうとしているよりも、はるかに巨額の資金が必要となるはずだ。もっとも社会党政権の方がずっとましだったというわけではない。結果的にフランスがしようとしているのは、根本的な原因に対処することではなく、公立学校でのヴェール着用禁止令に表われているように、表面化した徴候的現象への対応策を講じるにとどまっている。

二〇〇五年のパリ郊外での不満の爆発は、こうした状況への無視から生じたものであった。状況は、野心的で煽動的な〔当時の〕内務大臣ニコラ・サルコジが、極右指導者ジャン＝マリー・ルペンと、反移民法で競い合おうとし始めたことで、いっそう悪化するばかりであった。サルコジの命によって、地元警察の姿勢が見て見ぬふりをする取締りから、若者の身分証明書を提示させる攻撃的な検査へと変化し、そのために、移民してきた住民たちにとめどない緊張がはしり、屈辱感が高まったのだ。こうしたことがすべてあいまって、いつ爆発してもおかしくない一触即発の状態になったのだった。

こうした事態はまた全国の学校で、アラブ系の若者とユダヤ人の若者との憎悪と争いに、油を注ぐことになる。さらにそのことがまた、フランスの中に反ユダヤ的な風聞をまき散らすこととなった。学校内での暴力沙汰を鎮めようとする政府の対応が、たしかに、少数派であるイスラム系住民を敵に回すことを恐れて、ひどく遅れたのはまちがいない。しかし私の見るところ、問題がフランスにおける反ユダヤ感情そのものにあったわけではない。記録映像や記録資料――もっとも戦闘的なユダヤ人作家によるものも含めて――を見る限りでは、社会全体として問題化していることを示すものは、何もなかった。せいぜいルペンが（国民戦線から引退に追い込まれる前に、自ら率いてきたその党を意図的に破壊しようとしているかのように）出した、ドイツ軍の占領およびゲシュタポを擁護する、お笑い草的な自虐的コメント程度だった。

実際、政府のスタンスは非常に確固としていた。ヴィシー政権との繋がりがよく分からないフランソワ・ミッテランの場合と違って、ジャック・シラクはあえて、過去の反ユダヤ主義を批判してみせたのだった。シラクは政権として、フランス在住のユダヤ人を一斉検挙した悪名高いヴェル・ディイヴのユダヤ人狩り（フランス警察が七万五千人のユダヤ人を逮捕し、その多くがその後殺害された事件）の年忌に際して、その日が国家としてユダヤ人犠牲者に哀悼の意を捧げる日である旨を表明したのだ。

いずれも、やっと実現したことである。いまパリの多くの学校には、ヴィシー政権の全面協力のもと、ドイツ人によって強制移送され殺害された一万一千人の学童を偲ぶ銘板が飾られている。しかしこうした形での追悼が可能になったのは、ナチ狩りで有名なセルジュ・クラースフェルドの尽力のおかげであり、銘板が据え付けられたのはなんと、ようやく二〇〇三年一月になってからのことであった。

最初の年の大半を暮らしていたところの小さな路地は、それほど典型的な通りではなかった。人が大勢集まるコントル・エスカルプ広場から、パンセオン近くのモンジュ通りまでの一ブロックだけの路地だった。いちばん高くなった辺りに、一九二〇年代にヘミングウェイが住んでいたことを銘板に記した家があった。そのすぐ隣には、デカルトが住んでいた建物があった。少し下って行くと、わが家とは反対側だが、また別の銘板があって、哲学者のバンジャマン・フォンダンが住んでいた場所であることが記されていた。そこにはただ、彼の生年とアウシュヴィッツで亡くなったことが記されているだけだった。フォンダンは一九三〇年代の私の父の友人のひとりで、私たちがニューヨークに無事着いたあと、亡くなったことを知らされた大勢のひとりだ。

パリのアメリカ人

パリ暮らしの最初の一年間で最も難しかったのは、過去とのつきあい方だった。アメリカはいま、どの時代にもまして移民の国と化しているが、そうやって長いあいだ移民を受け入れてきたこともあって、誰も他人に対して、どこの出身かとか、どういう人かと聞くことはない。私はニューヨークに六十年以上も暮らしているが、めったに両親のことを話題にすることはない。自分の子どもを別にすれば、ほとんどの人にとって、それはどうでもいいことなのだ。

しかし本書で述べてきたことからも明らかだが、両親の生活は、私のそれとはまるっきり違っていた。私の年齢のだれもがこぼす愚痴だが、残念なことに父は、私が父の過去について知る機会を得ないうちに亡くなってしまった。それでも、父がやり取りをしていた書簡をつなぎ合わせていくうちに、本書の執筆につながる多くの事柄が、だんだん分かってきたのだった。

パリでは、私は父の子であるということで、いついかなる時も話が通じた。父は文学の世界の人々にとっては、いまだに生きた存在であった。父が作った書物、プレイアッド版のフランス文学古典叢書は、ちゃんとした小売書店ならどこに行っても店頭に置かれていたし、蔵書があるような家には必ず備えられていた。父に関わって書く修士用、博士用の論文に目を通してほしいと頼んできた大学院生たちもいた。父の息子であるということで、あらゆる新聞のインタビューを受けることになった。ジッドと父との書簡集を公刊したときには、新聞各社ともに、父がフランス人の知的生活に果たした役割や、いかなる経緯でその役割に終止符が打たれることになったかに関心を寄せて、出版のニュースを幅広く伝えた。

母にこの様子を見せてやれたら、どんなにか喜んだことだろう。父の死後、母はほんの短期間だけフランスに戻ることがあったが、それは彼女にとって、非常にがっかりするものだった。私が強く勧めたこともあって、私の〔コロンビア〕在学中に母はパリを再訪したのだ。しかし戦争で別れ別れになったこともあって、家族との関係はぎくしゃくしたものになっていた。そのことは、フランスに戻るかどうかを考える上で、大きな影響を与えたに違いない。母はニューヨークに戻ってくると、パリはなんて変わってしまったのだろうとこぼしていた。シャンゼリゼは今や広告やネオンが溢れかえり、自分の覚えている清潔で風格のある通りではなくなってしまったと嘆いた。

母はそのようにまちがいなく心底がっかりしていたのだが、その底には、自分はもう戻れない、パリで人生をやり直すことはできないし、あれこれ欠点はあってもニューヨークが自分の居場所になってしまったのだという、より大きな悲しみがあったのではないかと思う。その後、二、三年しか生きなかったけれど、母はじゅうぶん長生きしたし、幸いにも私の二人の娘の誕生を見とどけたうえで、死を迎えたのだった。しかし、私といっしょにフランスに戻ることはできなかったし、私が徐々にフランスを再発見することになったような喜びを、共有することもかなわなかった。

毎年フランスを訪ねるのは、私にとっていろいろな喜びがないまぜになったものだった。いつもすごく楽しいものだったし、しだいに私は、自分もフランス人と同じような暮らし方ができるのではないか、業績を高く評価してきた多くの人たちに会って、本の出版を自ら手がけられるのではないかと感じ始めていた。しかしいつも急きたてられている感じがして、やりたいことを全部こなす余裕は一度もなかった。サンジェルマンにある出版社周辺の、勝手知ったる道筋以外の街を見たり、出版社の連中だけではなく、親族や友人たちに会ったりする余裕はなかった。

パリ暮らしの一年目には、こうしたやれなかったことが全部できるのだ、街を余すところなく見て回ったり、現場に足を運んで知的な探訪をする時間が、これでやっと取れるのだ、これからがスタートだという気がしていた。マリア・エレナと私は、今後、毎年半分はそこで暮らせるようなアパルトマンを探そうと決め、その年の多くを理想の場所探しに費やした。街を探索して歩くのが一番確かだということがわかった。事実上すべての地区を訪ね、百軒以上のアパルトマンを見て回った。そして最終的に、それ以来、毎春夏を過ごしている今の場所に落ち着くことになった。私たち二人には、ときとして矛盾しあう各々の基準があったのだが、見つけた部屋――マレ地区の一九二五年にできた小さな建物のなかのアパルトマン――は、二人の希望を満足させるのにいちばん近いものだった。

おそるべきインターネットのおかげで、編集の仕事を続けることも、アメリカのメディアとの関係を維持することも、簡単にできることが分かった。二股の生活がこうして可能になった。秋と冬はニューヨークで今まで通りの生活をし、友人と会うこともできれば、著者たちに直接会うこともできる。それ以外の時期は夫婦してフランスに、というわけだ。それはいささか分裂症的な暮らしではあるが、自分で気づかないふりをしながら長年過ごしてきた、私自身の内面的分裂を映し出すものであった。

私は今でも、基本的にはパリ在住のアメリカ人であって、アメリカで起こっていることをつねに気にせざるをえないし、アメリカのとんでもない政策を変えるべく、自分でできることを続けている。フランスにあっては、私は今でも外国人という気楽な立場であって、争うべきフランスの国内諸問題に関与する必要は一切ない。しかしそうした問題についても、私はしっかり理解しようと努め、フランス人の友人たちと尽きることなく議論を交わしてきた。フランスを二分する過去・現在の諸問題は、非常に身近な問題として感じられる事柄となっている。私が長いあいだこだわってきた政治観を、大方のフランス人が共有していると感じられるのも、また嬉しいことだ。

最近の調査で明らかになったのは、人口の三分の二の人たちが、市場原理主義を、国家が今後歩むべき道だとは考えていないことだ（英国とは反対の比率だ）。フランスでは自分たちの抱える問題の多くは、国家が全体的に解決してくれるものと今なお期待されている。フランス人にとって、コングロマリットの収支を改善するために、儲かっている工場を閉鎖しなければならないなどということは、とても受け入れられる話ではない。グローバル資本主義の必然的帰結など、認められるものではないのだ。現に「野蛮な資本主義」――強欲で危険な凶暴野生の資本主義――という用語は、フランスで作り出されたものだ。

政治的なものの見方という点では、フランス人と共通するものがたくさんあるにもかかわらず、いろんなところで、私にはどうしようもない文化的、社会的な違いがある。フランスで暮らしてこなかった歳月、受けることのなかった教育、フランス人の血肉と化している、私の読んでいない書物――こうしたものの穴は絶対に埋めることができない。しかしこれからは、少しずつであれ、これまで見逃していたものをいくつか再発見できるだろうし、これまでほとんど読む時間を取れなかった、成長の過程で大きな影響を受けたプレイアッド叢書を読むこともできるだろう。両親がこのフランスで楽しく暮らしていた頃の歴史や文化を、これから取り戻すこともできるのだ。この単純な喜びを語って筆を擱くこととしたい。

謝　辞

まだ遠い過去の出来事となっていない歴史に関する注釈ともいうべき本書の出版を、あえて引き受けてくれたメルヴィル・ハウスの編集者であり発行者であるデニス・ジョンソン、ヴァレリー・メリアンズ両氏に感謝する。お二人のコメントとアドバイスは、執筆する上でまちがいなく大きな助けとなった。

また、記述内容を、自らの同時代の記憶に照らし合わせて読んでくれた、大勢の方々に感謝したい。まずポール・シェヴィニーやアントワネット・キングをはじめとする、フレンズ・セミナリー時代の友人たちを挙げなければならない。ロア・シーガルは避難民としての共通の経験について論じあい、非常に貴重な協力をしてくれた。ボブ・リフキンドは、経験を共にしたイェール大学時代の回想について、目を通してくれた。

同僚のサラ・バーシュテル、ジョエル・アリアラトナム、アンディ・シャオは、自分たちがたくさん抱えている編集業務をそっちのけにして、私の草稿を読み、もっとも有益な手助けをしてくれた。最後になるが、家族の協力と励ましも大きかった。妻のマリア・エレナは、執筆に伴う落ち着かない気分や生みの苦しみを共有してくれた。娘のアーニャとナターリアは、最初から一貫して熱心だった。叔父のセルジュ・ブロドスキーは、フランス的視点から本書全体を読み、まちがっていそうなところをいくつも見つけ出してくれた。

訳者あとがき

　今、出版の危機ということが言われる。また出版文化の危機ということも。たしかに小売書店の数は毎年千軒前後の割合で減少し、多くの出版社は売り上げが下がり、苦しい経営を強いられている。本を読む人の数が、あるいは一人の読む本の冊数が減少していることが、その背景にあることは容易に推測がつく。

　日本の出版流通は雑誌やコミックに大きく依存するかたちで成り立ってきた。しかし景気の低迷をはじめとするいくつかの要因により、雑誌の売り上げが落ち込み、それに依存してきた書店経営が成り立たなくなってきている。当然のことながら、書籍販売の足腰である小売店が弱体化した結果として、雑誌依存型の出版社のみならず、書籍中心の出版社もまた危機的な状況に直面している。

　しかし、出版の危機をこうした流通構造のみに帰するのでは、危機の本質を捉えそこなう。そもそも出版とは何かという根源的問題がそこにあり、それを抜きにして出版の危機は克服できない。そのとき問われるのは、出版物の質であり、編集のあり方や、出版社の体質あるいは出版の姿勢である。質の高い本を作り出せているのか、読者が本当に必要としているものを出版社は提供できているのか。そもそも出版社は、何を世の中に訴えたい、伝えたいということで出版活動を行なっているのか。いまいちばん問われているのは、出版という営みの基底にある、そうした理念そのものではないか。

出版とは、基本的に文字を媒介して情報を伝えるメディアである。いま大きな話題になっている電子書籍の問題も、それを紙媒体で伝えるか、電子媒体で伝えるかの違いであり、情報伝達の手段の問題である。しかし、何を、なぜ伝えるのかという問いは、それとは別に不変かつ普遍に存在する。それはまた、現実をどのように認識し、それとどう切り結ぶのか、ということと不可分である。わが国の出版界がいま抱えているそうした課題を考える際に、本書はさまざまな示唆を明快に与えてくれる。

本書は、幾多の厳しい現実、試練を乗り越えながら、時代を切り開いてきた出版人の回想である。著者が潜り抜けてきた現実は、追体験できないほど過酷なものであった。迫害、亡命、貧困、抑圧、戦争、馘首……。それにもかかわらず——あるいはそれ故に——著者はそれらを克服するために、同時代の状況に積極的にコミットし、あるべき社会像を追求してきた。アメリカにとどまらない広範な編集活動を通して、多くの知識人を巻き込みながら、豊穣な出版文化を築き上げてきた。それは、現代アメリカの文化史、思想史における目覚しい達成であった。そしてまた、国際的にも高い評価を得るにいたった。優れた出版人に与えられる国際的なグリンザーネ・カヴール・ボラーティ出版賞や、フランスのレジオンドヌール勲章を授与されたのは、その証左であろう。

＊

著者アンドレ・シフリンの父親はロシアに生まれ、一九三一年に独力で出版の仕事を始め、古典文学叢書プレイアッド版を創刊し、名門出版社のガリマールに入社した。しかしその後、第二次大戦が勃発し、ユダヤ人であることを理由にガリマール社を解雇される。フランスに留まれば生命の危険があることから、一九四一年夏、一家はアメリカに亡命する。著者アンドレ六歳のときだった。

父ジャック・シフリンはアメリカで、同じ亡命者のクルト・ヴォルフが創設したパンセオン社に合流し、共同編集者となる。サン＝テグジュペリをはじめとするフランス人亡命者の著作や、ジッド、クローデル、カミュなど、ヨーロッパの質の高い著作を初めてアメリカに紹介している。またハンナ・アーレントなど、ヨーロッパからの亡命知識人たちとも親しく交わっている。

そうした環境に育った著者は、小さい頃から政治にめざめ、イェール大学ではリベラルな立場から、マッカーシズムの反動の嵐が吹き荒れるなかで、学生運動組織ＳＬＩＤを立ち上げ、さらに全米の左翼学生運動の中心母体となったＳＤＳ（民主社会のための学生連合）を組織化し、初代会長を務めている。

イェールを最優等で卒業したアンドレは、英国ケンブリッジ大学に留学、優秀な成績でＭＡ（修士）を取得する。留学中には権威ある雑誌『グランタ』の編集長を務めるなどの活躍を見せ、アメリカに帰国後、出版社のニュー・アメリカン・ライブラリーで働きながら、コロンビア大学大学院に学んだ。一九六二年、パンセオン社への誘いを受け、編集者として生きる道を選択する。縁というべきか、パンセオンは父ジャックが築き上げた職場である。

パンセオンでのアンドレの活躍は、目覚しいものだった。ケンブリッジ留学以後に知りえたヨーロッパの優れた知性とその著作を、次々にアメリカに紹介、また逆にアメリカ人の優れた著作をヨーロッパに紹介するという、これまで誰もやらなかったことを実現し、大西洋の両岸における知の共同体の創出に大きく貢献する。

その著作家たちを挙げれば、ミシェル・フーコー、マルグリット・デュラス、ジャン＝ポール・サルトル、シモーヌ・ド・ボーヴォワール、クロード・シモン、リチャード・ホガート、E・P・トムソン、レイモンド・ウィリアムズ、リチャード・ティトマス、R・H・トーニー、クリストファー・ヒル、エリック・ホブズボーム、グンナー・ミュルダール、R・D・レイン、ギュンター・グラス、アン・モロー・リンドバーグ、アニタ・ブルックナーなどは前者の例であり、ノーム・チョムスキー、スタッズ・ターケル、ジョージ・ケナン、ラルフ・ネーダー、ジョン・ダワーなどは後者の例である。

こうしてシフリンは、それまでの孤立主義的なアメリカの出版界に新風を吹き込み、アメリカの知的世界に大きな刺激を与えた。それと同時に、新しい優秀な書き手を数多く発掘し、世界中にアメリカの知性の存在を知らしめたのだった。

しかし、アメリカの知性社会の保守化あるいは新自由主義化と軌を一にして、出版界もまた利益優先主義が勢いを増し、パンセオンも大きな変化に見舞われることになる。こうしてシフリンは、利益至上主義という新たな敵との闘いを余儀なくされる。利益を生まない本は出版させまいとする資本の論理との戦いは、新しい社会への反逆行為だとみなされ、赤狩り時代と同じように中傷や非難、圧力にさらされることとなった。

そのあげくにシフリンは、名門パンセオンからパージされてしまう。父ジャックがガリマールから追放された悲劇が、再び繰り返されたのだ。一九九二年、逆風の中、シフリンは自らの手でニュープレスを創立、民主的で公正な社会を作り出すべく独立した出版活動を展開し、心ある大勢の著者や読者に支えられながら、今日なお、質の高い書籍出版の先頭に立ち続けている。

＊

本書は、激動の時代の生き証人である一人の出版人の回想である。しかし、本書は単なる出版人の回想録ではない。ここには、読むものの興味を掻き立てるさまざまな糸が撚り合わさっている。

本書の原書名は *A Political Education: Coming of Age in Paris and New York*、直訳すれば「政治教育——パリとニューヨークで育って」ということになろうか。しかし本書全体のメッセージは、それよりもはるかに喚起力に富むものである。原書名にもう少しこだわるならば、著者は、ユダヤ人であるがゆえにアメリカに亡命せざるを得なかった父親の子として、幼少の頃から政治の影響をまともにこうむってきた。ユダヤ人に対する偏見の強かった時代、また戦後のマッカーシズム全盛の時代である。フランス的合理主義、リベラルな主知主義的環境の中で育った早熟な少年は、早くから政治的な事柄に関心を寄せ、社会民主主義を自らの思想として身に着け、大学時代には学生政治運動の中心として活躍する。書名には、そうした生い立ちへの著者の思いが表現されていると言えよう。

出版社で編集の仕事をするようになってからも、著者はベトナム戦争批判やレーガン政権の新保守主義批判を繰り広げ、またグローバル化し利益至上主義に走る変質した資本主義を批判するなど、一貫してリベラルな立場から政治にコミットしてきた。アメリカのテレビや新聞が、また大手出版社が、コングロマリットの支配下に置かれ、保守化し、批判精神を失っている現実を批判するシフリンの筆致には、社会の木鐸たらんとする覚悟が表われている。出版人として、現実の政治的な諸問題に対してどう正対するのかを問い続けてきたという意味で、本書は、著者の実践的な「出版の政治学」と位置づけることができるだろう。

そこには、著者の育った環境も大きく関係している。父の死後、数年間は、母とふたりでニューヨークの貧困線をはるかに下回る生活を強いられたという。著者がまだ子供だった頃、母シモーヌが言い聞かせた言葉が印象的である。社会の最底辺には貧困層が存在し、その上にさまざまな市民階級が存在する。しかしそうした市民層の、さらにその上に知識人の層があり、自分たちはその知識人層の一員なのだ。だから経済的に恵まれないことをとやかく言うことはない、と。著者は、金銭に換えることのできない価値を尊重する家族風土の中で育ち、なによりもそうした価値観を我が物とした。これは、日本の出版文化の礎の一角を築いた岩波茂雄が座右の銘とした、「低処高思」（低く暮らし高く思う）とも通底する生き方である。

しかしシフリンが魅力的であるのは、そうした出版姿勢や倫理観によるだけではない。編集者としてシフリンを成功に導いたものは、豊かな教養、幅広いジャンルをカバーできる目配りと能力、またそのバランス感覚にあった。前述した著名な筆者のみならず、ノンフィクションからコミックにいたるまで、幅広いジャンルの多くの話題作を送り出している。

本書はそれ以外にもさまざまな撚り糸で織り成されており、そうした視点からの読み物としても興味深い。

まず本書は、アメリカにおける亡命知識人の精神史に新たな頁を開いたものとして貴重である。第二次世界大戦後のアメリカ文化は、ヨーロッパから亡命してきた知識人、特にユダヤ人知識人の存在を抜きに語ることは不可能である。ニューディールの時代、そして世界大戦に突入したのち、難を逃れたヨーロッパの知識人が次々にアメリカに到来した。各界の著名人が綺羅星のごとく居並び、アメリカの知的世界は大きく様変わりした。『亡命の現代史』（全六巻、みすず書房）やL・A・コーザー著『亡命知識人とアメリカ』（岩波書店）などを繙けば、いかに彼らの存在が大きかったかを詳しく知ることができる。また、アルフレッド・ケイジン著『ニューヨークのユダヤ人たち』（Ⅰ・Ⅱ、岩波書店）のように、ニューヨークを舞台に活躍した文学者や哲学者たちを描き出した刺激的な著作もある。

本書の著者アンドレ・シフリンと父親のジャック・シフリンは、同じ亡命者であっても、学者でもなければ作家でもない。二人は出版人として傑出し、アメリカの出版文化を変えるうえで、きわめて大きな貢献を果たしたのだ。彼らは亡命ユダヤ人たちの媒介者として、あるいは新旧両大陸の知的世界の媒介者として、新しい「知の共同体」を切り開いたのだ。本書によって二人は、知識人の中心にあって活躍した出版人として記憶されるだろう。

本書はまた、二十世紀後半のアメリカの変貌も、みごとに捉えている。

シフリン一家がたどり着いたアメリカは、ニューディールの画期的な社会経済政策が次々に遂行され、社会全体が大きく変わりつつある時代だった。政策においても思想においても、ニューディール・リベラリズムと称されるリベラルな考え方が確かな地歩を占めていた。人種差別が厳然とあったにせよ、大挙して逃れてきたユダヤ人たちを受け入れるだけの、異質なものを抱え込む懐の深さもあった。戦争に勝利し、国全体が高揚するなか、リベラルな雰囲気が広がりをみせていた。

そうした自由さが失われる過程が、朝鮮戦争であり、その後の米ソ冷戦だった。そういう中で保守反動のマッカーシズムが全米を席巻していく。その後アメリカは、キューバ事件、ベトナム戦争、ニカラグア介入、グレナダ侵攻、イラン・コントラ事件、パナマ侵攻、湾岸戦争、イラク戦争、アフガン戦争と、一貫して軍事路線を突き進んできた。本書の記述をたどると、第二次大戦後のアメリカ現代史が、戦争や軍事化の展開・拡大であり、その過程での自由喪失の歴史であったことが、よく理解できる。著者自身が身をもって経験したＣＩＡの陰謀やＦＢＩの非合法活動といった、興味深いエピソードも紹介されている。

さらに著者が、現代アメリカの重大な変質として批判的に論じるのが、新自由主義という金儲け主義むき出しのイデオロギーであり、コングロマリットによる経済社会の支配とグローバリズムがもたらす重大な弊害である。とくに、テレビや新聞などのメディア支配が出版界にまで及んでいる最近の状況に対する批判は、現代資本主義の本質と限界を突いて痛烈である。

出版人としてのシフリンの生涯は、自由を賭けた闘いであったと言える。シフリンにそうした生き方を選ばせたものは、フランスとアメリカという、二つの異質な文化と歴史を背負う、彼の二重性にあっただろう。そうであるからこそシフリンは、アメリカ社会を常に相対化して捉える複眼的なまなざしを持ちえたのだ。本書をそうした、非アメリカ的アメリカ人の物語として読むこともできるだろう。鶴見俊輔の『北米体験再考』や、室謙二の最近の著作『非アメリカを生きる――〈複数文化〉の国で――』（共に岩波新書）と比較しつつ読むのも、また一興である。

＊

勤務先で編集の仕事をする中で、私は何度か著者シフリンに会っている。最初は、記憶はやや曖昧だが、手許にある名刺からして、かれこれ三十年近く前、彼がまだパンセオンに在籍していたころ、訳者の勤務先を訪ねてきたときではないかと思う。その後は、フランクフルトのブックフェアに行くたびに、パンセオンあるいはニュープレス社のブースで、新企画の説明を聞く機会を得た。いつも時間が限られており、ゆっくり話をする余裕はなかったが、それでも毎回大きな刺激を受けた。

ブックフェアは、基本的には著作権の売買を目的とするものだが、編集者として参加する意味は、欧米の出版活動の最前線を直接目の当たりにできることだ。どの出版社も、ブックフェアに向けて詳しい新刊案内を用意し、売り込みたい既刊書を数多く揃えている。しかし大半の社は、著作権の担当者が来ているだけで、編集者が来ているわけではない。そういうなかで、直接話をする機会を得た編集者の一人がシフリンだった。小柄ながら人を大きく包み込むような雰囲気があり、非常に知性的な紳士だった。チョムスキーとスタッズ・ターケルの本を、熱心に勧められたことを覚えている。

本書の存在を知ったのは、三重大学教授でフランス文学・思想史の専門家、宇京頼三先生（現・名誉教授）が、フランスの新聞に本書のフランス語版の紹介記事があるのを発見され、教えてくださったのがきっかけである。

原書を取り寄せてみると、興味深い内容であることが分かり、シフリンとも面識のある、編集の大先輩、大塚信一さん（前岩波書店社長）に本書を託すのがよいと判断した。大塚さんには、『理想の出版を求めて』（トランスビュー）という、シフリンを想起させる著作があり、その中でシフリンに言及されていたからである。大塚さんは、シフリンの起こしたニュープレスを、「現在のアメリカの出版社の中では、最も良心的な出版社」と評していた。

それからかなり経ったある日、トランスビューの中嶋廣さんから連絡があり、会ってみると、なんと本書を私に翻訳してほしいという話だった。編集者として翻訳書を手がけた経験はあるものの、自分で翻訳をするというのは別の話だ。私にはできないとお断りしたのだが、しかし話をしているうちに、断りきれずに引き受けてしまうことになった。まだ会社勤めをしていたので、難しい事情を説明すると、それでもかまわない、やれる範囲で進めてほしい、この本は編集経験のある人が翻訳しないと魂が入らない、という返事が返ってきた。

実際に作業に取り組んでみると、自らの浅学菲才を思い知らされ、引き受けるのではなかったと何度後悔したことか。中嶋さんにそのつど励まされ、何とか仕上げることができたのだが、しかし抱えている編集の仕事をおろそかにはできず、中嶋さんの当初の予定よりは大幅に遅れてしまった。お詫びを申し上げるしかない。

ほとんど独力で小さな出版社を起こして十二年目。志を持って出版を続けるトランスビューの姿勢は、大出版社から独立してシフリンが興したニュープレスのそれと重なる。出版不況の大波の前に、多くの出版社が帳尻を合わせることに汲々としているなかで、本書はもっともふさわしい居場所を見つけたと言えるだろう。

翻訳に当たっては、長年の友人、ライル・フォックス氏から多くの教示を得た。お名前を挙げた方々に記して感謝します。

二〇一二年七月十四日

高村幸治

著者紹介

アンドレ・シフリン（André Schiffrin）

1935年、パリ生まれ。41年、ナチの迫害を逃れて一家でアメリカに亡命。イェール大学卒業後、英国ケンブリッジ大学でMAを取得。コロンビア大学大学院を経て、62年、パンセオンに入社、数々の名著を編集し、またヨーロッパとアメリカの出版界の交流を促進。92年、ニュープレスを興し、良質の図書出版を続け、今日に至る。他の著作に、*The Business of Books: How the International Conglomerates Took Over Publishing and Changed the Way We Read*（Verso, 2000.『理想なき出版』柏書房）、*Words and Money*（Verso, 2010）などがある。

訳者紹介

高村幸治（たかむら　こうじ）

1947年生まれ。国際基督教大学卒業。72年、岩波書店入社。編集者として著作集「大塚久雄著作集（増補版）」「土居健郎選集」「内橋克人 同時代への発言」や講座「精神の科学」「文学」などを手がけ、また鶴見俊輔、河合隼雄、上野千鶴子、日野原重明、ウンベルト・エーコ、ミヒャエル・エンデなどの書籍を世に送る。編集部長、編集委員を経て、2011年、退社。

Photos courtesy of André Schiffrin

出版と政治の戦後史
―アンドレ・シフリン自伝―
二〇一二年九月五日　初版第一刷発行
著　者　アンドレ・シフリン
訳　者　高村幸治
発行者　中嶋　廣
発行所　株式会社トランスビュー
東京都中央区日本橋浜町二―一〇―一
郵便番号一〇三―〇〇〇七
電話〇三（三六六四）七三三四
URL http://www.transview.co.jp
装幀者　間村俊一
印刷・製本　中央精版印刷

ISBN978-4-7987-0129-5　C1023